CARREIRAS

GUIA ILUSTRADO PARA ESCOLHER A PROFISSÃO CERTA

Editora Senac São Paulo – São Paulo – 2024

ADMINISTRAÇÃO REGIONAL DO SENAC NO ESTADO DE SÃO PAULO
Presidente do Conselho Regional: Abram Szajman
Diretor do Departamento Regional: Luiz Francisco de A. Salgado
Superintendente Universitário e de Desenvolvimento: Luiz Carlos Dourado

Editora Senac São Paulo

Conselho Editorial: Luiz Francisco de A. Salgado
Luiz Carlos Dourado
Darcio Sayad Maia
Lucila Mara Sbrana Sciotti
Luís Américo Tousi Botelho

Gerente/Publisher: Luís Américo Tousi Botelho
Coordenação Editorial: Verônica Pirani de Oliveira
Prospecção: Dolores Crisci Manzano
Administrativo: Marina P. Alves
Comercial: Aldair Novais Pereira

Edição de Texto: Vanessa Rodrigues
Tradução: André Botelho, Carlos Szlak e Lana Lim
Revisão Técnica: Juliana Camilo
Preparação de Texto: Bianca Rocha
Coordenação de Revisão de Texto: Marcelo Nardeli
Revisão de Texto: Allanis Carolina Ferreira, Alexandre Napoli, Caique Zen Osaka, Cibele Machado, Fernanda Corrêa, Júlia Campoy, Maitê Zickuhr, Mariana Jamas, Rebeca Fleury Kuhlmann, Silvana Gouvea
Projeto Gráfico: Dorling Kindersley
Editoração Eletrônica: Antonio Carlos De Angelis
Impressão e Acabamento: Gráfica Coan

Título original: The Careers Handbook
Copyright © 2015, 2019, 2022 Dorling Kindersley Limited
Parte da Penguin Random House
Publicado na Grã-Bretanha pela Dorling Kindersley Limited,
One Embassy Gardens, 8 Viaduct Gardens, London, SW11 7BW

Todos os direitos reservados. Nenhuma parte deste livro pode ser reproduzida sob qualquer formato sem a permissão por escrito dos detentores dos direitos autorais da obra. Todas as imagens foram reproduzidas com o conhecimento e a autorização dos artistas relacionados, portanto o produtor, o editor e a gráfica estão isentos de qualquer responsabilidade quanto à infração de direitos autorais relacionados a esta publicação. Todo o esforço foi empreendido para assegurar que os devidos créditos estão de acordo com as informações fornecidas. Pedimos desculpas por qualquer erro que possa ter ocorrido e nos comprometemos a corrigir possíveis falhas ou inexatidão de informações na próxima edição do livro.

Proibida a reprodução sem autorização expressa
Todos os direitos desta edição reservados à:
EDITORA SENAC SÃO PAULO
Av. Engenheiro Eusébio Stevaux, 823 – Prédio Editora
Jurubatuba – CEP 04696-000 – São Paulo – SP
Tel. (11) 2187-4450
editora@sp.senac.br
https://www.editorasenacsp.com.br

Edição brasileira © 2024 Editora Senac São Paulo

Dados Internacionais de Catalogação na Publicação (CIP)
(Simone M. P. Vieira - CRB 8ª/4771)

Carreiras: guia ilustrado para escolher a profissão certa / tradução de André Botelho, Carlos Szlak e Lana Lim; revisão técnica de Juliana Camilo. – 3. ed. – São Paulo : Editora Senac São Paulo, 2024.

Título original: The careers handbook
ISBN 978-85-396-4632-6

1. Carreiras 2. Gestão de carreiras 3. Orientação profissional : Planejamento de carreiras I. Camilo, Juliana.

24-2126r   CDD – 650.14
                                                     BISAC BUS037020

Índice para catálogo sistemático:

1. Carreiras: Gestão de carreiras   650.14

For the curious
www.dk.com

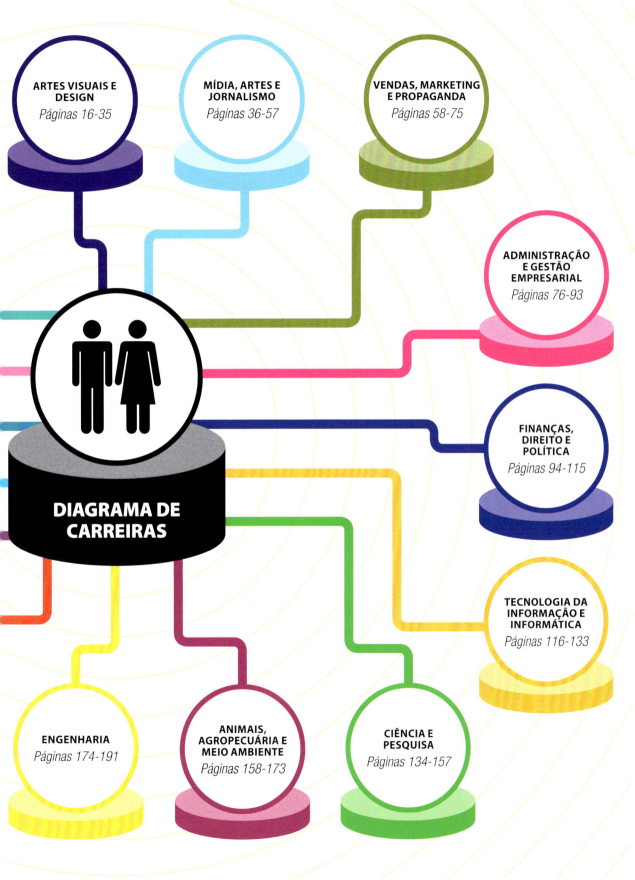

INTRODUÇÃO

- **8** Pensando em sua carreira
- **10** Entendendo a si mesmo
- **12** Começando a agir
- **14** Conseguindo o emprego

16 ARTES VISUAIS E DESIGN

- **18** Designer de produto
- **20** Designer têxtil
- **22** Designer gráfico
- **24** Fotógrafo
- **26** Ilustrador
- **28** Designer de joias
- **30** Estilista
- **32** Maquiador
- **34** Designer de interiores

36 MÍDIA, ARTES E JORNALISMO

- **38** Músico
- **40** Bailarino
- **42** Ator
- **44** Diretor de TV/cinema
- **46** Produtor de TV/cinema
- **48** Operador de câmera
- **50** Engenheiro de som
- **52** Escritor
- **54** Jornalista
- **56** Editor

158 ANIMAIS, AGROPECUÁRIA E MEIO AMBIENTE

- **160** Veterinário
- **162** Cuidador de animais
- **164** Cuidador de zoológico
- **166** Administrador de fazenda
- **168** Horticultor
- **170** Arquiteto paisagista
- **172** Profissional de ecologia

134 CIÊNCIA E PESQUISA

- **136** Profissional de biotecnologia
- **138** Microbiologista
- **140** Farmacologista
- **142** Cientista de alimentos
- **144** Biólogo marinho
- **146** Perito criminal
- **148** Geocientista
- **150** Cientista de materiais
- **152** Meteorologista
- **154** Astrônomo
- **156** Astronauta

58 VENDAS, MARKETING E PROPAGANDA

- 60 Executivo de vendas
- 62 Gerente de loja
- 64 Comprador
- 66 Corretor de imóveis
- 68 Executivo de marketing
- 70 Pesquisador de mercado
- 72 Executivo de contas de publicidade
- 74 Relações-públicas

76 ADMINISTRAÇÃO E GESTÃO EMPRESARIAL

- 78 Gerente de atendimento ao cliente
- 80 Gerente de recursos humanos
- 82 Gerente de projetos
- 84 Consultor gerencial
- 86 Assistente pessoal
- 88 Gestor de eventos
- 90 Arrecadador de fundos
- 92 Tradutor

116 TECNOLOGIA DA INFORMAÇÃO E INFORMÁTICA

- 118 Engenheiro de software
- 120 Analista de sistemas
- 122 Administrador de banco de dados
- 124 Engenheiro de redes
- 126 Analista de suporte técnico
- 128 Web designer
- 130 Desenvolvedor de jogos eletrônicos
- 132 Analista de cibersegurança

94 FINANÇAS, DIREITO E POLÍTICA

- 96 Gerente de banco
- 98 Trader
- 100 Analista de investimentos
- 102 Contador
- 104 Atuário
- 106 Assessor financeiro
- 108 Economista
- 110 Advogado
- 112 Juiz
- 114 Político

174 ENGENHARIA
- 176 Engenheiro civil
- 178 Engenheiro de perfuração
- 180 Engenheiro químico
- 182 Engenheiro mecânico
- 184 Mecânico de automóveis
- 186 Engenheiro eletricista
- 188 Engenheiro de telecomunicações
- 190 Engenheiro aeroespacial

192 CONSTRUÇÃO E ARQUITETURA
- 194 Arquiteto
- 196 Engenheiro estrutural
- 198 Engenheiro de custos
- 200 Urbanista
- 202 Tecnólogo em construção civil
- 204 Mestre de obras
- 206 Carpinteiro
- 208 Eletricista
- 210 Encanador

296 ESPORTES, LAZER E TURISMO
- 298 Atleta profissional
- 300 Personal trainer
- 302 Esteticista
- 304 Gerente de hotel
- 306 Agente de viagens
- 308 Comissário de bordo
- 310 Chef de cozinha
- 312 Curador de museu

274 SAÚDE E MEDICINA
- 276 Médico
- 278 Enfermeiro
- 280 Obstetriz
- 282 Dentista
- 284 Farmacêutico
- 286 Radiologista
- 288 Fisioterapeuta
- 290 Fonoaudiólogo
- 292 Terapeuta ocupacional
- 294 Oftalmologista

212 TRANSPORTES
- **214** Piloto de avião
- **216** Controlador de tráfego aéreo
- **218** Especialista em transportes
- **220** Comandante de navio
- **222** Maquinista de trem
- **224** Motorista de caminhão
- **226** Gerente de logística

228 SERVIÇOS DE SEGURANÇA E EMERGÊNCIA
- **230** Militar do Exército
- **232** Militar da Força Aérea
- **234** Marinheiro
- **236** Oficial da Marinha
- **238** Oficial da Marinha Mercante
- **240** Policial federal
- **242** Policial militar
- **244** Policial civil
- **246** Profissional de inteligência
- **248** Bombeiro militar
- **250** Socorrista

252 SERVIÇO SOCIAL E ENSINO
- **254** Psicólogo
- **256** Coach
- **258** Assistente social
- **260** Assistente social para jovens
- **262** Gestor de lar para idosos
- **264** Cuidador de creche
- **266** Professor de ensino fundamental
- **268** Professor de ensino médio
- **270** Professor universitário
- **272** Bibliotecário

- **314** Glossário
- **316** Índice
- **320** Sobre os autores
- **320** Agradecimentos

PENSANDO EM SUA CARREIRA

Pensar em sua futura carreira é estimulante, mas também pode amedrontar. Você deve selecionar em quais matérias focar no ensino médio, escolher a faculdade e pensar em seus interesses, valores e talentos. É melhor conceber a escolha de uma carreira como um processo contínuo, não como uma decisão única. Pense nisso como uma jornada, na qual você vai se expor à influência de diversos fatores.

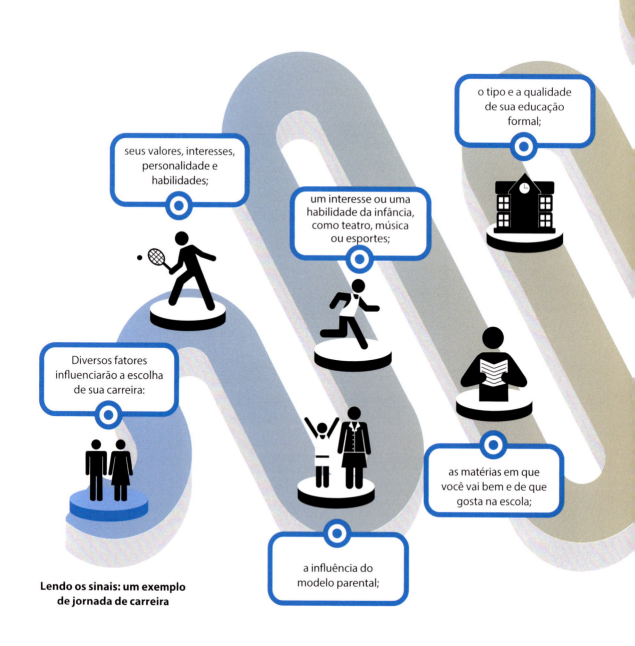

Lendo os sinais: um exemplo de jornada de carreira

Diversos fatores influenciarão a escolha de sua carreira:

- seus valores, interesses, personalidade e habilidades;
- um interesse ou uma habilidade da infância, como teatro, música ou esportes;
- o tipo e a qualidade de sua educação formal;
- as matérias em que você vai bem e de que gosta na escola;
- a influência do modelo parental;

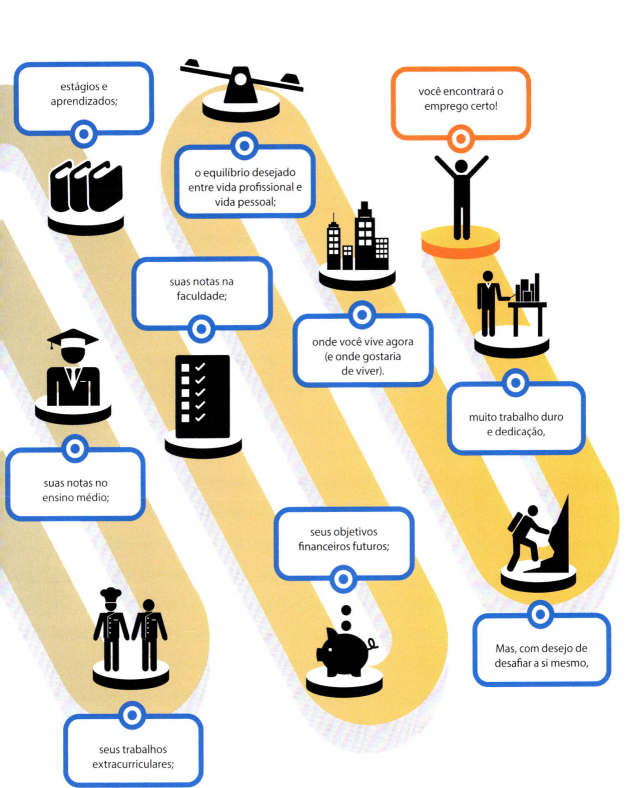

ENTENDENDO A SI MESMO

Somos todos indivíduos com nossos próprios valores, interesses, personalidade e habilidades. Para encontrar uma carreira satisfatória, você primeiro precisa pensar em si mesmo: não só naquilo que o interessa, mas também em suas habilidades, qualidades pessoais, motivações e personalidade. Essa reflexão o ajudará a planejar seu treinamento futuro e sua experiência de trabalho, a reforçar seu currículo e a tomar decisões inteligentes a respeito da carreira.

VOCÊ GOSTA DE QUAIS MATÉRIAS?
Você gosta de quais matérias na escola? Em quais delas você se sai melhor? Como você pode melhorar o desempenho nas matérias de que mais gosta?

Entendendo a si mesmo

VOCÊ TEM OUTROS INTERESSES?
Você pratica esportes? Empregadores procuram uma variedade de interesses, além da atividade escolar. Participar de atividades esportivas ou artísticas, e ser bem-sucedido nelas, demonstra sua capacidade de trabalhar em equipe – algo considerado importante em diversos trabalhos.

Passatempos também podem se transformar em carreiras, e nem sempre de maneira óbvia. Se você gosta de teatro, pode se tornar ator, mas também tem habilidades para fazer apresentações de marketing ou negócios, ou para trabalhar como professor. Você pode desenvolver uma "carreira portfólio", que é quando você usa um conjunto de habilidades que podem ser aplicadas em diversas áreas ou empresas. Talvez seus passatempos e interesses também podem ser utilizados no local de trabalho.

O QUE O MOTIVA?
O que é mais importante em sua vida? Você gosta de construir coisas e saber como elas funcionam, ou sente satisfação em ajudar sua comunidade? Um salário alto seria mais importante que qualquer outra coisa? Você procura excitação e desafio em sua vida, ou estabilidade, liberdade e bem-estar são mais valiosos?

QUAIS SÃO SUAS HABILIDADES?
Pense nas habilidades que você está desenvolvendo na escola e durante suas atividades ou trabalhos extracurriculares. Você pode ser muito criativo, ser um grande comunicador, ter habilidades avançadas em tecnologia da informação (TI), ser competente na solução de problemas ou se destacar em trabalhos manuais.

QUAIS SÃO SUAS QUALIDADES PESSOAIS?
Escolher um trabalho adequado à sua personalidade deixará você mais feliz em sua carreira e aumentará sua chance de ser um funcionário eficaz. Embora você possa aprender novas habilidades para aspirar a uma carreira, é muito mais difícil mudar sua personalidade. Pense no tipo de pessoa que você é e peça para os outros descreverem como eles o veem.

QUAIS SÃO SUAS CIRCUNSTÂNCIAS?
Você quer trabalhar em um lugar específico – perto da família e dos amigos, por exemplo, ou em uma grande cidade – ou está preparado para uma transferência?

Quais são os custos de educação e treinamento em sua área de escolha? De modo realista, você consegue arcar com eles?

Você quer um emprego que ofereça condições flexíveis de trabalho? Em certas carreiras, novas tecnologias tornaram possível que as pessoas trabalhassem de forma eficiente remotamente, por meio de videochamadas, compartilhamento de arquivos e reuniões on-line. Isso permite que os funcionários dividam seu tempo entre trabalho presencial e remoto, muitas vezes de casa, uma prática conhecida como trabalho híbrido.

Para manter o foco, faça uma lista de verificação que poderá ser consultada em sua jornada de carreira.

 ASSUNTOS PREFERIDOS

 INTERESSES

 MOTIVAÇÕES

 QUALIDADES PESSOAIS

 HABILIDADES

 OUTROS

COMEÇANDO A AGIR

Depois de ter uma boa compreensão sobre si mesmo, sobre as atividades em que é bom e sobre o tipo de trabalho que gostaria de fazer, você pode começar a investigar o mundo da educação, do treinamento e do trabalho. Comece considerando os perfis de trabalho neste livro; eles oferecerão os tipos disponíveis de carreiras e o ajudarão a ampliar suas ideias atuais e a conhecer novas oportunidades.

PROCURE AUXÍLIO
Informe-se a respeito de sua carreira ou setor de interesse. Converse com amigos, familiares, professores ou orientadores sobre suas opções.

FIXE ALGUNS OBJETIVOS
Descubra o que você quer alcançar em sua vida e o que você precisa fazer em curto prazo para chegar aonde quer.

COMECE A AGIR
Após decidir a carreira na qual gostaria de ingressar, você pode fazer diversas coisas a fim de se sobressair para possíveis empregadores.

EMPREGO

GANHE EXPERIÊNCIA
Tente obter um estágio ou treinamento em sua área de escolha. Isso lhe dará uma excelente oportunidade para conversar com os funcionários.

CONSTRUA UMA MARCA ON-LINE
Crie e gerencie ativamente perfis em redes sociais de negócios, como LinkedIn e sites específicos do setor.

TREINAMENTO E APRENDIZADO
Pesquise o máximo possível para descobrir as qualificações de que você precisará para ingressar em uma carreira específica.

TORNE-SE VOLUNTÁRIO
Doe seu tempo para uma empresa, uma organização sem fins lucrativos ou outra instituição. Dessa maneira, você fará contatos valiosos.

INICIE UMA REDE DE CONTATOS
Entre em contato com empregadores para ver se eles aceitam receber visitação. Utilize as redes sociais para se conectar com as empresas.

CRIE UMA MARCA ON-LINE
Use a internet para criar e gerenciar perfis em sites como LinkedIn, Facebook, Instagram e YouTube.

CONSEGUINDO O EMPREGO

Apresentar as habilidades, os talentos e a experiência para possíveis empregadores, por escrito ou pessoalmente, é parte fundamental para conseguir qualquer emprego. Pesquisa e preparação adequada são decisivas para o sucesso quando você se candidata a cargos disponíveis e participa de entrevistas.

ESCOLHA SUAS PALAVRAS
Pense com cuidado acerca das palavras que você usa para descrever suas habilidades e realizações. Procure seguir o mesmo padrão de linguagem utilizado na descrição do trabalho ou no site da empresa.

PESQUISA
Pela internet, pesquise a respeito de seu possível empregador. O que a empresa faz? O que a torna diferenciada? O que está acontecendo em seu setor de mercado?

CANDIDATANDO-SE A UM EMPREGO
Ao responder a uma vaga anunciada ou ao abordar um empregador, dedique tempo para pensar em sua solicitação.

LEIA A DESCRIÇÃO DO TRABALHO
Leia a descrição do trabalho atentamente. Em geral, os empregadores especificam as habilidades, os conhecimentos e as qualificações essenciais para o trabalho. Assim, assegure-se de que sua solicitação de emprego indica que você atende aos requisitos específicos do trabalho.

AJUSTE SEU CURRÍCULO
Não envie o mesmo currículo padrão para todos os possíveis empregadores. Pense no que cada empregador está procurando e tente incluir evidências de sucesso nessas áreas específicas.

PREPARE-SE E RELAXE

Prepare-se bem para a entrevista. Lembre-se de que é natural se sentir nervoso antecipadamente. Assim, procure encontrar maneiras de relaxar: escute música ou faça exercícios respiratórios.

VISTA-SE VISANDO AO SUCESSO

Você deve sempre estar bem vestido para uma entrevista. Isso nem sempre significa usar um terno: procure corresponder ao estilo de vestuário da empresa.

CONVITE PARA ENTREVISTA

PASSANDO PELA ENTREVISTA
Se um empregador gostar de seu currículo, você poderá ser convidado para participar de uma entrevista.

OBTER O EMPREGO

TER RESPOSTAS PARA PERGUNTAS-PADRÃO

Prepare respostas para algumas das perguntas mais comuns em entrevistas de emprego, como: "Fale-me a seu respeito"; "Por que você está interessado neste cargo?", "Por que você acha que é a pessoa certa para este trabalho?".

CONHEÇA A SI MESMO

Revise seu currículo antes da entrevista. Seja claro a respeito das habilidades e qualificações que tem para oferecer ao empregador. Pense com antecedência em exemplos de suas realizações passadas.

ARTES VISUAIS E DESIGN

Se você possui talento artístico e sensibilidade para imaginar novos estilos pode considerar uma carreira em artes visuais e design. Nesse setor, você pode se envolver na criação de produtos, na produção de ilustrações para revistas, no design de interiores ou na idealização das últimas tendências de moda.

DESIGNER DE PRODUTO
Página 18

Os itens cotidianos que usamos sem pensar – como celulares, máquinas de lavar roupa e carros – são projetados, modelados e testados por designers de produto.

DESIGNER TÊXTIL
Página 20

Utilizando tecidos distintos, incluindo algodão, lã e fibras sintéticas, os designers têxteis criam novas estampas para roupas, acessórios de moda e decoração de interiores.

DESIGNER GRÁFICO
Página 22

Trabalhando em mídias distintas, de revistas a sites, os designers gráficos utilizam letras, imagens e layouts para criar um projeto visual que transmita uma mensagem clara.

FOTÓGRAFO
Página 24

Utilizando suas habilidades técnicas e artísticas, os fotógrafos profissionais captam as visões do mundo ao nosso redor, como casamentos, paisagens e eventos esportivos.

ILUSTRADOR
Página 26

Exibindo suas habilidades em belas-artes e ilustrações técnicas, os ilustradores produzem desenhos para livros, cartões comemorativos e manuais de produtos.

DESIGNER DE JOIAS
Página 28

Trabalhando com prata, ouro, pedras preciosas e outros materiais, os designers de joias acompanham as tendências de moda, criando joias, como anéis e colares.

ESTILISTA
Página 30

Da alta-costura e a moda cara e sofisticada a calçados funcionais e roupas do dia a dia, os estilistas definem as tendências e os estilos das peças que vestimos.

MAQUIADOR
Página 32

Utilizando técnicas de maquiagem criativas e eficazes para dar vida às personalidades, os maquiadores aprimoram a aparência de atores, modelos, apresentadores de TV e clientes particulares.

DESIGNER DE INTERIORES
Página 34

Criando um conceito visual para os lugares onde moramos, trabalhamos e relaxamos, os designers de interiores utilizam acessórios, efeitos de pintura e móveis para definir o tom dos espaços interiores.

DESIGNER DE PRODUTO

DESCRIÇÃO DO TRABALHO

Quase todo objeto ou dispositivo que utilizamos, de cadeiras a computadores, foi pensado por um designer de produto. Além de criar esses itens, o profissional também pode melhorar os que já existem ou torná-los mais fáceis de usar ou diminuir seu custo. Os designers de produto desenvolvem ideias junto com clientes, usam impressoras 3D para criar protótipos com engenheiros e ajudam o departamento de marketing a promover o produto.

RENDA
Designer de produto júnior ★★★★★
Designer de produto sênior ★★★★★

PERFIL DO SETOR
Setor altamente competitivo • Grande demanda por designers de produto inovadores • Empregos disponíveis em fabricantes ou em agências especializadas em design de produto

▼ ATIVIDADES RELACIONADAS

▶ **DESIGNER DE JOIAS** *ver pp. 28-29*

▶ **DESIGNER DE INTERIORES** *ver pp. 34-35*

▶ **ASSISTENTE DE ARQUITETURA** Fornece apoio a arquitetos em aspectos práticos de um projeto de construção.

▶ **PROJETISTA** Desenvolve projetos de equipamentos, ferramentas e produtos, analisando medidas, definindo matérias-primas e fazendo desenhos. Testa protótipos.

RESUMO

INTERESSES Arte e design • Engenharia • Desenho • Modelagem • Design gráfico • Física • Matemática • História • Tecnologia da informação (TI)

QUALIFICAÇÕES NECESSÁRIAS É preciso ter graduação em design ou desenho industrial.

ESTILO DE VIDA Designers de produto trabalham em horário de expediente convencional, mas precisam ser flexíveis para cumprir prazos. A maior parte do trabalho é realizada em computadores.

LOCAL A maioria dos designers de produto trabalha em escritórios ou estúdios, mas pode ser preciso viajar para encontrar clientes ou realizar pesquisas com usuários dos produtos.

REALIDADE É uma área competitiva, em que os designers precisam acompanhar novas tecnologias e tendências de design. Uma rede de contatos é fundamental para o avanço na carreira.

PLANO DE CARREIRA

O designer de produto qualificado precisa construir um portfólio de trabalhos bem-sucedidos para firmar seu nome. Há muitas áreas em que você pode se especializar, mas precisará de formação superior para algumas áreas mais técnicas, como engenharia biomédica.

ESTAGIÁRIO Durante a faculdade, você pode ganhar experiência profissional como estagiário em uma empresa de engenharia ou em um escritório de design para desenvolver seu portfólio.

FORMAÇÃO Esse trabalho exige bacharelado, e alguns empregadores também valorizam uma pós-graduação. Há empresas que também oferecem formações práticas.

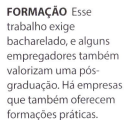

DESIGNER DE PRODUTO O trabalho requer que você consulte os clientes, pesquise as necessidades dos usuários e, em seguida, esboce ideias e as desenvolva em projetos usando um software especializado.

DESIGNER AUTOMOTIVO Trabalha no setor de transportes, criando conceitos para carrocerias de carros, assentos de aviões ou painéis de instrumentos para trens.

ENGENHEIRO CLÍNICO Aplica engenharia e princípios de design na área de assistência médica, criando produtos médicos, como próteses e instrumentos cirúrgicos robóticos.

DESIGNER DE PRODUTOS DE CONSUMO Especializa-se em desenvolver melhores produtos de consumo, como artigos de vidro, aspiradores de pó, computadores e aparelhos eletrônicos portáteis.

ERGONOMISTA Enfoca a funcionalidade dos produtos que as pessoas utilizam em casa e no escritório. Projetam produtos, como mesas, equipamentos de cozinha ou ferramentas industriais, procurando torná-los seguros, cômodos e de fácil utilização.

HABILIDADES REQUERIDAS

 Alto nível de criatividade para desenvolver ideias inovadoras de produtos que atrairão os compradores.

 Autodisciplina para planejar e organizar todas as fases de um projeto, assegurando entrega no prazo e dentro do orçamento.

 Excelentes habilidades numéricas para calcular dimensões e proporções de um produto.

 Capacidade de explicar ideias complexas com clareza para os clientes, tanto verbalmente como por escrito.

 Habilidade em informática proficiente para uso de softwares especializados em desenho assistido por computador (CAD).

 Toda a atenção aos detalhes ao trabalhar com especificações técnicas ou instruções do cliente.

DESIGNER TÊXTIL

DESCRIÇÃO DO TRABALHO

O designer têxtil desenha artigos que são utilizados na fabricação de roupas, panos e mobília. Entendendo de materiais, corantes, padrões e processos de fabricação, produz desenhos para uma variedade de tecidos decorativos, duráveis ou protetores. O trabalho envolve a produção de croquis e amostras, além da atuação em conjunto com os departamentos de marketing e de compras para a produção dos produtos que serão vendidos.

RENDA
Designer têxtil júnior ★★★★★
Designer têxtil sênior ★★★★★

PERFIL DO SETOR
Setor cada vez mais competitivo, com mais candidatos do que vagas • Demanda crescente em mercados especializados, como o de moda esportiva

RESUMO

INTERESSES Arte • Artesanato • Moda • Costura • Tricô • Tecnologia em design • Matemática • Química • Tecnologia da informação (TI)

QUALIFICAÇÕES NECESSÁRIAS Um diploma em design têxtil ou moda é desejável, mas é possível aprender a função trabalhando no setor.

ESTILO DE VIDA Horário de expediente convencional é a regra, mas os designers podem ter de fazer horas extras para cumprir prazos. Os designers autônomos podem trabalhar em casa.

LOCAL O trabalho é realizado principalmente em escritório ou estúdio. Pode ser preciso visitar fábricas durante a produção, receber instruções de clientes ou participar de feiras comerciais.

REALIDADE O trabalho é criativamente recompensador. A maioria das empresas têxteis se situa em grandes cidades. Assim, uma transferência pode ser necessária.

▼ ATIVIDADES RELACIONADAS

▶ **DESIGNER DE JOIAS** ver pp. 28-29

▶ **TECNÓLOGO EM PRODUÇÃO TÊXTIL** Gerencia o projeto, a produção e o controle de qualidade de tecidos, fios e artigos têxteis. Pode trabalhar em tecidos para roupas, decoração e suprimentos médicos, ou artigos têxteis para a indústria automobilística.

▶ **DESIGNER DE MOBILIÁRIO** Projeta móveis e acessórios, como poltronas e sofás. Alguns designers de mobiliário trabalham para fabricantes, criando projetos para produção em massa; outros produzem itens para clientes individuais.

> Os atletas das Olimpíadas de Inverno contam com designers têxteis para criar tecidos "inteligentes", como jaquetas com autoaquecimento.

PLANO DE CARREIRA

Sem uma formação pertinente, é possível ingressar no setor têxtil como cortador de confecção, criando moldes de tecido a partir de desenhos, ou como operador de máquina, produzindo amostras de roupas. O treinamento no trabalho pode conduzir a qualificações superiores.

ETAGIÁRIO OU ASSISTENTE Você pode adquirir uma valiosa experiência na indústria têxtil criando painéis semânticos ou ajudando a preparar simulações em 3D para clientes.

FORMAÇÃO Obter um diploma em design têxtil, em moda ou em um curso afim pode ajudá-lo a desenvolver habilidades, confiança criativa e contatos com o setor, para progredir como designer.

HABILIDADES REQUERIDAS

 Habilidade de comunicação eficaz para atuar em conjunto com clientes, colegas e equipes técnicas e de marketing.

 Capacidade de avaliar as propriedades de materiais utilizados em artigos têxteis especiais e industriais.

 Talento criativo para experimentar desenhos, materiais, cores, texturas e pesos diferentes.

 Habilidade em informática e conhecimento de softwares de desenho assistido por computador (CAD).

 Tino comercial e bom senso empresarial, sobretudo se trabalhar como designer autônomo.

DESIGNER TÊXTIL Depois de qualificado, você pode trabalhar em lojas de roupas, com arquitetos, designers de interiores ou fabricantes e varejistas de tecidos. Pode se especializar em áreas como interiores – estofados, mobília ou tapetes – ou tecidos técnicos, como os utilizados em roupas à prova de fogo.

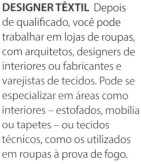

DESIGNER DE ESTAMPAS Desenvolve as estampas em itens de decoração, peças de roupa, etc. Alia criatividade e técnica, e exige qualificação em cursos como ilustração, tipografia, entre outros.

ESTILISTA Cria acessórios, sapatos ou roupas – para produção em massa ou para nichos de mercado – que seguem tendências de tecidos, cores e formas, ou que produzem um novo estilo.

DESIGNER DE INTERIORES Cria padrões, cores, texturas e técnicas de design para fazer tecidos para ambientes internos e mobílias, e acessórios para casa, como sofás, cortinas, roupas de cama, travesseiros, tapetes e carpetes.

CONSERVADOR DE ARTIGOS TÊXTEIS Trabalha em museus, organizações de patrimônio e antiquários, restaurando artigos como tapeçarias, roupas e revestimentos de parede e piso. Esse trabalho requer conhecimento profundo de história do design, estrutura têxtil e métodos tradicionais de fabricação.

DESIGNER GRÁFICO

DESCRIÇÃO DO TRABALHO

Utilizando imagens, cores e texto, os designers gráficos criam composições na tela, transmitindo informações e mensagens para mídia impressa e eletrônica. Os designers devem avaliar os pedidos dos clientes para produzir anúncios, material promocional ou logotipos que atraiam o público-alvo. A maior parte da atividade é realizada em computador, mas também pode envolver o trabalho com fornecedores, como ilustradores e fotógrafos.

RENDA
Designer gráfico júnior ★☆☆☆☆
Designer gráfico sênior ★★★★☆

PERFIL DO SETOR
Setor em contínua evolução por causa dos avanços tecnológicos • Grande variedade de empregadores • Muitos profissionais autônomos • Demanda mundial

RESUMO

INTERESSES Arte e design • Tecnologia da informação (TI) • Fotografia • Ilustração • Gerenciamento de projetos

QUALIFICAÇÕES NECESSÁRIAS A maioria dos designers possui formação universitária, mas alguns treinam no próprio trabalho. As qualificações nas áreas de arte ou design são úteis.

ESTILO DE VIDA Os designers tendem a trabalhar em expediente convencional. No entanto, horas extras podem ser necessárias para cumprir prazos urgentes e cronogramas apertados.

LOCAL O modelo híbrido de trabalho está se tornando comum: em estúdio e no esquema home office. Às vezes, viajam para encontrar clientes ou apresentam suas ideias pela internet.

REALIDADE Muitos designers gráficos atuam como autônomos, e é comum trabalhar para diversas empresas ao longo da carreira.

HABILIDADES REQUERIDAS

Habilidades de comunicação escrita e verbal eficazes para articular projetos e expressar ideias com clareza.

Domínio dos softwares mais atuais de design gráfico e capacidade de se adaptar a essa nova tecnologia.

Talento em design, habilidades artísticas e ideias criativas para produzir projetos inovadores.

Habilidade para escutar clientes, entender e interpretar seus pedidos e suas ideias específicas.

Boas habilidades organizacionais, pois diversos projetos podem ser desenvolvidos ao mesmo tempo.

Sensibilidade para os detalhes, assegurando que os projetos sejam exatos e transmitam a mensagem exigida pelo cliente.

▼ ATIVIDADES RELACIONADAS

▶ **ILUSTRADOR** *ver pp. 26-27*

▶ **DESIGNER DE INTERIORES** *ver pp. 34-35*

▶ **EXECUTIVO DE CONTAS DE PUBLICIDADE** *ver pp. 72-73*

▶ **WEB DESIGNER** *ver pp. 128-129*

▶ **DIRETOR DE ARTE DE PUBLICIDADE** Produz ideias visuais para transmitir cada mensagem específica de campanhas publicitárias. Trabalha com o redator de publicidade, que escreve textos persuasivos ou matérias para determinado público-alvo.

Um de cada três empregos em design gráfico é agora digital, o que o torna o setor de mais rápido crescimento no mundo do design.

PLANO DE CARREIRA

A maioria dos designers gráficos possui diploma em artes gráficas ou belas-artes e encontra trabalho em empresas de marketing, comunicações, propaganda ou publicações. Em geral, especializam-se em uma área, como design de livros infantis, revistas, sites ou interfaces de usuário para aplicativos.

ASSISTENTE Sem diploma, você pode encontrar um trabalho como assistente de design gráfico, treinar no trabalho e avançar para funções mais criativas.

DESIGNER GRÁFICO Como designer gráfico, você continuará aprendendo durante a carreira, ficando em contato com novos rumos em design comercial e mudanças tecnológicas. Você pode trabalhar como autônomo ou desenvolver sua carreira em uma empresa.

FORMAÇÃO Você pode ingressar na carreira com um título de bacharel em design ou desenho industrial, ou em um curso de artes afim.

DIRETOR DE ARTE Coordena o projeto de uma marca, campanha ou publicação, geralmente liderando uma equipe de designers ou outros profissionais criativos.

WEB DESIGNER Especializa-se no projeto de sites, da criação de logotipos à provisão de conteúdo visual para as marcas de seus clientes.

DESIGNER DE EXPOSIÇÕES Projeta expositores para exposições, conferências ou museus. Ter interesse em design 3D ajuda bastante nessa função.

CONSULTOR DE MARKETING Utiliza seu conhecimento em design para criar materiais de marketing e oferecer conselhos a respeito de estratégias e gestão de marcas (branding).

FOTÓGRAFO

DESCRIÇÃO DO TRABALHO

Os fotógrafos combinam talento artístico com conhecimento técnico de câmeras e de imagens digitais para produzir fotografias. Podem trabalhar em diversos setores, de moda e revistas até arquitetura e publicidade. Alguns são autônomos e vendem suas fotos para bancos de imagens e agências de mídia. Outros são contratados para eventos especiais, como casamentos e fazer retratos em escolas.

RENDA
Assistente de fotografia ★☆☆☆☆
Fotógrafo renomado ★★★★☆

PERFIL DO SETOR
Diversas oportunidades distintas para especialização • Crescimento na área de fotografia por drone • Trabalho autônomo é comum • Área muito competitiva

RESUMO

INTERESSES Fotografia • Viagens e cultura • Tecnologia da informação (TI) • Notícias e atualidades

QUALIFICAÇÕES NECESSÁRIAS Embora útil, o diploma pode não ser obrigatório, o que torna o setor muito competitivo.

ESTILO DE VIDA A agenda de trabalho pode ser arranjada de uma hora para outra. O trabalho pode ser realizado à noite ou aos finais de semana, incluindo viagens para destinos distantes.

LOCAL Alguns fotógrafos viajam para sessões de fotos e podem trabalhar em ambientes externos ou internos. Outros trabalham em estúdio e passam algum tempo no computador.

REALIDADE Muitas horas são gastas na edição de fotos, e não no próprio ato de fotografar. A rede de contatos e a criação de reputação são fundamentais para o sucesso profissional.

▼ ATIVIDADES RELACIONADAS

▶ **DESIGNER GRÁFICO** ver pp. 22-23

▶ **JORNALISTA** ver pp. 54-55

▶ **WEB DESIGNER** ver pp. 128-129

▶ **ANIMADOR** Dá vida aos personagens em desenhos animados, propagandas e jogos eletrônicos, modelando o movimento de um personagem ou objeto na tela. Trabalha nas indústrias de TV, cinema ou games.

▶ **DIRETOR DE ARTE** Supervisiona o estilo visual e o conteúdo de livro impresso, revista ou site. Entre as responsabilidades, deve assegurar que o trabalho satisfaça as instruções do cliente e seja entregue no prazo e dentro do orçamento.

▶ **PILOTO DE DRONE** Com drones, faz vídeos e fotografias para fins comerciais, militares e domésticos, como filmes e tomadas aéreas para a TV, levantamentos agrícolas e de canteiros de obras.

▶ **OPERADOR DE CÂMERA DE TV** Prepara e monta equipamentos para uso. Segue as instruções de um diretor de fotografia e grava imagens para filmes e mídias digitais.

PLANO DE CARREIRA

Em sua maioria, os fotógrafos são profissionais autônomos e se especializam em uma área. Criar um portfólio on-line ou um site de imagens e habilidades, assim como desenvolver contatos com clientes, ajuda a assegurar trabalho constante.

ASSISTENTE Após o término da escola, você pode ganhar experiência trabalhando como assistente de um fotógrafo estabelecido.

FORMAÇÃO Um diploma em fotografia ou em um curso de design ou artes afim é útil, além da obtenção de experiência como assistente.

HABILIDADES REQUERIDAS

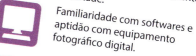

Boas habilidades artísticas e de projeto, imaginação e ideias inovadoras se combinam para a obtenção dos melhores resultados.

Capacidade de fazer as pessoas se sentirem tranquilas na frente da câmera e deixá-las rapidamente à vontade.

Familiaridade com softwares e aptidão com equipamento fotográfico digital.

Autoconfiança para ir atrás de seus objetivos, ainda que a oferta de trabalho às vezes possa ser irregular.

Sensibilidade para os detalhes, a forma, o formato e a cor; altos níveis de paciência e concentração.

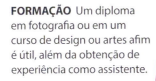

FOTÓGRAFO O tino comercial e a autopromoção são tão importantes para seu sucesso quanto as habilidades técnicas e criativas. Você precisará se manter atualizado sobre as novas tecnologias e os mercados emergentes para imagens.

FOTÓGRAFO MÉDICO Registra procedimentos médicos, doenças, cirurgias e lesões. Pode também dar assistência em cenas de crime como fotógrafo forense.

FOTÓGRAFO DE ESTILO DE VIDA Fotografa famílias, retratos e eventos, incluindo casamentos, para o público em geral.

FOTÓGRAFO DE MODA Fotografa roupas e acessórios de estilistas para promover marcas, sobretudo em revistas. Em geral, trabalha em estúdios ou em uma locação.

REPÓRTER FOTOGRÁFICO Produz fotos de acontecimentos e das pessoas envolvidas neles, geralmente para jornais, revistas e sites. Frequentemente, trabalha sob pressão para cumprir prazos.

FOTÓGRAFO CORPORATIVO Trabalha no mundo empresarial, produzindo imagens que registram ou promovem as atividades de uma organização ou que exibem seus produtos e suas marcas aos clientes.

ILUSTRADOR

DESCRIÇÃO DO TRABALHO

Os ilustradores são artistas comerciais que produzem pinturas e desenhos para acompanhar textos em livros, revistas, folhetos e anúncios. Em geral, especializam-se em uma área específica, tais como produção de ilustrações para livros infantis, cartuns para jornais ou ilustrações técnicas para manuais. Embora alguns ilustradores ainda utilizem caneta ou pincel, muitos trabalham em computadores, mesas digitalizadoras e cadernos digitais.

RENDA
Ilustrador ★★☆☆☆

PERFIL DO SETOR
A maioria dos ilustradores trabalha como autônomo • Volume e tipo de trabalho sujeito a tendências variáveis dos setores de mídia • Maior parte dos trabalhos disponível na mídia impressa e on-line

PLANO DE CARREIRA

Não há plano de carreira formal neste setor criativo. Você precisa reunir um acervo de seus melhores trabalhos em um portfólio e apresentá-lo aos possíveis clientes. Seu sucesso depende não só de suas habilidades artísticas e técnicas, mas também de sua capacidade de estabelecer novas relações e se colocar no mercado.

ASSISTENTE Você pode ganhar experiência e fazer possíveis contatos no setor trabalhando como assistente de design ou artista técnico em uma empresa de mídia ou editorial.

FORMAÇÃO Um diploma em ilustração, belas-artes ou design oferece prova de suas habilidades aos empregadores. No entanto, os possíveis clientes julgarão sua capacidade com base na qualidade de seu portfólio e em sua adequação às necessidades deles.

ANIMADOR Utiliza imagens digitais ou analógicas, modelos ou bonecos para produzir múltiplas imagens, chamadas quadros. Juntos, quando sequenciados na ordem certa, esses quadros criam uma ilusão de movimento conhecida como animação.

ILUSTRADOR Ao desenvolver um dos diversos estilos artísticos, você pode encontrar trabalho por meio de contatos pessoais ou contratar agentes que promovam suas atividades e ganhem uma comissão sobre os projetos que encontram para você.

HABILIDADES REQUERIDAS

 Proficiência eficaz em programas de computador e software de design gráfico.

 Habilidade de comunicação eficaz para lidar com clientes, agências e possíveis empregadores.

 Alto nível de criatividade e talento para produzir um trabalho atraente e gerar novas ideias.

 Tino comercial significativo para negociar honorários com clientes e trabalhar em um mercado competitivo.

 Flexibilidade para assumir tipos diferentes de trabalho quando as oportunidades em uma área específica se tornam raras.

 Capacidade de seguir as instruções de um cliente e produzir com precisão ilustrações técnicas complexas.

ILUSTRADOR DE LIVRO OU REVISTA Desenha imagens que acompanham artigos em revistas ou que ilustram e dão vida a textos em livros, histórias em quadrinhos e *graphic novels*.

ILUSTRADOR TÉCNICO OU MÉDICO Produz imagens de situações e procedimentos médicos, que ajudam as pessoas a compreender informações complexas em compêndios, manuais de instrução ou folhetos de vendas.

▼ ATIVIDADES RELACIONADAS

▶ **DESIGNER GRÁFICO** *ver pp. 22-23*

▶ **DESENVOLVEDOR DE JOGOS ELETRÔNICOS** *ver pp. 130-131*

▶ **DIRETOR DE ARTE** Lidera e coordena uma equipe responsável pelo projeto de conceitos visuais e imagens em setores criativos, como propaganda, editoração, cinema, televisão ou web design.

▶ **CARTUNISTA** Utiliza senso de humor e habilidades de observação para desenhar cartuns ou criar histórias em quadrinhos. O trabalho de um cartunista pode ser usado em jornais, livros, revistas e plataformas digitais, ou por anunciantes para promover produtos.

▶ **ARTISTA DE STORYBOARD** Desenha sequências de ilustrações que mostram os pontos mais importantes de uma história, as quais são usadas, então, como base para a filmagem.

RESUMO

 INTERESSES Arte • Desenho e pintura • Design gráfico • Ciências • Matemática • Tecnologia da informação (TI)

 QUALIFICAÇÕES NECESSÁRIAS Os ilustradores precisam de treinamento artístico adequado e um bom portfólio de trabalho criativo, ou de um diploma em artes, ilustração ou artes gráficas.

 ESTILO DE VIDA Os ilustradores autônomos podem definir suas próprias horas de trabalho; os empregados em empresas trabalham em horário de expediente convencional.

 LOCAL Embora os ilustradores possam trabalhar em casa ou em um estúdio, podem precisar visitar o escritório de um cliente para discutir instruções e promover seu trabalho.

 REALIDADE Comissões pagas podem ser esporádicas para os ilustradores autônomos; portanto, muitos têm um segundo emprego para manter uma renda regular.

ARTES VISUAIS E DESIGN

DESIGNER DE JOIAS

DESCRIÇÃO DO TRABALHO

Para ter sucesso em sua profissão, o designer de joias precisa de muita sensibilidade para os detalhes, faro para a moda e amor para criar objetos complexos. Ele desenha joias e acessórios e fabrica os itens em sua oficina usando materiais como ouro, prata, pedras preciosas e madeira. Os designers sem acesso a uma oficina utilizam os serviços de empresas especializadas para fabricar suas criações.

RENDA

Designer de joias júnior ★★★★★
Designer de joias sênior ★★★★★

PERFIL DO SETOR

Setor competitivo • A maioria dos fabricantes de joias se concentra em áreas específicas das grandes cidades • Diminuição na quantidade de joalherias tradicionais

RESUMO

INTERESSES Design em artesanato e tecnologia • Moda • Arte • Tecnologia da informação (TI) • Ciências • Matemática

QUALIFICAÇÕES NECESSÁRIAS Um diploma representa uma vantagem, mas muitos designers são autodidatas, realizam cursos profissionalizantes ou começam a trabalhar como aprendizes.

ESTILO DE VIDA Em geral, trabalham em expediente convencional, mas podem ter de viajar para encontrar fornecedores, varejistas, clientes e fabricantes, e para participar de feiras comerciais.

LOCAL Em geral, os designers de joias trabalham em um estúdio ou uma oficina. Também podem trabalhar no escritório de um fabricante, dividindo espaço com outros designers.

REALIDADE Criar uma reputação é fundamental para o sucesso. Assim, os designers de joias precisam trabalhar duro para promover seu trabalho em galerias, lojas e na internet.

PLANO DE CARREIRA

Os aspirantes a designers de joias não precisam de qualificações formais, pois as habilidades e a experiência são muito mais importantes. No entanto, um diploma relevante aumentará suas chances de encontrar um emprego em uma grande empresa de joias ou lhe dará confiança para criar sua própria empresa de design, vendendo seu trabalho on-line ou em galerias e lojas.

ESTAGIÁRIO Você pode começar um treinamento com um designer ou fazer um estágio em uma grande empresa de joias, aprendendo habilidades práticas do trabalho.

FORMAÇÃO Os empregadores valorizarão cursos em design, gemologia (a ciência das pedras preciosas naturais e artificiais), arte, design 3D, moda e design têxtil.

ATIVIDADES RELACIONADAS

▶ **DESIGNER DE PRODUTO** ver pp. 18-19

▶ **ESTILISTA** ver pp. 30-31

▶ **CERAMISTA** Modela e queima argila para produzir objetos, como utensílios de cozinha, utensílios para mesa e azulejos.

▶ **RELOJOEIRO** Fabrica e repara relógios. Muitos relojoeiros são autônomos, enquanto outros trabalham em joalherias e lojas de departamento.

▶ **MARCENEIRO** Fabrica diversos produtos, como armários e outros tipos de móvel, usando madeira, compensado e laminados.

HABILIDADES REQUERIDAS

 Alto nível de criatividade e inovação para elaborar desenhos conforme instruções encomendadas.

 Habilidade de comunicação eficaz para interagir com designers, fabricantes e clientes.

 Habilidade em informática proficiente, como a capacidade de operar softwares de desenho assistido por computador (CAD).

 Capacidade de utilizar ferramentas delicadas para criar e reparar peças complexas de joalheria.

 Tino comercial para promover projetos e produtos para clientes e fabricantes.

 Toda a atenção aos detalhes para realizar trabalho de design complexo com precisão.

TÉCNICO EM JOALHERIA Utiliza equipamento especializado para produzir joias. Em geral, o técnico produz joias em uma fábrica ou grande oficina.

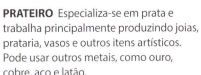

PRATEIRO Especializa-se em prata e trabalha principalmente produzindo joias, prataria, vasos e outros itens artísticos. Pode usar outros metais, como ouro, cobre, aço e latão.

DESIGNER DE JOIAS Você pode se especializar em um tipo específico de trabalho, como pulseiras ou alianças. Uma vez estabelecido, pode se transferir para a fabricação ou pode dirigir sua própria empresa.

GEMOLOGISTA Faz avaliações de joias preciosas para fins de seguro. Esta função requer treinamento formal em identificação, classificação e precificação de pedras preciosas.

A demanda por pedras preciosas e joias cresce em épocas de prosperidade econômica.

ESTILISTA

DESCRIÇÃO DO TRABALHO

Os estilistas criam roupas, sapatos e outros acessórios. Usam a competência criativa e o conhecimento de materiais têxteis, costura e manufatura para definir tendências de cor, tecido e estilo. Frequentemente, os estilistas famosos se especializam em criar itens exclusivos e caros, enquanto a maioria dos designers cria roupas para o mercado de massa, concentrando-se em certas linhas, como roupas para esporte, ternos masculinos e artigos de malha.

RENDA
Estilista iniciante ★★★★★
Estilista renomado ★★★★★

PERFIL DO SETOR
Mercado dominado por confecções pequenas e médias situadas em grandes cidades • Empregos em alta-costura, prêt-à-porter e fast fashion ("moda rápida" para grandes redes)

PLANO DE CARREIRA

O setor da moda é altamente competitivo, e você precisa estar sempre gerando novas ideias. Um diploma não é necessário para você obter sua primeira chance, mas será preciso evidenciar seu interesse e talento, podendo apresentar um portfólio de croquis de moda e ter muita determinação. Com experiência, você pode alcançar cargos criativos seniores em lojas de roupas ou confecções, ou pode até criar sua própria empresa.

ASSISTENTE Se você for um estilista naturalmente dotado, a experiência de trabalho em uma loja de varejo ou as habilidades práticas de alfaiataria atrairão os empregadores. Com talento, um bom portfólio e experiência de estágio, você pode obter um emprego para iniciante em design de moda.

FORMAÇÃO Estudar para obter um diploma de design de moda, design têxtil ou marketing de moda desenvolverá suas habilidades, lhe ensinará sobre design de roupas e o lado comercial da indústria de moda. Isso aumentará suas chances de encontrar um emprego.

DESIGNER ESPECIALIZADO Concentra-se em desenhar roupas para uma área específica da indústria, como moda masculina, esportiva, calçados ou trajes de banho.

ESTILISTA No início, você cria produtos específicos para preencher lacunas identificadas no mercado. Conquista liberdade criativa com o tempo de serviço ou quando desenvolve sua própria empresa ou marca.

HABILIDADES REQUERIDAS

Capacidade de gerar muitas ideias e convertê-las em croquis, desenhos e produtos viáveis.

Habilidade numérica significativa para ajustar dimensões e escalas em padrões e calcular custos de produção.

Habilidade de comunicação eficaz para interagir com equipes de design e transmitir ideias com clareza.

Conhecimento do mercado e habilidades comerciais significativas, sobretudo para designers autônomos.

Habilidade em informática proficiente para uso de softwares de desenho assistido por computador (CAD), entres outros.

RESUMO

INTERESSES Arte • Moda • Artesanato e design • Costura • Modelagem • Tecnologia da Informação (TI) • Matemática

QUALIFICAÇÕES NECESSÁRIAS
Qualificação com diploma em moda, arte ou design é muito útil. No entanto, um portfólio de trabalho significativo é uma necessidade.

ESTILO DE VIDA Em geral, no setor de moda, as pessoas trabalham muitas horas. Os finais de semana são requeridos antes de desfiles e outros lançamentos.

LOCAL A função é exercida em um estúdio ou uma oficina. Os estilistas podem ter de viajar ao exterior para participar de desfiles e feiras de moda em grandes cidades.

REALIDADE Frequentemente, o trabalho do estilista fica sujeito a críticas duras. Os prazos são apertados, principalmente na preparação de uma nova coleção.

▼ **ATIVIDADES RELACIONADAS**

▶ **DESIGNER TÊXTIL** *ver pp. 20-21*

▶ **FIGURINISTA** Desenha roupas e acessórios que os atores usam em peças e filmes. Os figurinos devem ser adequados para os personagens da produção e corresponder ao período ou mundo ficcional em que se desenrola a peça ou o filme.

▶ **COSTUREIRA/ALFAIATE** Cria itens de vestuário sob medida para os clientes e, em geral, administra pequenas empresas independentes, especializando-se em um tipo específico de roupa, como ternos personalizados ou vestidos de noiva.

▶ **MODELO** Os modelos promovem coleções de moda para os clientes e a mídia.

DESIGNER DE MODA Desenha peças de vestuário em que a função é o aspecto mais importante, como peças adaptadas e tecidos que otimizam performance.

CONSULTOR DE MODA Orienta clientes a se apresentarem da maneira mais estilosa e confiante possível. Atua em: modelagem, fotografia, cinema e caixas de assinatura.

COMPRADOR DE MODA Trabalha para lojas de varejo, comprando mercadorias para venda aos clientes da loja. Como os compradores geralmente adquirem as mercadorias muitos meses antes, devem ser capazes de prever tendências de moda para satisfazer a demanda futura.

MAQUIADOR

DESCRIÇÃO DO TRABALHO

Os maquiadores trabalham em setores como cinema, televisão, teatro, música e moda. Fazem a maquiagem e às vezes cuidam dos cabelos de artistas, procurando criar uma aparência dinâmica para uma modelo, natural para um apresentador de TV ou dramática para um músico de rock. Na televisão ou no teatro, podem trabalhar com produtores e figurinistas projetando próteses, criando um estilo ou reproduzindo um período histórico.

RENDA
Maquiador iniciante ★★★☆☆
Maquiador renomado ★★★★☆

PERFIL DO SETOR
Muitas oportunidades de trabalho autônomo • Em geral, empregadores em grandes cidades • Alguns são blogueiros conhecidos • Profissionais de destaque podem pedir altas remunerações

▼ ATIVIDADES RELACIONADAS

▶ **ESTILISTA** ver pp. 30-31

▶ **ESTETICISTA** ver pp. 302-303

▶ **BLOGUEIRO DE BELEZA E MODA** Mostra pela internet as mais recentes dicas e tendências em beleza, maquiagem e moda.

▶ **FIGURINISTA** Desenha roupas e acessórios que os atores usam em suas performances. Os figurinistas combinam intuição criativa com pesquisas extensivas de roupas e estilos associados a épocas e locais específicos.

▶ **CABELEIREIRO** Corta, colore e penteia o cabelo do cliente, criando o estilo desejado. O treinamento pode ser no próprio trabalho ou em uma escola técnica.

▶ **PERUQUEIRO** Cria perucas para produções de cinema, televisão e teatro. Os peruqueiros podem trabalhar com o figurinista ou o diretor para decidir a respeito de uma aparência específica. Também desenham e criam perucas e mechas de cabelo postiço para pacientes com problemas de saúde.

RESUMO

INTERESSES Maquiagem e cabelo • Moda • Arte • Fotografia e vídeo • Design • Teatro • História • Cinema e teatro

QUALIFICAÇÕES NECESSÁRIAS Certificação em curso de maquiagem ou cabeleireiro, seguida por experiência de trabalho. Alguns profissionais podem postar tutoriais em vídeo pela internet para conseguir seguidores.

ESTILO DE VIDA É um trabalho que exige muito, sem agenda regular. As jornadas são longas e podem se estender ao longo da noite em caso de filmagem ou gravação de vídeo.

LOCAL Um maquiador trabalha principalmente em teatros, estúdios de cinema e televisão ou escritórios de empresas de vídeos comerciais. Viagens para o exterior são possíveis.

REALIDADE A concorrência por trabalho é dura, e o sucesso depende da experiência e da capacidade de desenvolver uma rede de contatos no setor.

PLANO DE CARREIRA

O aspirante a maquiador pode começar trabalhando em grupos de teatro amador, desfiles de moda ou produções cinematográficas universitárias. A formação na faculdade é útil e pode ajudá-lo a conseguir trabalho como assistente de um maquiador consagrado, desenvolvendo seu conhecimento e seus contatos no setor.

FORMAÇÃO Você pode estudar para obter um certificado em um curso de maquiagem, cabeleireiro ou estilismo, mas precisará de treinamento especializado para trabalhar na mídia.

ASSISTENTE Você pode auxiliar um maquiador renomado, cuidando da manutenção de uma bancada de maquiagem e renovando a maquiagem entre os registros de cenas.

MAQUIADOR Em geral, o trabalho se baseia nos contratos vigentes durante o período de filmagem ou de outra produção. Você pode se especializar em diversas áreas.

HABILIDADES REQUERIDAS

 Talento criativo e estilo inconfundível para se sobressair neste setor altamente competitivo.

 Capacidade de criar estilos complexos de maquiagem e cabelos para mechas postiças e perucas.

 Habilidade interpessoal adequada para trabalhar tranquilamente com atores e modelos, muitas vezes sob pressão.

 Capacidade de trabalhar sem percalços em uma equipe de produção, atendendo às instruções do diretor de arte.

 Vigor físico e mental para enfrentar jornadas longas e demandas pesadas de trabalho.

 Toda a atenção aos detalhes, sobretudo para assegurar a continuidade durante a filmagem.

PROFISSIONAL DE MAKE E HAIR Cuida do cabelo e da maquiagem em produções artísticas. Há demanda pelos melhores profissionais para cinema, teatro e televisão, e eles podem ganhar prêmios pelo trabalho.

MAQUIADOR PARA CASAMENTOS Oferece maquiagem e penteados para casamentos, formaturas, festas, etc. É comum comandar sua própria empresa.

MAQUIADOR DE EFEITOS ESPECIAIS Ajuda a criar efeitos (como ferimentos falsos) e caracterizar personagens usando técnicas esculturais para produções de cinema e TV.

DESENVOLVEDOR DE COSMÉTICOS Trabalha com uma empresa de cosméticos para desenvolver novos produtos. É possível organizar sessões promocionais em lojas, testando novos produtos em clientes, ou exibir produtos por meio de sessões fotográficas.

ARTES VISUAIS E DESIGN

DESIGNER DE INTERIORES

DESCRIÇÃO DO TRABALHO

Os designers de interiores criam o conceito visual de espaços de moradia e trabalho em casas, escritórios, lojas, hotéis e outras construções. Podem trabalhar sozinhos ou com outros profissionais, como arquitetos e empreiteiros, para criar interiores funcionais e atraentes. O trabalho pode variar desde a orientação a respeito de alterações estruturais até a ajuda para selecionar e coordenar mobílias, combinação de cores e iluminação.

RENDA

Designer de inteirores iniciante ★★★★★
Designer de inteirores renomado ★★★★★

PERFIL DO SETOR

A demanda por designers de interiores cresce constantemente • Entre os principais empregadores incluem-se consultorias de design e escritórios de arquitetura • O trabalho por conta própria é comum

RESUMO

INTERESSES Design de interiores • Arquitetura • Tecnologia em design • Desenho • Artes plásticas • Materiais • Ciências • Matemática

QUALIFICAÇÕES NECESSÁRIAS Atualização contínua é necessária para o exercício da profissão. Afiliação sindical também pode ser obrigatória para trabalhos em projetos maiores.

ESTILO DE VIDA Com frequência, o trabalho exige muito, requerendo jornadas longas e irregulares para a conclusão do trabalho dentro do prazo.

LOCAL Designers de interiores trabalham nas casas dos clientes, em um escritório ou em locais industriais. Também podem ter de participar de exposições e feiras comerciais.

REALIDADE Os clientes podem ser insensatos se sua visão diferir da do designer de interiores. A concorrência por trabalho é acirrada.

PLANO DE CARREIRA

Frequentemente, um diploma de artes ou design é obrigatório para você se tornar um designer de interiores. Antes de exercer a profissão, você também pode precisar se tornar membro de uma associação de design profissional. Com experiência, você pode se especializar em áreas como iluminação e design de móveis ecológicos.

ASSISTENTE Você pode começar trabalhando com um designer consagrado, suprindo materiais ou produzindo painéis visuais de referências utilizados para ilustrar o estilo que o designer está tentando alcançar. Para progredir, você precisará obter um diploma ou certificado.

FORMAÇÃO Um diploma ou outra qualificação de nível mais alto em design, arquitetura ou história da arte é requerido em algumas empresas.

ATIVIDADES RELACIONADAS

▶ **ESTILISTA** *ver pp. 30-31*

▶ **ARQUITETO** *ver pp. 194-195*

▶ **DESIGNER DE EXPOSIÇÕES** Cria e desenvolve exposições em museus, galerias e centros históricos, além de eventos comerciais, como feiras e conferências.

▶ **PINTOR E DECORADOR** Aplica tinta e revestimentos, como papel de parede, para melhorar a aparência de superfícies em construções ou para protegê-las das forças da natureza.

▶ **CENÓGRAFO** Cria cenários para produções teatrais, filmes e programas de TV.

HABILIDADES REQUERIDAS

 Criatividade e imaginação para projetar novos conceitos de acordo com tendências contemporâneas.

 Habilidade de comunicação eficaz para explicar ideias e negociar com clientes e fornecedores.

 Habilidade organizacional significativa para assegurar que todo projeto seja concluído no prazo e dentro do orçamento.

 Tino comercial para negociar contratos com clientes e atrair novos negócios.

 Adaptabilidade para trabalhar simultaneamente com instruções distintas e seguir novas tendências.

 Boa habilidade numérica para determinar custos e quantidade de materiais necessários para o trabalho.

DESIGNER HOSPITALAR Área recente, tem como foco tornar ambientes de saúde mais eficientes e acolhedores, reduzindo o barulho e adequando a ventilação interna, entre outros aspectos.

DESIGNER DE INTERIORES Os designers podem trabalhar em projetos residenciais ou empresariais, ou em construções com uma função específica, como hospitais, restaurantes ou hotéis.

DESIGNER ARQUITETÔNICO Especializa-se em trabalhar com arquitetos na fase de planejamento de uma nova construção. Desenha acessórios interiores e pode ajudar na criação de plantas baixas.

DESIGNER DE ILUMINAÇÃO Produz desenhos funcionais e atraentes de iluminação. Esse designer cria conceitos de iluminação para um projeto, como um novo edifício, e, em seguida, planeja como implantar o sistema atuando em conjunto com engenheiros, eletricistas e arquitetos.

DESIGNER DE MOBILIÁRIO Cria novos desenhos para mobiliário, equilibrando criatividade e conforto. Alguns destes designers criam itens exclusivos, enquanto outros podem trabalhar para grandes fabricantes de mobiliário para escritórios ou residências.

MÍDIA, ARTES E JORNALISMO

Atuar no palco, tocar um instrumento, escrever artigos ou se comunicar por meio de mídia visual, como televisão, cinema e internet: tudo isso pode ser pretendido como carreira. No entanto, cada área é bastante competitiva, e você precisará de tenacidade, dedicação e perseverança para ter sucesso.

MÚSICO
Página 38

Combinando talento musical com entusiasmo, determinação e instinto para a performance, os músicos entretêm uma plateia com suas melodias e composições.

BAILARINO
Página 40

Com uma percepção inata para música e movimento, além de anos de prática, os bailarinos dão vida a histórias, temas e emoções por intermédio de passos rítmicos e séries fixas.

ATOR
Página 42

Trabalhando em televisão, cinema, teatro, comerciais e vídeos de treinamento, os atores utilizam habilidades dramáticas para retratar e desenvolver os personagens que representam.

DIRETOR DE TV/CINEMA
Página 44

Utilizando instinto comercial e conhecimento técnico, o diretor é a força criativa que inspira os atores e a equipe para satisfazer a visão geral de um programa de TV ou de um filme.

PRODUTOR DE TV/CINEMA
Página 46

Produções bem-sucedidas de televisão e cinema são grandes negócios. O produtor assegura que elas cheguem às telas, ao analisar roteiros, assegurar financiamentos e contratar elenco e equipe.

OPERADOR DE CÂMERA
Página 48

Registrando performances dramáticas, peças musicais, notícias e eventos da natureza, os operadores de câmera utilizam habilidade técnica e criatividade para captar a cena diante das lentes.

ENGENHEIRO DE SOM
Página 50

Montando às pressas equipamentos e checando os níveis de som em concertos e shows, os engenheiros de som criam uma acústica perfeita para a plateia de ouvintes.

ESCRITOR
Página 52

Com domínio da história e da linguagem, os escritores utilizam a criatividade e as habilidades de pesquisa para produzir obras de ficção e não ficção, que podem ser publicadas em diversas mídias.

JORNALISTA
Página 54

Trazendo à tona os fatos por trás dos acontecimentos que merecem ser veiculados, os jornalistas são profissionais qualificados, que investigam cada ângulo para obter o cerne de uma história.

EDITOR
Página 56

Trabalhando com a palavra escrita em livros e outras mídias, os editores possuem responsabilidade pela qualidade e pela exatidão do conteúdo textual em uma publicação.

MÚSICO

DESCRIÇÃO DO TRABALHO

Para a maioria dos músicos, a música não é só uma carreira, mas também uma paixão. Para ter sucesso, você precisa de talento inato, dedicação e muita prática. Os músicos podem precisar de treinamento formal, principalmente em música clássica ou composição, mas muitos são autodidatas. A renda provém de execução, gravação ou composição, sozinho ou como parte de um grupo.

RENDA
Músico de orquestra ★★★★★
Músico popular ★★★★★

PERFIL DO SETOR
Setor competitivo • Em geral, trabalho de tempo parcial ou autônomo, embora de tempo integral em bandas e grandes orquestras • Demanda crescente por trilhas sonoras na internet

RESUMO

INTERESSES Música • Entretenimento • Composição de músicas • Artes cênicas e cultura • Criatividade • Habilidades em TI

QUALIFICAÇÕES NECESSÁRIAS Diploma nem sempre é necessário, mas você deve ser capaz de cantar ou tocar um instrumento e se apresentar em um padrão muito elevado.

ESTILO DE VIDA Ensaios e gravações em estúdio, ou apresentações ao vivo durante shows e turnês, podem envolver muitas horas. As agendas são muito irregulares.

LOCAL Os músicos podem trabalhar em estúdio de gravação, teatro, escola ou espaço de culto religioso. Se em turnê, viagens internacionais podem ser requeridas.

REALIDADE É uma área extremamente competitiva. O trabalho pode ser cansativo e estressante, ao vivo ou em estúdio.

PLANO DE CARREIRA

Em parte, o futuro de um músico depende do gênero musical escolhido. Se você tocar em uma orquestra, suas chances de se tornar um solista são baixas; se você tocar em um grupo popular, poderá alcançar sucesso comercial imenso, mas muitas vezes efêmero.

AMADOR Tocar em uma banda ou orquestra local e ter aulas de música o ajudarão a desenvolver suas habilidades, pois ficará exposto a uma plateia, e poderão ajudá-lo a começar uma carreira profissional na música.

FORMAÇÃO Se você estudar música na faculdade, aprenderá teoria, história e técnica. Um diploma em música não é garantia de sucesso como músico, mas pode lhe dar acesso a outras áreas da indústria musical.

▼ ATIVIDADES RELACIONADAS

▶ **GESTOR CULTURAL** Supervisiona atividades e eventos que promovem as artes em teatros, museus, galerias e festivais de música.

▶ **FABRICANTE/REPARADOR DE INSTRUMENTO MUSICAL** Utiliza habilidades especializadas para criar novos instrumentos ou reparar aqueles que estão danificados.

▶ **PROFESSOR DE MÚSICA** Dá aulas de música para pessoas de todas as idades e capacidades.

▶ **MUSICOTERAPEUTA** Utiliza a música criativamente para ajudar as pessoas a lidarem com problemas sociais, emocionais ou físicos.

▶ **COMPOSITOR DE *VIDEO GAMES*** Compõe, produz, toca e fornece músicas para *video games*.

HABILIDADES REQUERIDAS

 Alto nível de talento musical e confiança para se apresentar diante de uma plateia.

 Dedicação e motivação para praticar e ensaiar durante muitas horas diariamente.

 Capacidade de trabalhar com outros músicos em orquestras ou estúdios de gravação.

 Habilidade social excelente e capacidade de se autopromover para encontrar um trabalho pago.

 Atenção aos detalhes e *timing* perfeito, sobretudo na apresentação com outros músicos.

MÚSICO POPULAR Toca pop, jazz ou outro gênero musical contemporâneo. Apenas poucos alcançam grande sucesso, mas muitos ganham a vida tocando em cenários informais, como pequenos espaços, bares e restaurantes, e em eventos como casamentos.

MÚSICO ERUDITO Atua ao vivo ou em gravações como integrante de uma orquestra ou de um grupo menor, ou como solista. A habilidade em tocar mais de um instrumento pode melhorar as perspectivas de um músico.

MAESTRO Interpreta partituras musicais e utiliza uma batuta ou gestos de mão para dar direção musical ou artística aos músicos. Alguns músicos clássicos passam por treinamento adicional para se tornar maestros em orquestras ou grupos menores.

MÚSICO Pode trabalhar em diversas funções: como intérprete no palco, no teatro, ou como músico de estúdio, atuando como integrante temporário de um grupo em um estúdio de gravação ou em uma apresentação ao vivo. Diversos músicos tornam-se professores ou trabalham em gravadoras.

COMPOSITOR Cria música original para artistas e orquestras, e também para trilhas sonoras de televisão e cinema, jogos eletrônicos e jingles.

BAILARINO

DESCRIÇÃO DO TRABALHO

Os bailarinos utilizam seus corpos para executar séries de passos com música, contar histórias e expressar ideias para entreter espectadores. Podem ser integrantes de uma companhia de dança ou de um grupo teatral, ou atuar em filmes, programas de TV e videoclipes. Passam anos aprimorando suas habilidades, sua capacidade física e sua flexibilidade. Em geral, especializam-se em um gênero, como balé, jazz ou street dance.

RENDA
Iniciante em companhia de dança ★★★★★
Bailarino experiente ★★★★★

PERFIL DO SETOR
Existem oportunidades em companhias de dança, balé, ópera e teatro • Setor bastante competitivo • Muitos bailarinos são autônomos

PLANO DE CARREIRA

A maioria dos bailarinos começa sua preparação na infância, frequentando aulas de balé ou escolas de dança. Se você escolher esta carreira, poderá continuar a preparação em institutos de dança ou em faculdades que oferecem cursos de graduação ou pós-graduação em dança. As demandas físicas e a brevidade da carreira significam que a maioria dos bailarinos possui uma linha adicional de trabalho, possivelmente em ensino de dança ou terapia.

ASSISTENTE Nesta função, você ajuda nas aulas de uma escola de dança. Pode passar exercícios para os alunos, ajudar na coreografia ou tocar acompanhando a música. Muitos estudantes de dança têm sua mensalidade escolar reduzida trabalhando como assistentes em tempo parcial.

FORMAÇÃO Um diploma em dança ou em artes cênicas pode impulsionar sua carreira. Você também pode exercitar seu gênero escolhido de dança em uma escola de dança particular e ser aprovado em exames por diversos órgãos autorizados.

NOTADOR Registra os movimentos em um esquema de dança usando figuras e símbolos gráficos. Isso permite que os bailados e outros elementos sejam recriados no futuro ou por outras companhias.

BAILARINO A atuação é uma parte importante, mas relativamente pequena, da vida do bailarino. Você passa a maior parte do tempo se exercitando para manter as habilidades e a capacidade física, preparando-se para audições de novos papéis ou ensaiando.

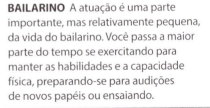

HABILIDADES REQUERIDAS

Habilidade interpessoal adequada para se comunicar com coreógrafos e outros bailarinos a respeito de séries fixas de passos.

Capacidade de trabalhar em grupo com diversos bailarinos, coreógrafos e outros profissionais.

Capacidade de dominar novos tipos de dança e satisfazer as demandas de uma temporada em andamento.

Alto nível de capacidade e vigor físico para enfrentar os rigorosos ciclos de preparação e apresentação.

Criatividade para acrescentar individualidade à coreografia e senso inato de ritmo, *timing* e musicalidade.

Motivação e autodisciplina para se exercitar e ensaiar com regularidade, mantendo altos níveis de capacidade física.

▼ ATIVIDADES RELACIONADAS

▶ **MÚSICO** *ver pp. 38-39*

▶ **ATOR** *ver pp. 42-43*

▶ **GESTOR CULTURAL** Planeja e supervisiona programas de atividades e eventos artísticos em teatros, museus, galerias e festivais de música.

▶ **ANIMADOR DE EVENTOS** Promove espetáculos e entretenimento para crianças em festas, navios de cruzeiro ou hotéis para famílias.

▶ **PESQUISADOR DE DANÇA** Trabalha com companhias de dança ou universidades conduzindo pesquisas sobre a relação entre performance, fisiologia, psicologia, preparo físico e bem-estar.

PROFESSOR DE DANÇA Treina estudantes de todas as idades, em distintos tipos de dança. Os professores trabalham em escolas de dança e teatro, assim como em faculdades, e também podem ensinar em cursos afins, como artes dramáticas ou artes cênicas.

COREÓGRAFO Trabalha em teatro, cinema e televisão, criando séries fixas de passos para bailarinos e outros intérpretes. Planejando movimentos para ajustar música e encenação, os coreógrafos precisam trabalhar próximos de diretores musicais e figurinistas.

RESUMO

INTERESSES Dança • Música • Artes dramáticas • Arte • Mímica • Musicais • Autoexpressão • Esportes e fitness

QUALIFICAÇÕES NECESSÁRIAS Preparação em uma escola de teatro, academia de dança ou escola de balé é essencial. Um diploma em dança e coreografia pode ajudar.

ESTILO DE VIDA Os bailarinos podem ter de trabalhar durante muitas horas e ensaiar e viajar muito. Manter-se em boa condição física é fundamental, pois o trabalho exige muito fisicamente.

LOCAL Bailarinos trabalham em estúdios de cinema e TV, além de óperas, teatros e cruzeiros. Mais da metade trabalha como professor de dança.

REALIDADE O trabalho pode ser irregular. Ao ser recusado em audições, é importante ter autoconfiança para continuar perseguindo seus objetivos.

ATOR

DESCRIÇÃO DO TRABALHO

Os atores caracterizam personagens por meio de uma combinação de modo de falar, movimento e linguagem corporal. Trabalham principalmente em teatro, cinema, televisão e rádio. Também podem aparecer em vídeos empresariais e em propagandas ou gravar narrações. Em geral, interpretam as palavras do dramaturgo ou do roteirista a partir de um roteiro e sob a orientação de um diretor, mas às vezes têm de improvisar.

RENDA
- Ator iniciante ★☆☆☆☆
- Ator renomado ★★★★★

PERFIL DO SETOR
Intensa competição por papéis • Oportunidades em publicidade e parques temáticos • Um setor em expansão, com oportunidades em produções para streaming

RESUMO

INTERESSES Artes dramáticas • Cinema • Artes e literatura • Idiomas • História • Poesia • Música • Dança • Mímica • Teatro • Esportes e fitness

QUALIFICAÇÕES NECESSÁRIAS Um diploma em artes dramáticas ou uma preparação em uma escola de teatro são necessários para obter registro profissional e ingressar no setor.

ESTILO DE VIDA Os atores trabalham em jornadas irregulares. Em cinema e televisão, o dia pode ser longo e envolver muita espera. Podem trabalhar longe de casa, em uma locação ou em turnê.

LOCAL Os atores trabalham em teatros, em estúdios e até ao ar livre, como em parques, jardins e florestas ao redor do mundo.

REALIDADE É preciso participar de audições para obter papéis, e a rejeição pode ser dura. Há pouca segurança em relação ao emprego, e a maioria passa muito tempo procurando trabalho.

▼ ATIVIDADES RELACIONADAS

▶ **MÚSICO** ver pp. 38-39

▶ **BAILARINO** ver pp. 40-41

▶ **PSICODRAMATISTA** Usa técnicas teatrais, como expressão vocal e *role play*, para ajudar pessoas que passaram por traumas ou têm desafios emocionais, físicos ou comportamentais.

▶ **ROTEIRISTA** Produz ideias e escreve roteiros para filmes ou programas de TV. Também pode adaptar obras existentes, como romances, para as telas.

▶ **AGENTE DE TALENTOS** Promove as habilidades de um ator para encontrar trabalho com possíveis empregadores, de estúdios de cinema a companhias teatrais.

Na época de William Shakespeare (fim do século XVI e início do XVII), as mulheres não podiam atuar. Os homens representavam os papéis femininos.

PLANO DE CARREIRA

A carreira de ator é imprevisível. A preparação e o talento podem ajudá-lo a obter papéis bons e bem pagos, mas você também precisa de sorte e perseverança para ser reconhecido e selecionado em audições. Encontrar um agente respeitado para representá-lo pode ajudá-lo a ser notado.

ATOR AMADOR Ingressar em um grupo de teatro amador ou aparecer em filmes ou produções teatrais estudantis pode ajudá-lo a ser notado como ator.

FORMAÇÃO Você pode obter um diploma em artes cênicas em uma faculdade ou escolher um curso focado em interpretação em uma escola de artes dramáticas.

HABILIDADES REQUERIDAS

 Habilidade de se apresentar com confiança diante de uma plateia e das câmeras.

 Capacidade de trabalhar com diretores, produtores, operadores de câmera e integrantes do elenco.

 Criatividade para interpretar um roteiro e as instruções de um diretor.

 Resistência e condicionamento físico para lidar com longos ensaios e com as demandas solicitadas na interpretação.

 Habilidade de analisar roteiros e memorizar diálogos, direcionamentos e coreografias.

ATOR Você pode ter de ingressar em uma associação profissional ou em um sindicato de atores para ser cogitado para alguns papéis. Pode precisar aprender novas habilidades durante sua carreira, como cenas de luta e aperfeiçoamento de sotaques e dialetos, para obter papéis.

PROFISSIONAL DE VOZ Faz narrações para comerciais, animações, materiais de treinamento ou audiolivros. É contratado por causa da qualidade de sua voz.

ATOR DE CINEMA Atua diante das câmeras em sets de filmagem, muitas vezes repetindo cenas em diferentes tomadas. Muitos atores começam suas carreiras em filmes independentes de baixo orçamento.

ATOR DE TV Desempenha um papel para um programa de TV, como telenovela ou série. Alguns atores de TV também podem encontrar trabalho em vídeos empresariais ou anúncios de TV ou internet.

ATOR DE TEATRO Atua diante de plateias em diversos espaços, incluindo salas pequenas e íntimas, grandes teatros ao ar livre ou até na rua.

DUBLÊ Substitui outros atores quando o roteiro pede uma cena que é fisicamente perigosa ou que requer habilidades especializadas.

DIRETOR DE TV/CINEMA

DESCRIÇÃO DO TRABALHO

Os diretores supervisionam a produção de um filme ou programa de TV e tomam as decisões criativas que orientam o restante da equipe. Unem especialistas de diversas áreas, incluindo atores, figurinistas, cenógrafos e operadores de câmera, e são responsáveis pelo desenvolvimento de uma concepção para o programa de TV ou filme, definindo seu formato, sua estrutura e seu estilo.

RENDA
Diretor independente ★★☆☆☆
Diretor renomado ★★★★★

PERFIL DO SETOR
Setor em rápida evolução • Produção corporativa em crescimento • Aumento na produção de filmes independentes por causa de equipamentos de preço acessível e mais investidores

PLANO DE CARREIRA

Não há um caminho formal para se tornar um diretor, mas experiência, reputação e energia criativa são importantes. É comum os aspirantes a diretor trabalharem em produções independentes de baixo orçamento no início da carreira, e muitas vezes eles provêm de diversas origens, como interpretação ou elaboração de roteiros.

FORMAÇÃO Você pode estudar para obter um diploma em cinema, aprendendo habilidades técnicas em montagem, iluminação e direção e desenvolvendo suas aptidões criativas.

OPERADOR DE CÂMERA
Se você começar sua carreira como operador de câmera, poderá atuar como diretor de fotografia e também dirigir filmes e programas de TV.

ASSISTENTE DE PRODUÇÃO
Como assistente (ou "mensageiro") em um set, você realiza tarefas para a equipe de produção. O trabalho duro e a dedicação podem levar a funções criativas ou baseadas em produção, como o cargo de assistente de direção.

ASSISTENTE DE DIREÇÃO Nesta função, você é responsável por todas as tarefas práticas, como o gerenciamento de cronogramas, permitindo que o diretor se concentre plenamente no processo criativo.

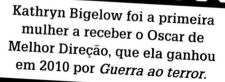

Kathryn Bigelow foi a primeira mulher a receber o Oscar de Melhor Direção, que ela ganhou em 2010 por *Guerra ao terror*.

HABILIDADES REQUERIDAS

 Habilidade de liderança significativa para lidar com o elenco, a equipe técnica e as equipes de produção.

 Habilidade de comunicação eficaz para assegurar que o elenco e a equipe entendam o que fazer.

 Talento criativo para interpretar um roteiro, enquadrar cenas e dar direção clara aos atores.

 Resistência e vigor para manter um ritmo rápido de filmagem sob condições potencialmente difíceis.

 Capacidade de concluir o projeto, trabalhando dentro do orçamento definido pelo produtor.

PRODUTOR Administra um programa de TV ou um filme desde a fase inicial (obtendo recursos financeiros, direitos e roteiros) até o lançamento, a promoção e a distribuição, passando pela produção. Nem todos os produtores possuem experiência como diretor.

DIRETOR DE TV/CINEMA Supervisiona toda a produção de um filme ou programa de TV. Com experiência e sucesso, pode assumir projetos cada vez maiores e mais ambiciosos. Alguns decidem se transferir para a produção.

RESUMO

 INTERESSES Cinema • Teatro • Artes • Música • Escrita • Leitura • Matemática • Idiomas • Tecnologia da informação (TI)

 QUALIFICAÇÕES NECESSÁRIAS Título de bacharel ou superior em produção cinematográfica ou cinematografia é muito útil, mas não obrigatório.

 ESTILO DE VIDA Os diretores mantêm horários regulares no planejamento e nos ensaios. No entanto, trabalham frequentemente durante jornadas longas e irregulares nas filmagens.

 LOCAL Diretores de cinema trabalham em estúdios de produção, salas de montagem, sets de filmagem ou locações externas, algumas distantes do local de residência.

 REALIDADE É uma área altamente competitiva. Trabalhar em um set de filmagem pode exigir muito física e emocionalmente.

▼ ATIVIDADES RELACIONADAS

▶ **DIRETOR DE ELENCO** Encontra atores adequados e celebridades para papéis em filmes, vídeos ou TV. Também organiza testes e negocia cachês e contratos.

▶ **EDITOR DE FILME/VÍDEO** Trabalha com o diretor após o fim da filmagem, selecionando sequências e arranjando-as em uma ordem e em um estilo que cria uma história convincente e coerente.

▶ **ROTEIRISTA** Produz ideias e escreve roteiros para filmes ou programas de TV. Os roteiristas podem também adaptar obras existentes, como romances ou peças, para cinema ou televisão.

▶ **DIRETOR DE TEATRO** Interpreta um roteiro dramático ou uma partitura e dirige atores e técnicos.

PRODUTOR DE TV/CINEMA

DESCRIÇÃO DO TRABALHO

O produtor é o esteio de qualquer produção de cinema ou televisão. A função envolve avaliar roteiros, comprar os direitos para adaptar livros para a tela e assegurar os recursos financeiros antes da filmagem ou gravação. O produtor contrata um diretor e a equipe técnica, organiza o cronograma e se responsabiliza em garantir que o projeto seja concluído no prazo e dentro do orçamento, utilizando uma combinação de tino comercial, criatividade e conhecimento técnico.

RENDA
Produtor assistente ★★★★★
Produtor experiente ★★★★★

PERFIL DO SETOR
A maioria das vagas está nas grandes cidades • Setor competitivo • Empregos fixos estão se tornando raros • Oportunidades crescentes no streaming • Produção de vídeos para a internet

▼ ATIVIDADES RELACIONADAS

▶ **DIRETOR DE TV/CINEMA** ver pp. 44-45

▶ **OPERADOR DE CÂMERA** ver pp. 48-49

▶ **ENGENHEIRO DE SOM** ver pp. 50-51

▶ **PRODUTOR DIGITAL** Usa mídias sociais, podcasts e apps para gerar interesse em filmes e programas de TV. Usa habilidades em comunicação, marketing e informática para alcançar o público-alvo.

▶ **PESQUISADOR DE PROGRAMAS** Contribui com ideias para programas, selecionando contatos e colaboradores.

▶ **ASSISTENTE DE PRODUÇÃO** Atua como assistente geral em produções de cinema ou TV, realizando tarefas básicas, como transporte de equipamentos e entregas.

Produtores bem-sucedidos costumam ser remunerados com uma porcentagem da bilheteria de um filme.

RESUMO

INTERESSES Cinema • Televisão • Artes dramáticas • Teatro • Fotografia • Videografia • Tecnologia em design • Língua portuguesa • História • Artes • Economia

QUALIFICAÇÕES NECESSÁRIAS Não há qualificações necessárias definidas. Diploma em produção cinematográfica é muito útil, e um vídeo ou filme de demonstração do trabalho é fundamental.

ESTILO DE VIDA Os produtores trabalham durante jornadas longas e irregulares para garantir a conclusão dos projetos no prazo. É comum terem de trabalhar aos finais de semana e feriados.

LOCAL Baseados em um escritório, os produtores precisam se deslocar para os estúdios e supervisionar filmagens em locações, algumas das quais podem ser no exterior.

REALIDADE Encontrar trabalho é difícil neste setor muito competitivo. Equilibrar os aspectos criativo, prático e financeiro de um projeto pode ser exaustivo.

PLANO DE CARREIRA

Não há um caminho predeterminado para se tornar produtor de TV ou cinema, e também não existe uma rota definida para a progressão. Neste setor, a dedicação e a habilidade de desenvolver uma rede de contatos são fundamentais para encontrar trabalho.

ASSISTENTE Na função de assistente, você pode ganhar experiência no trabalho de produção. Realizará tarefas administrativas trabalhando no set ou em um escritório.

FORMAÇÃO Um curso de produção de cinema ou TV ou em estudos de mídia pode aumentar sua chance de encontrar trabalho neste setor competitivo.

HABILIDADES REQUERIDAS

Habilidade organizacional significativa para gerenciar processos técnicos e criativos no prazo e dentro do orçamento.

Habilidade interpessoal e de comunicação eficaz para trabalho em equipe durante o processo de produção.

Talento criativo para ajudar a interpretar como um roteiro pode ser apresentado por meio de imagens e sons.

Resistência e vigor para lidar com diversas responsabilidades, muitas vezes com prazos apertados.

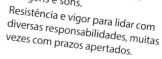
Tino comercial para gerenciar recursos de modo eficiente e levantar os fundos necessários para os projetos.

PRODUTOR DE TV/CINEMA Trabalhar como produtor associado – que realiza diversas tarefas de um produtor sob sua supervisão direta – pode ser um caminho para se tornar produtor. Depois, você pode se especializar em um tipo específico de produção.

PRODUTOR DE COMERCIAIS Produz comerciais de TV para anunciantes, trabalhando em cada aspecto do projeto, incluindo redação, gravação e edição.

PRODUTOR DE VÍDEOS CORPORATIVOS Gerencia a produção de vídeos para diversas finalidades, como treinamento empresarial e conferências, cerimônias de premiação e convenções setoriais.

PRODUTOR DE JOGOS ELETRÔNICOS Cuida do desenvolvimento de jogos eletrônicos, para assegurar que sejam produzidos no prazo e dentro do orçamento. Requer formação superior em design de jogos eletrônicos, ciência da computação ou mídia digital.

PRODUTOR EXECUTIVO Supervisiona o trabalho de um produtor em nome do estúdio ou dos financiadores do projeto. Em geral, focaliza os aspectos financeiros e criativos da produção, em contraste com as questões técnicas.

OPERADOR DE CÂMERA

DESCRIÇÃO DO TRABALHO

A função do operador de câmera envolve gravar imagens em movimento para filmes, programas de TV, videoclipes ou comerciais por meio de câmeras de cinema ou de vídeo digital. Como operador de câmera, você utiliza habilidades técnicas e criativas para seguir um roteiro, visualizar e enquadrar cenas sob instruções de um diretor e trabalhar próximo de atores e outros membros da equipe durante a filmagem.

RENDA
Auxiliar de câmera ★★★★★
Operador experiente ★★★★★

PERFIL DO SETOR
Trabalho autônomo é comum • Há empregos de tempo integral em grandes empresas de comunicação • Diversos trabalhos na produção de vídeos corporativos e de treinamento

RESUMO

INTERESSES Fotografia e videografia • Cinema, filmes e vídeo • Artes • Eletrônica • Tecnologia em design • Mídia • Viagens

QUALIFICAÇÕES NECESSÁRIAS Um diploma é muito útil, mas o conhecimento prático de videografia e a experiência no setor podem ser suficientes para conseguir trabalho.

ESTILO DE VIDA Longas jornadas e prazos apertados são comuns. Os operadores também podem ter de viajar até locações distantes ou extremas, como desertos ou zonas de guerra.

LOCAL Dependendo do trabalho, os operadores de câmera podem atuar principalmente em um estúdio ou em uma locação. Pode ser preciso passar longos períodos longe de casa.

REALIDADE A concorrência por empregos é intensa, e muitos operadores de câmera são autônomos, indo de um contrato para outro.

PLANO DE CARREIRA

Diversos operadores de câmera ingressam no setor trabalhando como assistentes. Seu progresso dependerá do talento e do comprometimento, e também da maneira como você desenvolve uma rede de contatos no setor.

AUXILIAR Com algum conhecimento técnico de criação cinematográfica, você pode se tornar auxiliar de câmera. Seu trabalho envolve montar as câmeras e manter a cena em foco. Com experiência, você pode se tornar operador de câmera.

FORMAÇÃO Você pode estudar para obter um diploma em fotografia, produção de cinema e TV, cinematografia ou estudos de mídia, mas a capacidade técnica e a experiência contam mais do que o estudo acadêmico.

ATIVIDADES RELACIONADAS

▶ **ENGENHEIRO DE SOM** *ver pp. 50-51*

▶ **MAQUINISTA** Trabalha com os operadores de câmera nas indústrias cinematográfica e de vídeo. É responsável pela montagem dos equipamentos da câmera sobre suportes fixos ou móveis, como gruas, e pela instalação dos equipamentos de iluminação. Solicita e prepara equipamentos e os transporta para a locação do filme.

▶ **ENGENHEIRO DE ILUMINAÇÃO** Monta e opera todos os equipamentos de iluminação para produções de vídeo, cinema, televisão e teatro. Visita as locações para avaliar os requisitos de iluminação e efeitos especiais.

HABILIDADES REQUERIDAS

 Habilidade interpessoal adequada para trabalhar com atores, diretores e equipe de produção.

 Inovação e criatividade para obter os melhores registros de cena possíveis durante a filmagem.

 Habilidade na solução de problemas, reparando quaisquer dificuldades técnicas em uma filmagem sem afetar o cronograma.

 Força e resistência física para ficar de pé durante longos períodos ou para erguer e movimentar equipamentos.

Habilidade manual e boa coordenação entre olhos e mãos para obtenção dos melhores resultados com o equipamento.

Há oportunidades de cinegrafista até mesmo em concursos públicos.

 DIRETOR DE FOTOGRAFIA Trabalha com o diretor do filme ou do programa de TV para estabelecer seu estilo visual. O trabalho envolve determinar como a cena deve ser iluminada, decidir quais lentes e equipamentos devem ser utilizados e instruir as equipes de câmera e iluminação.

 DIRETOR DE TV Este profissional comanda a mesa de corte de câmeras e vídeo, sendo o responsável pelo sincronismo da equipe durante a exibição de um programa ao vivo.

OPERADOR DE CÂMERA Em geral, você se especializa em uma área de trabalho. Pode ser cobrindo notícias para a televisão, realizando vídeos corporativos ou gravando eventos esportivos ou concertos. Com experiência, é possível alcançar funções mais criativas.

ENGENHEIRO DE SOM

DESCRIÇÃO DO TRABALHO

Os engenheiros de som trabalham com músicos e produtores de cinema ou TV, para gravar músicas, diálogos e outros sons com qualidade. Supervisionam sessões de gravação, geralmente em estúdio, mas às vezes em locação. Montam microfones e outros equipamentos, registram instrumentos e vozes separadamente e, em seguida, mixam essas distintas gravações (conhecidas como trilhas sonoras) eletronicamente, para produzir o som desejado.

RENDA
Engenheiro de som iniciante ★★★★★
Engenheiro de som experiente ★★★★★

PERFIL DO SETOR
Oportunidades em diversos setores, incluindo radiodifusão, música, televisão, informática e propaganda
• Setor em crescimento devido ao desenvolvimento de novas tecnologias

PLANO DE CARREIRA

Neste setor competitivo, o treinamento formal em engenharia acústica ou tecnologia em música é uma vantagem. Você precisará aprender continuamente para se manter atualizado com as tecnologias de gravação digital a fim de ser considerado para funções mais graduadas e criativas.

ESTAGIÁRIO Você pode encontrar um empregador para contratá-lo como estagiário. Esse caminho é muito competitivo, e você precisa ter aptidão para matemática, física e ciência da computação. Qualquer experiência que possa ter de trabalho em produções escolares ou shows amadores será muito útil.

FORMAÇÃO Um diploma em engenharia acústica lhe dará uma ótima base nos aspectos técnicos e criativos desta carreira.

ENGENHEIRO DE MIXAGEM Faz mixagens ou remixagens de músicas ou sons. Os engenheiros de mixagem editam os sons e manipulam os volumes e os tons de trilhas individuais, para alcançar uma mixagem final (uma mistura eletrônica de trilhas musicais ou sons) com a qualidade desejada.

ENGENHEIRO DE SOM Como engenheiro de som, você grava e mixa sons para concretizar a visão do artista ou do produtor de cinema ou TV. Com experiência, você pode progredir até gerenciar um estúdio, ou migrar para funções especializadas em produção de televisão, cinema ou música.

HABILIDADES REQUERIDAS

Ser hábil no trabalho em equipe para lidar com artistas e produtores, muitas vezes sob intensa pressão de tempo.

Conhecimento adequado para operar console de mixagem e outros equipamentos para definir os níveis sonoros.

Toda a atenção aos detalhes para monitorar sinais de áudio e manter um registro de todas as gravações.

Força física para montar equipamentos em estúdio ou em locais de concertos e eventos.

Habilidade em informática proficiente para operar sistemas digitais avançados de gravação musical.

Flexibilidade para trabalhar longas jornadas, necessárias para conciliar artistas e eventos.

DESIGNER DE SOM Assume a responsabilidade por todo o som de uma produção, que pode ser um filme, um vídeo ou um jogo eletrônico. Os engenheiros de som criam e editam músicas e efeitos sonoros por meio de diversos equipamentos digitais.

PRODUTOR MUSICAL Trabalha com artistas, compositores e engenheiros de áudio na composição, na gravação e na mixagem. Muitos produtores musicais trabalham para gravadoras ou são contratados por artistas.

▼ ATIVIDADES RELACIONADAS

▶ **ENGENHEIRO DE TRANSMISSÃO** Cria e opera os sofisticados sistemas eletrônicos usados na transmissão de TV, rádio e outras mídias digitais. Trabalha como parte de uma equipe, com produtores e apresentadores, em estúdios de gravação, salas de controle ou fora do estúdio, em qualquer condição de tempo.

▶ **ENGENHEIRO DE ILUMINAÇÃO** Prepara, monta e opera os equipamentos de iluminação de produções de TV, cinema e vídeo, e de eventos ao vivo, como concertos e produções teatrais.

▶ **GERENTE DE ESTÚDIO DE RÁDIO** Garante o bom funcionamento das transmissões ao vivo, nos estúdios e *in loco*. Também controla a mixagem de produções pré-gravadas antes de irem ao ar.

RESUMO

INTERESSES Música • Tecnologia musical • Eletrônica • Física • Matemática • Tecnologia da informação (TI)

QUALIFICAÇÕES NECESSÁRIAS Um diploma é desejável, mas habilidades técnicas adequadas e experiência podem garantir sua entrada nesta carreira.

ESTILO DE VIDA As jornadas de trabalho podem ser longas e irregulares. Os engenheiros de som podem ter de trabalhar à noite, quando a hora de estúdio é mais barata.

LOCAL Os engenheiros de som podem trabalhar em estúdio ou locação, em concertos, sets de filmagem ou outro evento ao vivo. Podem ter de viajar muito.

REALIDADE O trabalho pode exigir muito, mas trabalhar integrando uma equipe criativa, com artistas talentosos, pode ser bastante recompensador.

ESCRITOR

DESCRIÇÃO DO TRABALHO

Os escritores trabalham para informar, educar ou entreter seus leitores. São qualificados a usar a palavra escrita para transmitir significados ou contar histórias, e podem trabalhar em uma grande variedade de setores, em diversas funções. Alguns escritores alcançam a fama escrevendo romances ou trabalhando como jornalistas ou roteiristas, mas muitos se sustentam escrevendo comunicados à imprensa, artigos para revistas e sites ou textos para propagandas.

RENDA
Varia muito, dependendo do tipo de escrita e da experiência.

PERFIL DO SETOR
Demanda crescente por escritores na mídia on-line • Competição acirrada por trabalho em todos os setores • Trabalho predominantemente autônomo

RESUMO

INTERESSES Escrita • Idiomas • Literatura e leitura • Artes cênicas • Artes dramáticas • Assuntos técnicos e científicos

QUALIFICAÇÕES NECESSÁRIAS Não há requisitos específicos. Alguns escritores possuem formação superior em escrita profissional ou criativa, enquanto outros apresentam pouca preparação formal.

ESTILO DE VIDA Muitos escritores trabalham por conta própria e estabelecem seus próprios horários de trabalho. Em geral, precisam cumprir prazos fixados por editores.

LOCAL Muitos escritores adotam um modelo de trabalho híbrido, tendo como base sua casa, um escritório ou um estúdio. Podem ter de viajar para encontrar clientes ou realizar entrevistas.

REALIDADE A renda de um escritor pode ser tão imprevisível quanto sua carga de trabalho. O ato de escrever é uma experiência solitária, e todo escritor precisa ter perseverança.

PLANO DE CARREIRA

A maioria dos escritores trabalha como autônomo, especializando-se em uma de muitas áreas, de livros infantis a manuais técnicos. Assim como diversos outros trabalhos criativos, não há estrutura de carreira formal, e algumas pessoas podem se tornar escritores sem passar por treinamento. Reputação, habilidade em networking e experiência contam mais do que quaisquer qualificações.

BLOGUEIRO Escrever um blog pessoal ou colaborar com um periódico universitário oferece uma oportunidade para desenvolver suas habilidades literárias. Mostrar seu trabalho para editoras pode lhe render um serviço remunerado.

FORMAÇÃO Um diploma em letras ou um curso em escrita criativa são úteis, mas não obrigatórios. Você pode também obter um diploma em outra área que o capacite a se tornar escritor de um assunto especializado.

▼ ATIVIDADES RELACIONADAS

▶ **JORNALISTA** *ver pp. 54-55*

▶ **EDITOR** *ver pp. 56-57*

▶ **RELAÇÕES-PÚBLICAS** *ver pp. 74-75*

▶ **COPYWRITER** Escreve textos para panfletos, *outdoors*, sites, e-mails, anúncios, catálogos e mais.

▶ **REVISOR** Verifica textos em termos de exatidão, gramática, ortografia e coerência antes da publicação.

> É necessário ter determinação: o primeiro romance de J.K. Rowling, *Harry Potter e a pedra filosofal*, foi rejeitado por doze editoras.

CRÍTICO Analisa obras artísticas, incluindo livros, filmes e peças teatrais, e em seguida escreve uma crítica a respeito delas em jornais, revistas ou na internet.

ESCRITOR Algumas pessoas são contratadas para escrever para um editor. Outras escrevem por conta própria, com a expectativa de vender a obra pronta. Os escritores experientes podem encontrar trabalho em diversas áreas.

HABILIDADES REQUERIDAS

Habilidades de escrita e comunicação eficazes para criação de texto vívido e legível.

Alto grau de criatividade para invenção de histórias, personagens, temas e diálogos.

Perseverança diante de críticas de clientes ou rejeição do trabalho por editoras.

Conhecimento de informática e mídia social para desenvolver uma rede de contatos com possíveis clientes e se autopromover.

Habilidade organizacional significativa para gerenciar uma agenda quando trabalhar por conta própria.

Sensibilidade para os detalhes, assegurando que o texto seja preciso e isento de erros gramaticais e ortográficos.

POETA Escritor que desenvolve textos, na maior parte das vezes, em versos. Poetas têm uma sensibilidade aguçada, são bastante imaginativos e têm domínio da língua.

ROMANCISTA Escreve histórias de ficção. Há diversos gêneros de romances, de ficção científica a histórias de amor.

ROTEIRISTA Escreve roteiros para produções cinematográficas e de TV, ocasionalmente adaptando obras existentes. Também pode encontrar trabalho escrevendo discursos para líderes empresariais ou políticos.

JORNALISTA

DESCRIÇÃO DO TRABALHO

O jornalismo inclui duas principais áreas relacionadas: pesquisa e apuração de informações, e redação e apresentação do conteúdo. Como jornalista, você frequentemente precisará ficar "em movimento" para relatar acontecimentos em tempo real ou entrevistar pessoas no local. Em geral, trabalhará em uma área designada para você.

RENDA
Jornalista iniciante ★★★★★
Jornalista experiente ★★★★★

PERFIL DO SETOR
Oportunidades no jornalismo impresso tradicional em declínio • Muitos jornalistas escrevem para publicações on-line • Setor altamente competitivo • Setor orientado por prazos

PLANO DE CARREIRA

Muitos jornalistas começam escrevendo para publicações estudantis. Depois de qualificados, podem trabalhar em diversas mídias – incluindo jornais, revistas, televisão e internet – e se especializar em uma área, como esportes, atualidades ou política. Podem alcançar uma função editorial, que envolve gerenciar uma seção de uma publicação ou um programa de rádio ou TV.

ESTAGIÁRIO Você pode ganhar experiência na linha de frente em um estágio e criar um portfólio com publicações escolares, blogs, redações de escola ou revistas e jornais que mostrarão seu talento.

FORMAÇÃO Muitos empregadores buscam candidatos com pós-graduação em jornalismo. Você pode se candidatar a um cargo de trainee em uma empresa de mídia depois de se formar.

JORNALISTA DE RÁDIO OU TV Trabalha para estações de rádio ou televisão, com transmissão via ar, cabo ou internet. Esses jornalistas pesquisam, escrevem e muitas vezes apresentam artigos para transmissão.

JORNALISTA Com as necessárias qualificações e uma experiência de trabalho em jornal local, estação de rádio ou emissora de televisão, você pode aspirar a uma das diversas especialidades.

HABILIDADES REQUERIDAS

Habilidades escrita e verbal eficazes ajudam a expressar ideias com clareza para diversos públicos leitores ou audiências.

Capacidade de trabalhar com pessoas em diversas equipes, incluindo editores, designers e produtores.

Perseverança e dedicação ajudam a criar e apresentar um artigo para o público-alvo.

Flexibilidade para assumir histórias que surgem sem aviso prévio e segui-las de acordo com o desenrolar dos acontecimentos.

Habilidade organizacional significativa para cumprir prazos apertados, sobretudo ao cuidar de diversos artigos.

JORNALISTA DE JORNAL Fornece informações para o público a respeito de acontecimentos, pessoas e ideias. A função envolve pesquisa detalhada, redação e checagem de fatos.

JORNALISTA DE REVISTA Pesquisa e escreve notícias e matérias para diversos periódicos, incluindo títulos populares, publicações de negócios e revistas especializadas.

JORNALISTA DIGITAL Produz conteúdo para publicações on-line sobre um ou vários tópicos, o que requer habilidades em jornalismo e informática. Capacidade de trabalhar em diversas mídias, como vídeo e som, é bastante benéfica.

RESUMO

INTERESSES Redação • Pesquisa • Encontro e interação com pessoas • Mídia • Mídia social • Informática • Atualidades

QUALIFICAÇÕES NECESSÁRIAS Um diploma em jornalismo, seguido por um treinamento na área, é desejável; estágios também estão disponíveis para treinamento no trabalho.

ESTILO DE VIDA O trabalho se baseia em projetos, com jornadas longas e irregulares, que podem se estender aos finais de semana e feriados. Alguns trabalhos requerem viagens frequentes.

LOCAL Você pode trabalhar em um escritório ou em casa, mas precisará viajar para realizar pesquisas e entrevistas dependendo da sua área de escolha.

REALIDADE Prazos apertados e jornadas longas são comuns. As condições de trabalho podem ser inadequadas ou perigosas, como em zonas de guerra ou de catástrofes.

▼ ATIVIDADES RELACIONADAS

▶ **ESCRITOR** ver pp. 52-53

▶ **EDITOR** ver pp. 56-57

▶ **RELAÇÕES-PÚBLICAS** ver pp. 74-75

▶ **REDATOR DE PUBLICIDADE** Produz material escrito conciso e persuasivo, incluindo slogans e textos para publicidade.

Em 2017, as vendas de mídia on-line superaram as vendas de mídia impressa pela primeira vez.

EDITOR

DESCRIÇÃO DO TRABALHO

Editores de livros e revistas são responsáveis pelo conteúdo editorial das publicações. Esta função inclui desde a avaliação de originais e a contratação de escritores para produzir textos até a revisão de texto em termos de exatidão, ortografia e gramática. Os editores podem trabalhar com especialistas em um assunto, designers gráficos e pesquisadores de imagens, além de atuar com a equipe de vendas, marketing ou produção para promover a publicação.

RENDA
Assistente editorial ★★★★★
Editor ★★★★★

PERFIL DO SETOR
Empregos para iniciantes com acirrada concorrência • Níveis salariais baixos para cargos inferiores • Editoras de livros e revistas voltam-se cada vez mais para o meio digital • Empregos em editoras de livros nem sempre são divulgados

PLANO DE CARREIRA

A maioria dos editores entra nas editoras como assistentes editoriais, fazendo pesquisa, checagem de fatos e tarefas editoriais básicas. Com experiência, podem ser promovidos para gerenciar a publicação de um livro ou de uma revista, e, em seguida, de uma categoria temática de livros. Alguns editores assumem outras funções na editora, como marketing ou administração.

FORMAÇÃO Cada vez mais, um diploma – em letras, editoração ou na área relacionada ao tipo de publicação em que você pretende se especializar – é útil, mas não essencial para se tornar um editor. Um estágio em uma editora lhe dará experiência, e você também pode realizar cursos reconhecidos pelo setor em edição e revisão.

▼ ATIVIDADES RELACIONADAS

▶ **ESCRITOR** ver pp. 52-53

▶ **JORNALISTA** ver pp. 54-55

▶ **EXECUTIVO DE CONTAS DE PUBLICIDADE** ver pp. 72-73

▶ **EDITOR DE FILME/VÍDEO** Monta imagens e sons para cinema ou televisão. Um editor de filme ou vídeo precisa de boa noção de *timing*, atenção aos detalhes e capacidade de cumprir prazos. Por causa da natureza competitiva do setor e de seu ritmo acelerado, as habilidades técnicas e a experiência são tão valorizadas quanto as qualificações formais.

EDITOR Após ganhar experiência como assistente editorial, você pode se especializar em um tipo específico de edição de livro ou revista.

RESUMO

INTERESSES Leitura • Escrita • Literatura • Idiomas • Design gráfico • Tecnologia da informação (TI) • Escrita criativa

LOCAL Editores podem adotar um modelo de trabalho híbrido, tendo como base sua casa e o escritório. Viagens ocasionais para feiras ou reuniões podem ser necessárias.

QUALIFICAÇÕES NECESSÁRIAS Um diploma ajuda, mas não é essencial para muitas empresas. Editoras especializadas podem exigir uma formação mais específica.

REALIDADE Editores se dedicam a longas jornadas de trabalho meticuloso. Os cronogramas podem exigir muito, sobretudo quando há diversos projetos.

ESTILO DE VIDA Editores trabalham em expediente convencional, mas o trabalho noturno e aos finais de semana é muitas vezes requerido, sobretudo se trabalham como freelancers.

HABILIDADES REQUERIDAS

Habilidades escrita e verbal eficazes para expressar temas, ideias e conceitos com clareza para o leitor.

Habilidade para trabalho em equipe, atuando com autores, designers e outros departamentos editoriais.

Talento criativo, habilidade crítica e tino comercial para melhorar e refinar uma publicação.

Flexibilidade e adaptabilidade, pois os cronogramas podem ser alterados de uma hora para outra.

Habilidade de organização, pois as cargas de trabalho podem ser pesadas e envolver diversos projetos ao mesmo tempo.

EDITOR DE LIVROS DE FICÇÃO Trabalha com o autor de um conto ou romance, preparando o original para publicação. Avalia a obra do autor, sugere mudanças para deixar o texto mais envolvente, corrige erros e pode orientar a respeito de marketing e produção.

EDITOR DE LIVROS DE NÃO FICÇÃO Desenvolve, seleciona e checa o conteúdo de livros de não ficção, como biografias e livros de história, culinária, viagem, entre outros. Pode atuar em conjunto com especialistas para consultas a respeito do texto.

EDITOR DE OBRAS DE REFERÊNCIA Planeja, seleciona e assegura a exatidão dos textos de uma variedade de obras de referência, como dicionários, enciclopédias, manuais e obras acadêmicas ou científicas.

EDITOR DE PUBLICAÇÃO ACADÊMICA Prepara artigos especializados ou científicos para publicação, para acadêmicos e pesquisadores. Assegura que os artigos sejam lidos e validados por consultores especializados.

EDITOR DIGITAL Seleciona, edita e organiza textos e imagens para publicação em sites. Esse tipo de profissional tem treinamento em web design e software de edição.

VENDAS, MARKETING E PROPAGANDA

Tino comercial, interesse em vendas e foco no cliente são fundamentais neste setor de ritmo acelerado. Os cargos são diversos, incluindo criação de anúncios, redação de comunicados de imprensa e previsão de hábitos de consumo do público.

EXECUTIVO DE VENDAS
Página 60

O objetivo do departamento de vendas é aumentar os lucros da empresa, elevando a receita de seus produtos ou serviços. Os executivos de vendas fazem isso abordando clientes para obter novos negócios.

GERENTE DE LOJA
Página 62

Por meio de suas habilidades de liderança para motivar a equipe a atingir metas de vendas, os gerentes de loja supervisionam lojas e supermercados nos quais compramos os produtos de que precisamos.

COMPRADOR
Página 64

Com sensibilidade para tendências futuras e demandas dos consumidores, os compradores tomam decisões a respeito do que venderão, quais produtos estocarão e como vão precificá-los.

CORRETOR DE IMÓVEIS
Página 66

Os corretores de imóveis ligam proprietários de imóveis a compradores e locatários, realizando a transação imobiliária. São mais procurados quando o mercado está aquecido.

EXECUTIVO DE MARKETING
Página 68

A comunicação clara e criativa é fundamental para o marketing bem-sucedido. É como os executivos de marketing promovem produtos, serviços e ideias aos clientes.

PESQUISADOR DE MERCADO
Página 70

Combinando habilidade numérica com conhecimento do comportamento do consumidor, os pesquisadores de mercado avaliam suas preferências com a finalidade de melhorar produtos e serviços existentes.

EXECUTIVO DE CONTAS DE PUBLICIDADE
Página 72

Interpretando os objetivos de seus clientes, os executivos de contas de publicidade trabalham com a equipe de criação para desenvolver campanhas para mídia impressa, televisiva e on-line.

RELAÇÕES-PÚBLICAS
Página 74

A percepção pública de um produto, serviço ou empresa é fundamental para suas vendas e popularidade. Os relações-públicas promovem uma imagem positiva para suas empresas.

VENDAS, MARKETING E PROPAGANDA

EXECUTIVO DE VENDAS

DESCRIÇÃO DO TRABALHO

Os executivos de vendas entram em contato com possíveis clientes – pessoas ou empresas – para vender os seus produtos ou serviços. Desenvolvem um entendimento completo dos produtos de suas empresas, para que possam lidar com as dúvidas de um cliente com confiança e, assim, concluir uma venda. Para terem sucesso, devem ter uma boa compreensão de psicologia do consumidor, de dados e análises, além de estratégias de vendas.

RENDA
Vendedor do varejo ★★★★★
Executivo de vendas empresarial ★★★★★

PERFIL DO SETOR
Oportunidades de emprego em todos os setores comerciais • A demanda por executivos de vendas varia conforme as condições do mercado • Remuneração muitas vezes ligada às metas de vendas

RESUMO

INTERESSES Vendas • Marketing • Atendimento ao cliente • Finanças • Estudos empresariais • Matemática • Propaganda • Idiomas

QUALIFICAÇÕES NECESSÁRIAS Um diploma não é obrigatório para a maioria dos trabalhos com vendas, mas pode ser requerido para vender produtos técnicos ou financeiros.

ESTILO DE VIDA Os executivos de vendas podem precisar trabalhar durante longas jornadas para cumprir metas de vendas ou para atender clientes em outros países e fusos horários.

LOCAL Dependendo do setor, os executivos de vendas podem trabalhar em lojas ou escritórios. Podem viajar muito para visitar clientes em seus locais.

REALIDADE A competição entre colegas e rivais pode ser intensa. A função exige perseverança para lidar com a rejeição dos clientes.

▼ ATIVIDADES RELACIONADAS

▶ **GERENTE DE MARCA** Promove uma empresa ou um produto gerenciando seu perfil e sua reputação entre os clientes e o público. Utiliza diversas técnicas, como propaganda e relações públicas, para melhorar a imagem da marca.

▶ **GERENTE DE MARKETING PARA INTERNET** Desenvolve estratégias para atrair os clientes para uma loja on-line. Assegura que o design e a usabilidade do site de varejo ajudem a aumentar as vendas.

▶ **GERENTE DE VAREJO** Gerencia as operações diárias de supermercados e lojas.

Profissionais que sempre batem suas metas podem ser promovidos mais rapidamente.

PLANO DE CARREIRA

Os executivos de vendas precisam ser ambiciosos e determinados, pois o progresso na carreira depende de atingirem metas de venda. Em geral, o vendedor de sucesso é promovido para lidar com clientes maiores e mais importantes, e pode ingressar na equipe administrativa de uma empresa. As habilidades associadas às vendas são variáveis, e é comum que os executivos de vendas transitem entre setores distintos.

HABILIDADES REQUERIDAS

Habilidade de comunicação eficaz para apresentar informações dos produtos para possíveis clientes.

Habilidade interpessoal adequada para lidar com dúvidas e reclamações de maneira profissional.

Habilidade organizacional significativa e automotivação no planejamento e na realização de telefonemas e visitas de vendas. Conhecimento sólido das práticas comerciais e consciência das expectativas do cliente.

Habilidade numérica significativa para cálculo de porcentagens, descontos e lucros nas vendas.

ASSISTENTE DE VENDAS Você pode começar sua carreira em uma função administrativa, dando apoio aos vendedores veteranos. O empregador provavelmente lhe dará aulas acerca dos produtos e das técnicas de vendas da empresa antes de você começar a lidar com os clientes.

EXECUTIVO DE VENDAS Os executivos de vendas representam os produtos ou serviços de uma organização e desenvolvem e gerenciam relacionamentos com os clientes. Com experiência, podem se transferir para diversas outras áreas de trabalho.

EXECUTIVO DE VENDAS ESPECIALIZADO Trabalha no setor financeiro, vendendo produtos como hipotecas e investimentos, ou em outras áreas, vendendo, por exemplo, produtos farmacêuticos ou seguros.

GERENTE DE CONTAS Assume a responsabilidade de lidar com os clientes ou as áreas de produtos mais importantes do empregador.

GERENTE DE VENDAS Coordena as operações de vendas de uma empresa em uma região ou um país, definindo metas e assessorando a equipe para melhorar seu desempenho.

EXECUTIVO DE MARKETING Pesquisa as necessidades e os comportamentos dos clientes, planejando a estratégia de uma empresa para promover seus produtos.

GERENTE DE LOJA

DESCRIÇÃO DO TRABALHO

Os gerentes de loja conduzem as atividades comerciais diárias de uma loja de varejo. Nesta função, você lidera e inspira uma equipe de assistentes de venda, gerencia o recrutamento de pessoal, estabelece preços, organiza expositores, as promoções e os eventos especiais, e lida com as dúvidas dos clientes. Analisa dados de vendas para prever requisitos de estoque futuros, e também é responsável pela saúde e segurança dos clientes e dos funcionários da loja.

RENDA
Assistente de vendas ★★★★★
Diretor de vendas ★★★★★

PERFIL DO SETOR
Variedade de empregadores • Declínio recente de algumas lojas de varejo • Diversos varejistas vendem pela internet • Crescimento de oportunidades em outlets e lojas de descontos

ATIVIDADES RELACIONADAS

▶ **EXECUTIVO DE VENDAS** ver pp. 60-61

▶ **COMPRADOR** ver pp. 64-65

▶ **GERENTE DE MARKETING PARA INTERNET**
Desenvolve estratégias baseadas na internet para aumentar a visibilidade das atividades da organização para o público.

▶ **GERENTE DE MERCADORIAS** Decide quais produtos estocar, define preços, prevê demanda futura e monitora os níveis de estoque.

▶ **ASSISTENTE DE VENDAS**
Trabalha no recinto de vendas, repondo estoque, etiquetando, usando as instalações dos caixas e atendendo os clientes.

No Brasil, há mais de 700 shopping centers cadastrados.

RESUMO

 INTERESSES Estudos empresariais • Marketing • Contato com pessoas • Economia • Matemática • Psicologia • Tecnologia da informação • Vendas

 QUALIFICAÇÕES NECESSÁRIAS Uma boa educação geral é suficiente, mas um diploma em administração de empresas ou gestão de varejo acelerará uma promoção.

 ESTILO DE VIDA Trabalho em turnos e aos finais de semana são normais na maioria das lojas. Horas extras podem ocorrer em determinados períodos, como em épocas de liquidação.

 LOCAL O trabalho é dividido entre o escritório e o recinto de vendas. Viagens para treinamento e para reuniões com a direção executiva são requeridas.

 REALIDADE A gestão de lojas é competitiva e possui ritmo acelerado. Longas jornadas no recinto de vendas e a pressão para cumprir metas podem ser fatigantes e estressantes.

PLANO DE CARREIRA

Há duas maneiras principais para você se tornar um gerente de loja: ingressar em uma empresa como assistente de vendas e obter promoções por mérito ou participar do programa de treinamento de uma rede varejista, que pode ser aberto a estudantes ou graduados. As perspectivas de progressão são boas, com vagas em redes varejistas de todos os tamanhos e especializações.

ESTAGIÁRIO Você pode ingressar em uma rede varejista como estagiário de vendas e buscar a sua efetivação.

FORMAÇÃO Um diploma em qualquer disciplina permitirá o ingresso em um programa de treinamento para graduados, mas cursos como estudos empresariais, gestão de varejo e marketing são favorecidos.

HABILIDADES REQUERIDAS

 Habilidade de comunicação com clientes e funcionários, mantendo a serenidade.

 Habilidade eficaz para trabalho em equipe, motivando os funcionários a atingirem as metas de venda.

 Criatividade e inovação em técnicas de venda e exposição dos produtos, para aumentar o faturamento da loja.

 Habilidade de liderança significativa para inspirar a equipe a alcançar seu potencial e prestar serviço de qualidade.

 Habilidade de gestão empresarial, tino comercial e capacidade de identificar tendências futuras.

GERENTE DE LOJA Após ganhar experiência, você pode aspirar a uma promoção para trabalhar em uma filial maior, ou em uma das áreas de negócio do varejo, como compras, recursos humanos ou marketing. Você pode treinar equipes no que se refere a técnicas de vendas, linhas de produtos e tendências de consumo.

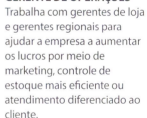

GERENTE DE OPERAÇÕES Trabalha com gerentes de loja e gerentes regionais para ajudar a empresa a aumentar os lucros por meio de marketing, controle de estoque mais eficiente ou atendimento diferenciado ao cliente.

GERENTE DE TI EM VAREJO Responsável pelos sistemas de tecnologia das lojas, como ponto de venda, mercadoria em estoque e contabilidade do caixa. Os gerentes de TI instalam atualizações e solucionam problemas de informática.

GERENTE DE RECURSOS HUMANOS Lida com a alocação de pessoal para uma grande loja ou para diversas lojas, organizando o recrutamento, o treinamento, a folha de pagamento e a rotatividade de pessoal.

GERENTE REGIONAL Assume a responsabilidade pelas atividades varejistas e a lucratividade de diversas lojas em determinada área, atuando em conjunto com a alta administração.

VENDAS, MARKETING E PROPAGANDA

COMPRADOR

DESCRIÇÃO DO TRABALHO

Todo negócio de varejo precisa de estoque, ou seja, dos itens vendidos na loja, pela internet ou por catálogo. O trabalho dos compradores é encontrar, selecionar e comprar esses produtos, antecipando as demandas e prevendo tendências de mercado. Ao combinar habilidades pessoais e conhecimento do setor, eles negociam preços com os fornecedores e chegam a um acordo a respeito de prazos de entrega, obtendo os melhores negócios para suas empresas.

RENDA
Comprador júnior ★★★★★
Comprador sênior ★★★★★

PERFIL DO SETOR
A demanda por compradores deve crescer • Muitas oportunidades de emprego em todas as áreas do setor • O crescimento em certos setores depende das tendências do mercado

RESUMO

INTERESSES Estudos empresariais • Economia • Matemática • Direito • Tecnologia da informação (TI) • Idiomas • Viagens

QUALIFICAÇÕES NECESSÁRIAS Experiência de trabalho pertinente pode ser suficiente, mas a maioria das empresas requer um diploma.

ESTILO DE VIDA Compradores trabalham em expediente convencional. A carga de trabalho pode variar se o trabalho for em uma área como moda, na qual a atividade de compra é sazonal.

LOCAL A maior parte do trabalho é feita em escritório, mas os compradores viajam regularmente para encontrar fornecedores e participar de eventos e feiras comerciais.

REALIDADE É um trabalho que exige muito, pois os compradores tomam decisões que afetam financeiramente a empresa. Com frequência, o sucesso conduz a funções de nível administrativo.

PLANO DE CARREIRA

Compras é uma atividade básica no setor de varejo. Com experiência, os compradores progridem e passam a gerenciar contratos cada vez maiores com fornecedores, ou assumem a responsabilidade por diversas linhas de produto. Isso abre as portas para cargos administrativos mais altos em planejamento, logística (o transporte de mercadorias) e marketing.

ESTAGIÁRIO Você pode ingressar em um programa de gestão de rede varejista ao concluir o ensino médio. Depois, poderá progredir e se tornar comprador assistente, verificando níveis de estoque e fazendo pedidos enquanto treina no trabalho.

FORMAÇÃO Um diploma em administração ou área correlata é desejável. Contudo, a profissão é aberta a formados em qualquer disciplina. Você também pode optar por fazer uma pós-graduação em compras.

▼ **ATIVIDADES RELACIONADAS**

▶ **EXECUTIVO DE VENDAS** *ver pp. 60-61*

▶ **GERENTE DE LOJA** *ver pp. 62-63*

▶ **CORRETOR DE IMÓVEIS** *ver pp. 66-67*

▶ **GERENTE DE CONTRATOS** Gerencia o processo de selecionar fornecedores, apresentando-lhes informações detalhadas acerca dos produtos requeridos e pedindo-lhes para oferecer seus melhores preços.

▶ **GERENTE DE COMPRAS** Compra equipamentos, bens e serviços requeridos por departamentos governamentais ou grandes indústrias.

HABILIDADES REQUERIDAS

 Habilidade de comunicação eficaz para explicar escolhas de compras e negociar preços com fornecedores.

 Abordagem analítica aguçada para comparar ofertas de diversos fornecedores e selecionar as melhores.

 Habilidade numérica significativa para calcular os melhores negócios oferecidos pelos fornecedores e avaliar as margens de lucro.

 Consciência das necessidades e tendências comerciais, assegurando que as exigências dos clientes sejam atendidas.

 Toda a atenção aos detalhes para assegurar que os produtos corretos sejam adquiridos no momento certo.

Dependendo do item ou da estação do ano, os compradores adquirem mercadorias meses antes da venda nas lojas.

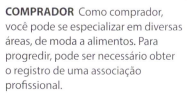

GERENTE DE MARKETING Controla as atividades de vendas em uma loja ou grupo de lojas. Entre as tarefas, estão: análise de mercado, planejamento de linhas de produtos, promoções de vendas e precificação de produtos. O gerente também pode supervisionar o comércio eletrônico de uma loja.

ANALISTA DE CUSTOS Analisa dados para prever os custos de atividades comerciais futuras. Dessa maneira, determina se a venda de certos itens trará lucro para uma rede varejista. Entre os fatores levados em conta, incluem-se os custos de mão de obra, materiais, armazenamento e transporte.

COMPRADOR Como comprador, você pode se especializar em diversas áreas, de moda a alimentos. Para progredir, pode ser necessário obter o registro de uma associação profissional.

GERENTE DE LOGÍSTICA Supervisiona o transporte de produtos dos fornecedores para os centros de distribuição e, depois, para as prateleiras das lojas.

VENDAS, MARKETING E PROPAGANDA

CORRETOR DE IMÓVEIS

DESCRIÇÃO DO TRABALHO

O corretor organiza a venda, a compra e o aluguel de imóveis. Encontra-se com o vendedor ou locador, avalia a casa ou o apartamento e o apresenta a possíveis compradores ou inquilinos. O corretor de vendas cuida de todas as negociações entre compradores e vendedores, e atua em conjunto com avaliadores e advogados para assegurar que a venda ocorra sem percalços. O corretor de locação finaliza os detalhes contratuais entre os locadores e os inquilinos.

RENDA
Corretor de imóveis iniciante ★★★★★
Gerente ★★★★★

PERFIL DO SETOR
Oportunidades de emprego sobretudo na área urbana • Setor sensível às mudanças econômicas e à demanda por habitação • É comum os corretores transitarem entre as imobiliárias

PLANO DE CARREIRA

Corretores de imóveis cuidam das vendas e/ou aluguéis de propriedades residenciais e comerciais. Um corretor pode trabalhar com locação ou venda, mas muitos se concentram em uma das atividades. É necessário ter título de técnico em transações imobiliárias ou diploma de curso superior sequencial e tecnológico de ciências imobiliárias/gestão de negócios imobiliários. Com experiência, você pode progredir e passar a cuidar de negócios maiores, conduzindo leilões de imóveis ou administrando uma imobiliária.

ESTAGIÁRIO Você pode iniciar sua carreira como estagiário após concluir o ensino médio ou a faculdade. Os empregadores podem oferecer um rápido curso introdutório e estimulá-lo a estudar visando outras qualificações.

A RE/MAX, uma das maiores imobiliárias que existe, emprega mais de 100 mil corretores no mundo todo.

CORRETOR DE LOCAÇÃO Especializando-se no mercado de locações, você supervisionará todos os aspectos do aluguel de um imóvel, da avaliação à busca por inquilinos.

CORRETOR DE VENDAS Trabalha com compradores, vendedores, advogados, corretores de hipotecas, etc. Supervisiona todos os aspectos da venda de um imóvel, como avaliação, busca por possíveis compradores e supervisão da conclusão da venda.

HABILIDADES REQUERIDAS

 Habilidade de comunicação verbal eficaz para promover imóveis a possíveis clientes.

 Flexibilidade para lidar com diversas negociações desafiadoras entre a vasta gama de clientes.

 Capacidade de entender as exigências de clientes e adaptar as respostas de forma apropriada.

 Habilidade organizacional para lidar com diversas vendas ou locações ocorrendo ao mesmo tempo.

 Consciência das tendências comerciais atuais e do aumento e da queda de preços no mercado imobiliário.

▼ **ATIVIDADES RELACIONADAS**

▶ **ENGENHEIRO DE CUSTOS** ver pp. 198-199

▶ **ENGENHEIRO DE EFICIÊNCIA ENERGÉTICA** Calcula a quantidade de energia utilizada por um imóvel e sugere maneiras de torná-lo mais eficiente em termos energéticos. Faz recomendações aos proprietários para que economizem dinheiro em suas contas de energia.

▶ **ADVOGADO IMOBILIÁRIO** Cuida de todas as questões legais envolvidas na venda e na aquisição de imóveis.

▶ **INCORPORADOR DE IMÓVEIS** Compra, aprimora e vende imóveis para ganhar dinheiro. Pode investir em uma vasta gama de imóveis, de novas construções a casas que precisam de reforma, antes de vendê-los com lucro.

 ASSISTENTE DO GERENTE DE FILIAL Auxilia o gerente de filial com a administração geral de uma imobiliária. Possui um histórico comprovado em vendas, avaliação e listagem de imóveis.

 **GERENTE DE FILIAL** Lida com a administração e a equipe da filial, sendo responsável pelo aumento da lucratividade.

 **DIRETOR DE IMOBILIÁRIA** Possui ou administra uma imobiliária, supervisionando todos os aspectos do negócio, incluindo a contratação de pessoal para atrair novos clientes na venda e locação de imóveis.

RESUMO

 INTERESSES Marketing • Vendas • Imóveis • Atendimento ao cliente • Administração de imóveis • Economia • Estudos empresariais

 QUALIFICAÇÕES NECESSÁRIAS Após concluir o ensino médio ou a faculdade, você pode começar como estagiário em uma imobiliária, que pode proporcionar cursos introdutórios.

 ESTILO DE VIDA Fora do horário de expediente convencional, você provavelmente precisará visitar imóveis à noite ou aos finais de semana.

 LOCAL Em geral, corretores lidam com imóveis dentro de uma área definida. A maioria trabalha no escritório, e alguns trabalham de casa.

 REALIDADE Pressão para cumprir metas de vendas. Frequentemente, os salários fixos são baixos e complementados por comissões.

VENDAS, MARKETING E PROPAGANDA

EXECUTIVO DE MARKETING

DESCRIÇÃO DO TRABALHO

Marketing é a arte – e a ciência – de criar demanda por um produto ou serviço. Nesta área, os executivos trabalham para comunicar mensagens positivas a respeito de produtos e marcas para possíveis clientes por meio de propaganda impressa, televisiva e on-line. Eles também podem utilizar mídia social ou entrar em contato direto via e-mail, correspondência ou telefone.

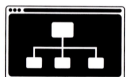

RENDA
Gerente de marketing ★★☆☆☆
Diretor de marketing ★★★★★

PERFIL DO SETOR
Setor competitivo e com ritmo acelerado • Oportunidade nos departamentos de marketing de empresas e agências autônomas • A mídia digital e social está se tornando cada vez mais importante

RESUMO

INTERESSES Estudos empresariais • Economia • Matemática • Ciências • Tecnologia da informação • Psicologia • Sociologia

QUALIFICAÇÕES NECESSÁRIAS Um diploma relacionado a negócios é um grande trunfo, mas o treinamento no trabalho como assistente de marketing é uma opção.

ESTILO DE VIDA A maioria trabalha em horário de expediente convencional, mas pode precisar trabalhar à noite e aos finais de semana durante o lançamento de uma nova campanha.

LOCAL O trabalho híbrido vem crescendo; muitos trabalham no escritório, mas algumas pessoas trabalham de casa. A maioria precisa viajar para apresentar o projeto a clientes.

REALIDADE As especificações do trabalho e os salários variam muito. A pressão para entregar resultados pode ser alta, e as funções iniciais podem oferecer criatividade limitada.

PLANO DE CARREIRA

Alguns executivos de marketing trabalham para uma empresa individual, que produz e vende produtos e serviços; outros são contratados por agências de marketing especializadas, que desenvolvem e realizam campanhas para diversos clientes. É possível transitar entre as duas opções, ganhando promoções e responsabilidades para campanhas maiores e mais importantes.

ASSISTENTE Neste cargo para iniciantes, você ajuda a equipe de marketing a preparar apresentações e lidar com os clientes. Com experiência, você pode progredir e assumir o cargo de executivo de marketing.

FORMAÇÃO Para ingressar em marketing em um nível executivo, você precisará estudar para obter um diploma em um curso afim, como marketing, comunicações, administração de empresas ou propaganda.

▼ ATIVIDADES RELACIONADAS

▶ **PESQUISADOR DE MERCADO** ver pp. 70-71

▶ **EXECUTIVO DE CONTAS DE PUBLICIDADE** ver pp. 72-73

▶ **COMPRADOR DE ESPAÇO PUBLICITÁRIO** Em nome dos clientes, negocia a compra de espaço publicitário em mídia impressa, outdoors, televisão, rádio e mídia digital, com o objetivo de atingir o público-alvo com o menor custo possível.

▶ **GERENTE DE COMUNICAÇÕES INTERNAS** Por meio de e-mails, mídias sociais e newsletters, informa novidades e motiva as equipes.

▶ **DIRETOR DE VENDAS** Supervisiona as vendas de uma empresa e sua posição no mercado, coordenando a estratégia de vendas e gerenciando a equipe de vendas.

HABILIDADES REQUERIDAS

 Habilidade para avaliar e analisar adequadamente as tendências de mercado e produtos e serviços dos concorrentes.

 Habilidade matemática significativa para elaborar e gerenciar orçamentos e contas.

 Habilidade de comunicação eficaz para apresentar relatórios a gerentes executivos e diretores.

 Capacidade de gerenciar, inspirar e apoiar uma equipe, tomando a iniciativa em reuniões com clientes.

 Pensamento criativo para propor novos conceitos e estratégias de marketing.

 Tino comercial significativo e capacidade de identificar mercados-alvo e analisar dados de pesquisas de mercado.

GERENTE DE MARKETING DIRETO Promove os produtos e serviços de uma empresa mediante o envolvimento direto com os clientes por meio de canais como mala direta, concursos, expositores em lojas e planos de desconto ou fidelidade.

EXECUTIVO DE MARKETING A maioria ganha experiência no trabalho, mas muitos empregadores os estimulam a estudar em busca de qualificações profissionais. Você pode se especializar em um tipo específico de marketing, ou, após alguns anos de trabalho, mirar uma promoção para cargos mais altos.

GERENTE DE MARKETING DIGITAL Promove produtos e serviços por meio de campanhas em sites, mídia social e e-mails. Trabalha para criar visibilidade de uma empresa ou produto, e também para atrair tráfego de internet para seu site.

GERENTE DE MARKETING DE EVENTOS Promove produtos ou serviços patrocinando eventos ou fazendo promoções, utilizando expositores com marcas conhecidas ou distribuindo amostras grátis em eventos públicos.

CONSULTOR AUTÔNOMO Recomenda às empresas a melhor maneira de apresentar os produtos aos clientes. Em geral, os consultores conhecem bem a atividade dos consumidores e as tendências de compra no setor.

PESQUISADOR DE MERCADO

DESCRIÇÃO DO TRABALHO

Os pesquisadores de mercado coletam informações para ajudar as organizações a entenderem necessidades e preferências de clientes e a desenvolverem novos produtos. Realizam pesquisas por telefone, correio, on-line ou pessoalmente e analisam os resultados para produzir relatórios de opinião acerca de produtos, marcas ou questões políticas e sociais.

RENDA
Pesquisador de mercado ★★★★★
Diretor de pesquisa de mercado ★★★★★

PERFIL DO SETOR
As agências de marketing são os maiores empregadores • Setor em declínio no Oriente Médio e na Europa, mas em ascensão na maioria das regiões do mundo

PLANO DE CARREIRA

Em geral, um diploma é obrigatório para o ingresso no setor de pesquisa de mercado, que inclui agências de marketing, empresas, departamentos de governo ou organizações sem fins lucrativos. No início da carreira, os pesquisadores de mercado coletam e analisam informações. Com experiência, podem realizar pesquisas para clientes, fazer apresentações ou gerenciar equipes em projetos.

ASSISTENTE Você pode trabalhar como assistente de pesquisa de mercado se tiver habilidades matemáticas e de escrita adequadas. A experiência em atendimento ao cliente também é bastante útil. Você pode combinar esse trabalho com o estudo para obter um diploma em um curso afim.

FORMAÇÃO É preciso ter diploma preferivelmente em administração, publicidade e propaganda, psicologia, sociologia, matemática ou estatística para ingressar na profissão como graduado.

ANALISTA DE DADOS Especialista em métodos estatísticos e matemáticos, analisa dados de pesquisa de mercado e interpreta os resultados para apresentar suas conclusões aos clientes.

PESQUISADOR DE MERCADO Você pode se atualizar nos métodos de pesquisa frequentando cursos de formação profissional. Pode se especializar em áreas como pesquisa etnográfica – observando pessoas para entender melhor suas necessidades – ou se transferir para funções administrativas ou de vendas.

HABILIDADES REQUERIDAS

 Habilidade interpessoal adequada para deixar as pessoas à vontade durante as entrevistas de pesquisa.

 Habilidade eficaz de escrita para elaborar questionários e preparar relatórios e apresentações.

 Perseverança e automotivação para concluir tarefas de pesquisa a fim de cumprir metas projetadas.

 Flexibilidade para trabalhar em jornadas irregulares e se adaptar a distintos métodos de pesquisa e estilos de entrevista.

 Toda a atenção aos detalhes ao concluir as avaliações da pesquisa de mercado e conferir os resultados.

 Habilidades matemáticas e analíticas significativas para interpretar dados usando métodos estatísticos.

 **GERENTE DE PESQUISA** Supervisiona o planejamento, a execução e a análise dos projetos de pesquisa de mercado, da definição de objetivos com o cliente à escolha do método de pesquisa e elaboração de relatórios.

 DIRETOR DE CONTAS Gerencia as contas dos clientes em uma agência de marketing, assegurando que a pesquisa seja feita da melhor maneira e entre o grupo correto de consumidores, para satisfazer os objetivos do cliente.

> Até 2029, a demanda por pesquisadores de mercado deve crescer em 18%.

RESUMO

 INTERESSES Psicologia • Sociologia • Antropologia • Estatística • Matemática • Tecnologia da informação • Estudos empresariais • Economia

 QUALIFICAÇÕES NECESSÁRIAS Em geral, um diploma é obrigatório. Experiência ou trabalho anterior em marketing em um emprego voltado ao cliente é bastante útil.

 ESTILO DE VIDA A maioria trabalha em expediente convencional, mas a realização de levantamentos diretos e pessoais pode exigir trabalho à noite e aos finais de semana.

 LOCAL O modo híbrido de trabalho vem crescendo. Pesquisadores podem ter de viajar para realizar levantamentos ou para coordenar grupos de discussão com consumidores.

 REALIDADE Frequentemente, os pesquisadores gerenciam diversos estudos ao mesmo tempo. É um trabalho atraente para aqueles que gostam de lidar com pessoas.

▼ ATIVIDADES RELACIONADAS

▶ **EXECUTIVO DE MARKETING** ver pp. 68-69

▶ **ANALISTA DE INVESTIMENTOS** ver pp. 100-101

▶ **CIENTISTA DO CONSUMO** Pesquisa os gostos, as necessidades e as preferências de clientes existentes e potenciais, e assessora clientes comerciais a respeito de melhorias em produtos e serviços.

▶ **CIENTISTA DE DADOS** Adquire, gerencia e utiliza informação eletronicamente armazenada – como bancos de dados on-line – para uso comercial, do setor público e beneficente.

▶ **ESTATÍSTICO** Coleta, analisa e interpreta dados quantitativos complexos. Em seguida, apresenta-os de forma compreensível, usando gráficos e diagramas.

VENDAS, MARKETING E PROPAGANDA

EXECUTIVO DE CONTAS DE PUBLICIDADE

DESCRIÇÃO DO TRABALHO

No setor da propaganda, o executivo de contas é a ligação mais importante entre a equipe de criação da agência e seus clientes. Nesta função, você trabalha com a equipe de criação para criar uma campanha publicitária eficaz, que atenda aos objetivos do cliente. Para essa função, é essencial ter habilidades em tecnologia e ferramentas de promoção on-line.

RENDA
Executivo de contas júnior ★★★★★
Diretor de contas ★★★★★

PERFIL DO SETOR
Setor bastante competitivo e de ritmo acelerado • Cargos disponíveis no setor público e privado • Oportunidades em todo o mundo

PLANO DE CARREIRA

Um executivo de contas de publicidade trabalha no lado comercial do setor de propaganda. É rara a mudança de pessoas dessa área para funções criativas, e vice-versa. Os executivos de contas experientes podem, porém, transferir-se para funções de marketing em empresas maiores.

ESTAGIÁRIO Algumas agências de propaganda empregam estagiários universitários para trabalhar em cargos administrativos; por exemplo, em seus departamentos de aquisição de mídia. A partir daí, você pode conseguir se candidatar à promoção interna.

FORMAÇÃO Um título de bacharel em qualquer área permitirá que você se candidate a programas de treinamento para graduados oferecidos por diversas agências. Esses programas o preparam para se tornar um executivo de contas de publicidade.

DIRETOR DE CONTAS
Supervisiona equipes de executivos de contas e, em geral, trabalha em projetos maiores e complexos, incluindo demandas maiores.

EXECUTIVO DE CONTAS DE PUBLICIDADE
Conforme você ascende profissionalmente, tem a chance de trabalhar para tipos distintos de clientes. Os gerentes tendem a trabalhar para clientes em um setor específico, como alimentos ou serviços financeiros. Após ganhar experiência, você pode se tornar diretor de contas ou trabalhar como autônomo.

HABILIDADES REQUERIDAS

Habilidades de comunicação escrita e verbal eficazes ajudam a ajustar as campanhas para atender às necessidades do cliente.

Capacidade de liderar, inspirar e motivar uma equipe de criação, produzindo campanhas de sucesso.

Habilidade organizacional significativa para gerenciar diversos projetos de propaganda complexos e variados simultaneamente.

Energia e motivação para ter êxito e capacidade de desenvolver essa postura entre os membros da equipe.

Conhecimento amplo das tendências de mercado, da mídia atual e dos negócios e concorrentes do cliente.

DIRETOR DE GRUPO DE CONTAS Supervisiona diversas contas e uma grande equipe. Pode até supervisionar filiais de uma agência em todo o mundo.

EXECUTIVO DE CONTAS DE PUBLICIDADE AUTÔNOMO Escolhe trabalhar como consultor de propaganda ou criar uma nova agência de publicidade.

As habilidades requeridas de um executivo de contas de publicidade estão mudando, adaptando-se à tecnologia digital.

▼ ATIVIDADES RELACIONADAS

▶ **CORRETOR DE IMÓVEIS** *ver pp. 66-67*

▶ **EXECUTIVO DE MARKETING** *ver pp. 68-69*

▶ **RELAÇÕES-PÚBLICAS** *ver pp. 74-75*

▶ **DIRETOR DE ARTE DE PUBLICIDADE** Cria ideias visuais para transmitir uma mensagem clara em campanhas publicitárias. Trabalha com um redator de publicidade, que escreve textos para o público-alvo.

▶ **COMPRADOR DE ESPAÇO PUBLICITÁRIO** Negocia, em nome dos clientes, a compra de espaço publicitário em mídia impressa, outdoors, televisão, rádio e mídia digital, visando atingir o público-alvo com o menor custo possível.

▶ **EXECUTIVO DE PROMOÇÃO DE VENDAS** Organiza campanhas promocionais de marketing para estimular a compra de produtos e serviços.

RESUMO

INTERESSES Mídia • Mídia social • Atualidades • Comunicação • Administração de empresas • Arte • Design

QUALIFICAÇÕES NECESSÁRIAS Em geral, ter um título de bacharel é obrigatório. Mestrado em negócios ou marketing pode ajudar a garantir um emprego.

ESTILO DE VIDA Em geral, o horário de expediente é convencional, mas a maioria dos executivos de contas pode ter de fazer horas extras para concluir um projeto.

LOCAL Você trabalha em escritório, mas pode precisar viajar para se reunir com clientes e coletar dados de pesquisa de mercado, ou viajar para o exterior em caso de campanhas internacionais.

REALIDADE É um trabalho proeminente e de muita responsabilidade. Às vezes, pode ser estressante, mas possuir uma grande experiência gera recompensas financeiras.

RELAÇÕES-PÚBLICAS

DESCRIÇÃO DO TRABALHO

As organizações contratam os relações-públicas para gerenciar e melhorar sua reputação. Eles criam campanhas para promover a visibilidade de uma empresa e de seus produtos e/ou serviços, e também podem trabalhar em uma instituição para aumentar internamente a visibilidade de projetos, programas e iniciativas da empresa.

RENDA
Assistente de publicidade ★★★★★
Diretor de contas ★★★★★

PERFIL DO SETOR
Mercado bastante competitivo • Maioria dos empregos em grandes empresas • Maior parte situada em grandes cidades • Oportunidades globais • Trabalho autônomo possível

PLANO DE CARREIRA

Os relações-públicas podem trabalhar em organizações, comunicando-se tanto com os funcionários como com o público mais amplo, ou em agências contratadas pelos clientes corporativos. Também precisam desenvolver relacionamentos eficazes com contatos da mídia.

▼ ATIVIDADES RELACIONADAS

▶ **EXECUTIVO DE MARKETING** ver pp. 68-69

▶ **EXECUTIVO DE CONTAS DE PUBLICIDADE** ver pp. 72-73

▶ **GESTOR DE EVENTOS** ver pp. 88-89

▶ **ARRECADADOR DE FUNDOS** ver pp. 90-91

▶ **REDATOR DE PUBLICIDADE** Produz textos para materiais de propaganda. Também atua em conjunto com clientes, designers e o restante da equipe de criação para discutirem sobre o conteúdo e o estilo da campanha.

ESTAGIÁRIO Logo depois do ensino médio, você pode conseguir um cargo administrativo no departamento de relações públicas de uma grande organização ou em uma agência de relações públicas.

FORMAÇÃO Você pode estudar relações públicas na faculdade, mas a maioria dos empregadores prefere candidatos com diplomas em cursos como letras, comunicação, jornalismo ou marketing.

RELAÇÕES-PÚBLICAS Como relações-públicas, você pode estudar em busca de títulos profissionais superiores, a fim de progredir para cargos seniores.

RESUMO

 INTERESSES Mídia • Marketing e comunicações • Mídia social • Estudos empresariais • Propaganda • Tendências atuais

 QUALIFICAÇÕES NECESSÁRIAS Não há requisitos predeterminados, mas diversos empregadores esperam um diploma em curso pertinente, como comunicação.

 ESTILO DE VIDA O expediente é convencional, mas haverá lançamentos e eventos à noite e aos finais de semana.

 LOCAL Em escritório, mas o modo híbrido de trabalho tem se tornado comum. Viagens para encontrar clientes e participar de eventos promocionais podem exigir períodos longe de casa.

 REALIDADE Você deve ser flexível, pois terá de participar de eventos em diversos horários. Lidar com pessoas e situações difíceis é grande parte do trabalho.

> No governo, esses especialistas são conhecidos como "porta-voz".

HABILIDADES REQUERIDAS

 Habilidades de escrita e verbais eficazes quando o trabalho envolve produzir campanhas originais e memoráveis.

 Capacidade de captar rapidamente as necessidades do cliente e cuidar de diversas campanhas de relações públicas simultaneamente. Entendimento claro dos interesses, objetivos e requisitos do cliente e do público-alvo.

 Habilidade organizacional e de planejamento significativa para gerenciar projetos complexos e diversificados.

 Conhecimento de eventos globais e tendências atuais de negócios, para ajudar a criar estratégias de relações públicas eficazes.

 **GERENTE DE CONTAS** Gerencia uma equipe pequena e, em uma agência de relações públicas, fornece o ponto principal de contato com um cliente específico.

 **DIRETOR DE CONTAS** Atua junto a gerentes executivos para desenvolver e fornecer campanhas eficazes, sendo muitas vezes responsável pela gestão de uma grande equipe de relações públicas.

 GERENTE DE COMUNICAÇÃO Lidera uma equipe em uma empresa para apresentar notícias e mensagens empresariais consistentes a todos os funcionários.

 **GERENTE DE COMUNICAÇÃO DIGITAL** Lida com a gestão e a promoção de organizações por meio de diversos canais, como mídia digital, on-line e social.

 CHEFE DE COMUNICAÇÃO Desenvolve estratégia e visão criativa geral em relação a projetos complexos, inovadores e ostensivos.

ADMINISTRAÇÃO E GESTÃO EMPRESARIAL

Capacidade organizacional e de tomada de decisão são aspectos fundamentais de administração e gestão empresarial. São diversos os setores de emprego nessa área, e você precisará de muitas habilidades – de solução de problemas a competência em liderança – para se destacar.

GERENTE DE ATENDIMENTO AO CLIENTE
Página 78

Representante de uma empresa ou organização, o gerente de atendimento ao cliente trabalha para assegurar a satisfação dos clientes com os produtos e serviços fornecidos.

GERENTE DE RECURSOS HUMANOS
Página 80

As pessoas são o ativo mais valioso de qualquer organização. Os gerentes de recursos humanos recrutam e treinam os funcionários e lidam com questões de pessoal, como políticas de oportunidades iguais.

GERENTE DE PROJETOS
Página 82

Trabalhando praticamente em todas as atividades e todos os setores, os gerentes de projetos asseguram que os projetos estejam bem organizados, sejam administrados sem percalços e fiquem dentro do orçamento.

CONSULTOR GERENCIAL
Página 84

Contratado pelas empresas para identificar problemas e recomendar soluções, o consultor gerencial é um especialista habilitado a lidar com o cerne das questões principais.

ASSISTENTE PESSOAL
Página 86

Os executivos muito atarefados recorrem a assistentes pessoais para organizar suas agendas, lidar com a correspondência e supervisionar a equipe administrativa.

GESTOR DE EVENTOS
Página 88

Eventos privados, beneficentes e públicos requerem planejamento cuidadoso, independentemente da escala. Os gestores de eventos os administram, assegurando que todos os aspectos se desenvolvam sem percalços.

ARRECADADOR DE FUNDOS
Página 90

A arrecadação de fundos é fundamental para o funcionamento de toda instituição beneficente, e os arrecadadores de fundos devem desenvolver abordagens estimulantes e inovadoras para obter doações.

TRADUTOR
Página 92

Valendo-se de suas habilidades linguísticas e do entendimento de outras culturas e tradições, os tradutores convertem material escrito ou de áudio de uma língua em outra.

ADMINISTRAÇÃO E GESTÃO EMPRESARIAL

GERENTE DE ATENDIMENTO AO CLIENTE

DESCRIÇÃO DO TRABALHO

A experiência de comprar produtos ou utilizar serviços é melhorada por meio de um apoio eficaz ao cliente. Os gerentes de atendimento trabalham para assegurar a satisfação desses clientes. Com uma equipe exclusiva, eles lidam com as dúvidas dos clientes, oferecem informações sobre produtos e solucionam reclamações. Os gerentes executivos ajudam a desenvolver as políticas e os procedimentos da empresa.

RENDA

Assist. de atendimento ao cliente ★★★★★
Ger. de atendimento ao cliente ★★★★★

PERFIL DO SETOR

Oportunidades em muitas organizações • Mais empregos no varejo on-line • Habilidades de atendimento ao cliente em grande demanda • Trabalho orientado por metas

PLANO DE CARREIRA

A maioria das pessoas começa suas carreiras como assistentes de atendimento ao cliente, aprendendo a lidar diretamente com os clientes no trabalho. Com a experiência, podem progredir para cargos de supervisão e, depois, de gerência. Os gerentes de atendimento ao cliente são contratados por empresas varejistas, de telecomunicações e de serviços financeiros, entre outras, e também para funções governamentais.

ASSISTENTE Você pode começar sua carreira como assistente sem uma formação superior. Os empregadores fornecerão treinamento sobre produtos e serviços, e também sobre procedimentos e protocolos de atendimento ao cliente.

FORMAÇÃO Se você tem um diploma de graduação nas áreas de negócios ou administração, pode começar como trainee de gerente de atendimento ao cliente em uma grande empresa.

GERENTE SÊNIOR DE ATENDIMENTO AO CLIENTE Desenvolve políticas, procedimentos e programas de treinamento de pessoal para melhorar os padrões do atendimento ao cliente em toda a empresa.

GERENTE DE ATENDIMENTO AO CLIENTE A experiência é decisiva se você quiser ascender profissionalmente. Nas empresas maiores, você pode progredir para uma das diversas especializações ou ser promovido para um cargo sênior.

HABILIDADES REQUERIDAS

 Habilidades comunicativas e motivacionais são necessárias para lidar com clientes e colegas.

 Habilidade de trabalhar em equipe, atuando de perto com agentes de atendimento ao cliente para que tudo transcorra com fluidez.

 Capacidade de liderar e inspirar a equipe para que ela possa alcançar seu potencial e representar bem a empresa.

 Entendimento genuíno e empatia para solucionar uma série de dúvidas e problemas do cliente.

 Habilidade organizacional significativa e capacidade de gerenciar a equipe e lidar com grandes dúvidas dos clientes.

 Habilidade na solução de problemas, pois o trabalho depende de respostas eficazes para diversas reclamações dos clientes.

ASSESSOR DE ATENDIMENTO AO CLIENTE Treina e desenvolve equipes para as funções relativas ao atendimento ao cliente. Os assessores utilizam técnicas de treinamento para assegurar que os clientes alcancem os padrões de trabalho requeridos.

GERENTE DE NEGÓCIOS Influencia as decisões estratégicas de negócios com base na satisfação do cliente a fim de aumentar as vendas. Trabalha como integrante da gerência executiva.

RESUMO

 INTERESSES Estudos empresariais • Administração • Varejo • Preocupação com o cliente • Tecnologia da informação • Psicologia • Comunicação

 QUALIFICAÇÕES NECESSÁRIAS Um diploma de graduação é necessário para conseguir um emprego.

 ESTILO DE VIDA Os gerentes de atendimento ao cliente trabalham em horário de expediente convencional. Às vezes, o trabalho em turnos é necessário para cobrir noites e finais de semana.

 LOCAL A função combina bem com o modo híbrido de trabalho, sendo possível alternar entre escritórios ou call centers e a casa do funcionário.

 REALIDADE O setor é orientado pelo cumprimento de metas de qualidade. Embora lidar com clientes irritados possa ser frustrante, é gratificante solucionar seus problemas.

▼ ATIVIDADES RELACIONADAS

▶ **GERENTE DE RECURSOS HUMANOS** ver pp. 80-81

▶ **GERENTE DE HOTEL** ver pp. 304-305

▶ **GERENTE DE CALL CENTER** Supervisiona a administração diária de um call center em que os operadores respondem às dúvidas do cliente por telefone, e-mail ou chat on-line. Organiza a equipe, explica seus deveres e fixa suas metas.

▶ **GERENTE ADMINISTRATIVO** Organiza e supervisiona tarefas administrativas e de TI, assegurando o funcionamento sem percalços de um escritório.

▶ **GERENTE DE VAREJO** Gerencia lojas e coordena a equipe de funcionários. Possui habilidades comerciais significativas e utiliza expositores e métodos de precificação para maximizar o faturamento.

GERENTE DE RECURSOS HUMANOS

DESCRIÇÃO DO TRABALHO

Os profissionais de recursos humanos (RH) lidam com a força de trabalho. Nas organizações, são responsáveis pela contratação de novos funcionários, assegurando a manutenção dos padrões e procedimentos da empresa. Também representam o quadro de pessoal, negociando benefícios e oferecendo novas oportunidades de treinamento e desenvolvimento.

RENDA
Assistente de RH ★★★★★
Gerente de RH ★★★★★

PERFIL DO SETOR
Setor competitivo, mas em expansão • Empregos nos próprios departamentos de RH das empresas e também em agências externas de RH • Setor muito sensível aos movimentos da economia

RESUMO

INTERESSES Gestão de projetos • Legislação trabalhista • Marketing e comunicação • Psicologia

QUALIFICAÇÕES NECESSÁRIAS Formação em administração, psicologia, gestão, direito ou similar é desejável. Algumas empresas contratam trainees em nível júnior.

ESTILO DE VIDA Expediente convencional. Como representantes de uma organização, os gerentes de RH devem demonstrar profissionalismo e manter uma boa apresentação pessoal.

LOCAL Geralmente em escritório, mas há cada vez mais oportunidades para trabalho híbrido. Viagens são possíveis, pois a empresa pode ter filiais em diferentes locais.

REALIDADE Lidar com pessoas não é fácil. Você deve ser resiliente e mostrar sensibilidade ao lidar com problemas profissionais e, às vezes, pessoais.

▼ ATIVIDADES RELACIONADAS

▶ **CONSULTOR GERENCIAL** ver pp. 84-85

▶ **MÉDICO DO TRABALHO** Fornece apoio de saúde aos funcionários durante a jornada de trabalho. Tratando os funcionários que adoecem no trabalho, também mantém prontuários médicos detalhados de toda a equipe.

▶ **PROFISSIONAL DE DESENVOLVIMENTO E DESIGN ORGANIZACIONAL** Otimiza estratégias e o desempenho de negócios usando ciência comportamental, sistemas, estruturas, cultura e valores para guiar o avanço de uma organização.

▶ **PROFISSIONAL DE RECRUTAMENTO E SELEÇÃO** Encontra e ajuda a recrutar e selecionar candidatos adequados para uma vaga. Realiza investigações necessárias do passado dos possíveis candidatos.

PLANO DE CARREIRA

Existem cursos de gestão em recursos humanos, e muitos profissionais de psicologia atuam na área. O trabalho de um gerente de RH pode variar dependendo do tamanho da empresa; nas empresas maiores, você pode se especializar em uma área, como recrutamento.

GENERALISTA DE RH Ingressando na empresa como generalista, você tem uma função ampla e visão geral das atividades pertinentes.

FORMAÇÃO Muitos profissionais de RH começam como trainees. Formação em administração, psicologia e direito é bastante útil.

HABILIDADES REQUERIDAS

 Habilidade de comunicação eficaz para interagir e negociar de maneira efetiva com colegas.

 Habilidade de liderança e visão para implantar diretrizes difíceis e medir o impacto das decisões.

 Sensibilidade para avaliar distintos pontos de vista e empatia em relação a problemas dos funcionários no trabalho.

Habilidade na solução de problemas, para tornar os funcionários produtivos e deixá-los confortáveis no trabalho.

 Atenção aos detalhes nas atividades de RH, como iniciativas de recrutamento e administração da folha de pagamentos.

GERENTE DE RH Embora a gestão de RH seja um cargo comum na maioria das empresas, com experiência, você pode ser promovido para cargos seniores ou de caráter mais estratégico.

GERENTE DE TREINAMENTO E DESENVOLVIMENTO Identifica as necessidades de introdução e treinamento de funcionários e faz parte da equipe de mentoria e orientação a funcionários, de recém-admitidos até a gerência.

DIRETOR DE RH Desempenha o papel principal na modelagem e condução das políticas de RH, incluindo recrutamento e treinamento.

CONSULTOR DE RH Fornece conhecimento de RH para empresas clientes, independentemente ou mediante empresas em que presta consultoria.

HEAD HUNTER O "caçador de talentos" seleciona os melhores profissionais do mercado em áreas executivas, atuando como um mediador entre a empresa interessada e o profissional.

GERENTE DE PROJETOS

DESCRIÇÃO DO TRABALHO

Os gerentes de projetos trabalham em diversos setores, assegurando que os projetos sejam concluídos no prazo e dentro do orçamento. Precisam explorar habilidades organizacionais e interpessoais para acordar os objetivos com o cliente, delinear um plano, identificar riscos e reunir uma equipe de consultores e especialistas para a realização do trabalho. Em seguida, acompanham o progresso do projeto até os objetivos terem sido alcançados.

RENDA
Gerente de projetos ★★★★★
Gerente executivo de projetos ★★★★★

PERFIL DO SETOR
Bons salários • Oportunidades nos setores público e privado • Papel fundamental em diversos setores • O tamanho e a quantidade de projetos estão crescendo rapidamente

▼ ATIVIDADES RELACIONADAS

▶ **GERENTE DE RECURSOS HUMANOS** *ver pp. 80-81*

▶ **CONSULTOR GERENCIAL** *ver pp. 84-85*

▶ **GESTOR DE EVENTOS** *ver pp. 88-89*

▶ **MESTRE DE OBRAS** *ver pp. 204-205*

▶ **GERENTE DE PROGRAMAS** Gerencia vários projetos ao mesmo tempo. Usa uma abordagem estruturada para mobilizar pessoas e recursos da maneira mais eficiente para atingir as metas de projeto.

Em 2018, o número de profissionais que receberam a certificação em gerenciamento de projetos chegou a 750 mil no mundo todo.

RESUMO

INTERESSES Estudos empresariais • Economia • Administração • Contabilidade • Tecnologia da informação • Matemática • Psicologia

QUALIFICAÇÕES NECESSÁRIAS Um diploma em gerenciamento de projetos, administração de empresas ou em um curso diretamente relacionado ao setor.

ESTILO DE VIDA Em geral, os gerentes de projetos trabalham em períodos mais longos que a equipe a fim de assegurar o cumprimento de metas e prazos do projeto.

LOCAL O trabalho híbrido é muito comum em cargos de gerenciamento de projetos. Viagens nacionais e internacionais podem ser necessárias.

REALIDADE O trabalho pode envolver mudança de local, colegas e clientes para cada novo projeto. A inatividade durante a espera por um novo projeto pode ser frustrante.

PLANO DE CARREIRA

A maioria dos gerentes de projetos possui um diploma relacionado ao setor em que trabalham ou um certificado em administração de empresas. Em geral, especializam-se em gerenciar projetos de um setor, como tecnologia da informação ou construção civil.

ASSISTENTE Essa função permite que você aprenda a respeito do trabalho, dando apoio aos gerentes de projetos.

FORMAÇÃO Título de bacharel e graduação em gerenciamento de projetos são o melhor caminho para sua carreira.

HABILIDADES REQUERIDAS

Habilidades escrita e verbal eficazes para instruir equipes e elaborar relatórios de progresso.

Capacidade de coordenar, liderar e monitorar uma equipe diversificada, com habilidades e especialidades distintas.

Habilidades numérica e estatística significativas para planejamento de orçamentos e gestão de contas.

Habilidade em informática proficiente para uso de softwares de planejamento e monitoramento de projetos.

Habilidade significativa em solução de problemas para encontrar respostas eficazes e em tempo hábil.

GERENTE DE PROJETOS Após ganhar experiência na supervisão e no gerenciamento de projetos, você pode se especializar em um dos diversos setores. Também pode procurar patrocínio de seu empregador para estudar para a certificação em gerenciamento de projetos.

GERENTE DE PROJETOS DE OBRAS Supervisiona a entrega bem-sucedida de projetos de construção civil, como novas moradias, rodovias, aeroportos ou centros comerciais.

GERENTE DE PROJETOS DE CONSERVAÇÃO Planeja, supervisiona e entrega projetos como programas de reprodução em cativeiro ou de proteção de hábitat para órgãos de conservação ou agências ambientais.

GERENTE DE PROJETOS CULTURAIS Supervisiona e entrega empreendimentos relacionados às artes, como projetos de arte comunitária, instalações, exposições e projetos de educação artística.

GERENTE DE PROJETOS DE TI Coordena projetos de TI, como instalação e atualização de sistemas informatizados, redes, hardware e software para empresas e organizações novas ou existentes.

GERENTE DE PROJETOS DE ENGENHARIA Gerencia projetos de engenharia como construção de ferrovias, pontes, centrais elétricas, sistemas de telecomunicações e redes de energia.

CONSULTOR GERENCIAL

DESCRIÇÃO DO TRABALHO

Os consultores gerenciais fazem pesquisas e recomendações às empresas, ajudando-as a crescer e aumentar seus lucros. As grandes consultorias prestam assessoria em todas as áreas empresariais, incluindo gestão da cadeia de suprimentos, finanças, recursos humanos e tecnologia da informação, enquanto as menores podem se especializar em uma área específica.

RENDA
Consultor iniciante ★★★★★
Consultor renomado ★★★★★

PERFIL DO SETOR
As maiores consultorias empregam milhares de funcionários e têm escritórios em todo o mundo • Alguns clientes mantêm consultores para projetos de longo prazo

RESUMO

INTERESSES Ciência da administração • Estudos empresariais • Marketing • Matemática • Estatística • Ciência política

QUALIFICAÇÕES NECESSÁRIAS Um diploma é obrigatório. A maioria dos empregadores espera um título de graduação ou experiência que seja pertinente à sua área de atividade.

ESTILO DE VIDA Jornadas de trabalho longas e viagens frequentes são comuns. Os consultores gerenciais podem ter de passar longos períodos longe de casa.

LOCAL Em geral no escritório, mas muitas pessoas adotam um modelo híbrido de trabalho. Podem ser necessárias visitas nacionais e internacionais a clientes.

REALIDADE As recompensas financeiras são altas, mas os consultores gerenciais precisam trabalhar duro e podem ter de lidar com clientes exigentes.

PLANO DE CARREIRA

As empresas de consultoria gerencial oferecem estágios e programas de treinamento para graduandos e graduados com alto desempenho. Após um período de treinamento, os consultores gerenciais costumam se especializar em uma área, como reformulação de empresas, análise de concorrentes do cliente ou estratégias de vendas.

PROFISSIONAL DE NEGÓCIOS Suas chances de se tornar um consultor gerencial serão maiores se você tiver uma experiência de trabalho sólida ou um treinamento formal em uma área como direito, finanças, contabilidade ou TI.

FORMAÇÃO Com um curso superior, você pode ingressar em uma consultoria como trainee. A concorrência por vagas é intensa, mas, para os graduados ambiciosos, as consultorias oferecem o melhor caminho para a profissão.

▼ ATIVIDADES RELACIONADAS

▶ **GERENTE DE RECURSOS HUMANOS** *ver pp. 80-81*

▶ **CONTADOR** *ver pp. 102-103*

▶ **ECONOMISTA** *ver pp. 108-109*

▶ **EXECUTIVO DE EMPRESA** Responsável por dirigir uma empresa, definindo suas políticas e metas e assegurando que os gerentes trabalhem com esses objetivos. A maioria dos executivos se especializa em uma área de atividade empresarial, como finanças ou recursos humanos.

▶ **CIENTISTA DE DADOS** Adquire, gerencia e utiliza informações armazenadas eletronicamente – como bancos de dados on-line – para uso comercial, público ou filantrópico.

HABILIDADES REQUERIDAS

 Habilidade de comunicação eficaz para trabalhar com executivos e gerentes executivos.

 Liderança e autoridade para implantar mudanças em uma empresa ou organização.

 Capacidade de entender e interpretar dados numéricos complexos e relatórios financeiros.

 Habilidade matemática avançada para coletar e processar dados, fazendo projeções financeiras.

 Entendimento completo de processos empresariais, impostos e do impacto das decisões comerciais.

 Sensibilidade para os detalhes, analisando dados e outras informações relacionadas à empresa com precisão.

CONSULTOR FINANCEIRO Revisa os sistemas financeiros da empresa e avalia seus planos de negócios a fim de ajudá-la a identificar maneiras de obter dinheiro para crescer. Em geral, os consultores financeiros provêm da área de contabilidade.

CONSULTOR GERENCIAL Nessa função, você examina os métodos e as estratégias de trabalho da empresa de um cliente, aplicando seu próprio conhecimento especializado para ajudar a solucionar diversos problemas empresariais.

CONSULTOR DE ESTRATÉGIA Analisa uma empresa e oferece recomendações a respeito de problemas como a maneira de melhorar o valor de suas ações ou diversificar suas atividades. Trabalha junto à diretoria.

CONSULTOR DE OPERAÇÕES Concentra-se em ajudar uma empresa a melhorar sua produtividade, analisando o fluxo de trabalho em sua cadeia de suprimentos e considerando suas estruturas e políticas.

ASSISTENTE PESSOAL

DESCRIÇÃO DO TRABALHO

Assistentes pessoais apoiam os executivos e os gerentes executivos em seus trabalhos diários. Marcam reuniões para seus empregadores, gerenciam suas correspondências, organizam seus requisitos de viagens e arquivam documentos. Assistentes pessoais experientes podem até representar seus empregadores em reuniões.

RENDA
Assistente pessoal júnior ★★★★★
Assistente pessoal executivo ★★★★★

PERFIL DO SETOR
Grande demanda por candidatos com habilidades em informática e línguas
• Assistentes pessoais são requeridos em todos os setores empresariais

PLANO DE CARREIRA

A função pode variar muito dependendo do empregador. Assistentes pessoais mais graduados ganham bons salários e possuem um entendimento detalhado dos negócios de seu empregador. Com o tempo, podem se transferir para cargos administrativos.

ASSISTENTE Você pode começar sua carreira como assistente administrativo após a conclusão do ensino médio. Entre as tarefas que você terá de realizar incluem-se conservar registros, manter bancos de dados e responder a dúvidas rotineiras de colegas, clientes e fornecedores.

FORMAÇÃO Com um diploma e boas habilidades administrativas, você poderá encontrar um emprego como assistente pessoal de um alto executivo. Proficiência em línguas e conhecimento do setor da empresa são vantagens na maioria dos cargos.

RECEPCIONISTA Recepcionistas muito experientes e qualificados podem ser capazes de se transferir para cargos superiores dentro da administração de uma empresa.

ASSISTENTE PESSOAL Com experiência, você desenvolverá conhecimento do ramo em que trabalha, podendo se transferir para cargos mais seniores, como gestão de recursos humanos ou de escritório.

HABILIDADES REQUERIDAS

Habilidade de comunicação eficaz para negociar com outras pessoas, redigindo relatórios e lidando com consultas.

Habilidade interpessoal adequada para lidar com pessoas em todos os níveis de um escritório ou organização.

Capacidade de permanecer calmo sob pressão, priorizar o trabalho e cuidar de diversas tarefas, se necessário.

Conhecimento profundo de softwares padrão de escritório e métodos de pesquisa na internet.

Entendimento significativo de negócios, escrituração contábil e técnicas de administração.

ASSISTENTE PESSOAL DE MÉDICO Trabalha com médicos graduados, para gerenciar listas de pacientes, arranjar consultas e assegurar tratamento apropriado aos pacientes. O trabalho requer conhecimento amplo da terminologia médica.

ASSISTENTE PESSOAL VIRTUAL Opera um modelo híbrido de trabalho e fornece apoio administrativo para um ou mais clientes empresariais, via e-mail, videoconferência e telefone.

ASSISTENTE PESSOAL DE EXECUTIVO Combina a função de assistente pessoal geral com a organização da agenda pessoal e social do empregador. Geralmente trabalha para executivos abastados e de alto nível.

RESUMO

INTERESSES Informática • Administração • Idiomas • Leitura • Escrita • Estudos empresariais • Direito • Matemática • Viagens

QUALIFICAÇÕES NECESSÁRIAS Assistentes pessoais podem encontrar trabalho depois de concluir o ensino médio, mas algumas empresas solicitam um diploma de curso superior.

ESTILO DE VIDA Horário de expediente convencional é a regra, mas prazos apertados ou outras demandas podem exigir horas extras. Uma aparência profissional é fundamental.

LOCAL Essa função funciona bem no modelo híbrido de trabalho e em reuniões on-line, mas assistentes pessoais podem precisar viajar com gerentes para visitar clientes.

REALIDADE Alguns gerentes podem ser bastante exigentes. Trabalhar muito próximo de uma pessoa diariamente pode ser difícil.

ATIVIDADES RELACIONADAS

▶ **GERENTE DE ATENDIMENTO AO CLIENTE** *ver pp. 78-79*

▶ **ESCRITURÁRIO** Mantém os registros completos das transações financeiras de uma empresa, como compras, faturas, salários e tributos pagos.

▶ **GERENTE ADMINISTRATIVO** Supervisiona a operação diária eficiente de um escritório. Isso inclui a coordenação da equipe administrativa, a organização do fornecimento de equipamentos e materiais de escritório e a manutenção de um ambiente de trabalho saudável.

▶ **ASSISTENTE JURÍDICO** Apoia advogados na realização de tarefas jurídicas administrativas ou rotineiras, permitindo-lhes se preparar para reuniões com clientes e comparecer em tribunais.

GESTOR DE EVENTOS

DESCRIÇÃO DO TRABALHO

Um gestor de eventos bem-sucedido tem grande habilidade com as pessoas e capacidade de executar múltiplas tarefas ao mesmo tempo. Ele é responsável por organizar e executar todos os tipos de eventos, de casamentos a conferências. A função envolve entender as necessidades do cliente antes de sugerir ideias, propor lugares, contratar fornecedores, negociar preços, contratar e gerenciar assistentes e promover o evento.

RENDA
Produtor de eventos ★★★★★
Gestor de eventos ★★★★★

PERFIL DO SETOR
Diversos pontos de entrada no setor • Profissão em rápido crescimento • Oportunidades globais • Proporção quase igual entre mulheres e homens no setor

RESUMO

INTERESSES Planejamento de eventos • Hospitalidade • Marketing • Trabalho com pessoas • Administração de empresas • Gestão • Direito

QUALIFICAÇÕES NECESSÁRIAS Um diploma em hospitalidade ou área similar está rapidamente se tornando um requisito, mas experiência de trabalho em uma empresa de eventos é aceitável.

ESTILO DE VIDA Você precisará frequentar eventos à noite e aos finais de semana. Gerenciar eventos é um negócio social, e você estará cercado por pessoas.

LOCAL O modelo híbrido de trabalho está crescendo no setor, especialmente durante a fase de planejamento. Pode ser necessário viajar para eventos, às vezes, internacionais.

REALIDADE É um trabalho de ritmo acelerado, em que o atraso não é aceitável. Dedica-se muito tempo a procurar locais de eventos, fornecedores e desenvolver uma rede de contatos.

PLANO DE CARREIRA

Um gestor de eventos pode trabalhar em diversos eventos sociais, empresariais ou comerciais, em uma área ou setor específico, ou se especializar em um tipo de evento para uma variedade de clientes. O progresso profissional depende de energia, da capacidade de desenvolver uma rede de contatos e também de educação formal.

ASSISTENTE Se você tiver uma atitude positiva, poderá conseguir um emprego como assistente ou estagiário em empresas de eventos após sair da escola ou durante a faculdade. Ao acumular experiências, pode progredir e alcançar o nível de gestor de eventos.

FORMAÇÃO Um diploma em hospitalidade, relações públicas ou marketing, com experiência relevante de trabalho na área, como um estágio, é o exemplo típico de um caminho para ingressar nessa carreira.

▼ ATIVIDADES RELACIONADAS

▶ **EXECUTIVO DE MARKETING** ver pp. 68-69

▶ **RELAÇÕES-PÚBLICAS** ver pp. 74-75

▶ **ARRECADADOR DE FUNDOS** ver pp. 90-91

▶ **GERENTE DE HOTEL** ver pp. 304-305

▶ **GERENTE DE FESTIVAIS** Organiza bandas e artistas, publicidade, alimentação, logística e todos os aspectos que envolvem a montagem de um festival de música.

▶ **GERENTE DE SERVIÇOS DE ALIMENTAÇÃO** Supervisiona a operação diária de restaurantes e outros estabelecimentos que servem refeições prontas.

▶ **GERENTE DE SERVIÇOS DE LAZER** Gerencia locais recreativos, como spas e academias.

HABILIDADES REQUERIDAS

 Habilidades de comunicação e negociação eficazes para atuar em conjunto com os clientes.

 Capacidade de coordenar e gerenciar equipes ao trabalhar em diversos projetos.

 Habilidade empresarial para gerenciar orçamentos potencialmente elevados, envolvidos em grandes eventos.

Habilidade organizacional significativa para realizar eventos, do conceito à conclusão.

 Habilidade de executar múltiplas tarefas, uma vez que é muito importante conciliar as diversas necessidades de um cliente.

ORGANIZADOR DE CASAMENTOS Organiza o casamento para os clientes, reservando espaços, contratando bufês, floristas e entretenimento.

ORGANIZADOR DE CONFERÊNCIAS Agenda palestrantes e reserva locais para trazer participantes para o evento.

ORGANIZADOR DE EXPOSIÇÕES Trabalha com empresas e organizações que expõem para o público ou em feiras comerciais e conferências. O organizador ajuda a projetar e produzir estandes de exposição, entregando-os e instalando-os no local.

GESTOR DE EVENTOS O profissional iniciante é responsável por tarefas como registro de visitantes e venda de espaço de exposição. Com experiência, você pode lidar com clientes maiores e negociar contratos com fornecedores.

PRODUTOR DE SHOWS MUSICAIS Organiza shows musicais ou outros eventos públicos, reservando locais, contratando artistas, divulgando o evento e vendendo ingressos para o público.

ADMINISTRAÇÃO E GESTÃO EMPRESARIAL

ARRECADADOR DE FUNDOS

DESCRIÇÃO DO TRABALHO

As instituições beneficentes dependem do apoio financeiro de pessoas, organizações e governos. Para aumentar essas doações, os arrecadadores de fundos organizam eventos ou reuniões, realizam campanhas de mala direta com doadores, promovem as instituições beneficentes pela mídia ou procuram obter patrocínios e doações de empresas e fundações.

RENDA

Arrecadador de fundos ★★★★★
Gerente de arrecadação de fundos ★★★★★

PERFIL DO SETOR

A demanda tende a aumentar com a queda de financiamento governamental • Oportunidades de emprego em todo o mundo • Os salários variam conforme o tamanho e a localização da instituição

PLANO DE CARREIRA

A expectativa de uma instituição beneficente é que você se comprometa com a causa promovida por ela. Algumas das maiores organizações fornecem treinamento em arrecadação de fundos e marketing. Com experiência, você pode conseguir se transferir para funções administrativas da instituição beneficente, ajudando a definir seus objetivos e determinar suas estratégias de arrecadação de fundos.

GERENTE DE VOLUNTÁRIOS Recruta, treina e gerencia voluntários para a realização de diversas tarefas em uma instituição beneficente ou em outras organizações de voluntários.

VOLUNTÁRIO Se você estiver interessado em se tornar um arrecadador de fundos, deverá procurar experiência como voluntário na instituição de seu interesse. Algumas instituições oferecem estágios não remunerados, o que pode ser uma boa maneira de criar contatos.

FORMAÇÃO A chance de ser contratado será maior se tiver um diploma em negócios ou marketing, ou em um curso relacionado às atividades da instituição, como estudos de desenvolvimento para uma organização de ajuda.

ARRECADADOR DE FUNDOS Você pode se especializar em uma área de fonte de receitas, como patrocínio corporativo, coletas de rua ou heranças, se trabalhar para uma instituição beneficente maior. Os arrecadadores de fundos em instituições menores combinam todas essas funções.

HABILIDADES REQUERIDAS

Habilidade de comunicação eficaz em todas as formas de mídia, da mídia social à televisão.

Capacidade de trabalhar em equipe em diversas tarefas, da realização de chamadas telefônicas ao manejo de mala direta.

Habilidade interpessoal adequada e capacidade de gerenciar respostas negativas de maneira apropriada.

Habilidade organizacional para treinar e coordenar o trabalho de voluntários.

Motivação e comprometimento para conduzir um projeto de arrecadação de fundos com recursos limitados.

Conhecimento financeiro e tino comercial para trabalhar com doadores empresariais.

ESPECIALISTA EM DOAÇÃO PLANEJADA Convence e estimula os apoiadores de uma instituição beneficente a doar parte de sua riqueza em seus testamentos. As heranças são uma fonte importante de receita para a maioria das instituições beneficentes.

ASSESSOR Instituições beneficentes podem ter assessores que as representem em reuniões com políticos ou representantes do governo para incentivá-los a aumentar o financiamento da organização.

RESUMO

INTERESSES Arrecadação de fundos • Planejamento • Psicologia • Sociologia • Política • Jornalismo • Estudos empresariais • Economia

QUALIFICAÇÕES NECESSÁRIAS Um diploma pertinente é útil, mas trabalho duro e comprometimento com as causas da instituição podem ser suficientes para encontrar um emprego.

ESTILO DE VIDA Os empregos podem ser de tempo parcial ou integral. É comum o trabalho noturno e aos finais de semana, em funções que envolvem a organização de eventos com o público.

LOCAL A maior parte do trabalho é realizada em escritório, mas os arrecadadores de fundos podem ter de visitar possíveis doadores, frequentar eventos ou organizar coletas de rua.

REALIDADE A concorrência por empregos é intensa no início da carreira, mas os arrecadadores de fundos experientes podem conseguir altos salários.

▼ ATIVIDADES RELACIONADAS

▶ **EXECUTIVO DE MARKETING** ver pp. 68-69

▶ **GESTOR DE EVENTOS** ver pp. 88-89

▶ **TRABALHADOR DE AJUDA HUMANITÁRIA** Viaja para países afetados por calamidade, guerra ou pobreza e ajuda as pessoas locais.

Em 2022, 84% dos brasileiros realizaram alguma doação. A principal causa contemplada é a infantil.

ADMINISTRAÇÃO E GESTÃO EMPRESARIAL

TRADUTOR

DESCRIÇÃO DO TRABALHO

Tradutores convertem palavras de uma língua em outra, assegurando que o significado original seja mantido. São fluentes em mais de um idioma e possuem habilidades escritas e verbais bastante desenvolvidas. Frequentemente, têm entendimento suficiente das culturas dos países associados com as línguas que estão traduzindo.

RENDA
Tradutor iniciante ★★★★★
Tradutor experiente ★★★★★

PERFIL DO SETOR
O trabalho autônomo é comum • Maioria de empregos de tempo integral está no governo • Demanda crescente por tradução de chinês, russo, árabe e línguas europeias de minorias

HABILIDADES REQUERIDAS

- Habilidades de comunicação escrita e verbal eficazes para traduzir com clareza para os clientes.
- Fluência em diversas línguas para traduzir de maneira eficiente, precisa e fácil.
- Entendimento significativo de valores culturais distintos e também de como as pessoas se comunicam em diversas regiões.
- Perseverança para lidar com projetos complexos, técnicos e extensos, e ainda assim cumprir prazos.
- Atenção aos detalhes e capacidade de entender e transmitir o significado correto das palavras.

RESUMO

INTERESSES Idiomas • Literatura • Ciências • Escrita e discurso • Direito • Estudos empresariais • Política • Viagens e cultura

QUALIFICAÇÕES NECESSÁRIAS A maioria dos empregadores requer um título de bacharel em línguas; alguns exigem qualificação de pós-graduação. A experiência é importante.

ESTILO DE VIDA A maior parte do trabalho é realizada em computadores e baseada em prazos, o que significa que você pode precisar trabalhar longas jornadas para concluir um projeto.

LOCAL O modelo híbrido de trabalho é muito comum, e muitos autônomos trabalham em casa. Reuniões por videoconferência ocorrem com frequência para minimizar deslocamentos.

REALIDADE Os empregos podem não ser regulares; o trabalho autônomo é comum neste setor. A remuneração varia de acordo com a língua e a extensão do projeto.

ATIVIDADES RELACIONADAS

▶ **SECRETÁRIO BILÍNGUE** Utiliza o conhecimento de uma ou mais línguas estrangeiras para traduzir correspondências comerciais e materiais de pesquisa, além de estabelecer contato com clientes do exterior, pessoalmente ou por telefone. Nessa função, habilidades administrativas também são fundamentais.

▶ **REPRESENTANTE TURÍSTICO** Cuida de grupos de turistas em férias em resorts internacionais. A proficiência na língua local e nas línguas dos clientes é bastante desejável.

▶ **REDATOR TÉCNICO** Redige manuais de usuário, guias técnicos e blogs para uma vasta gama de setores e produtos. São bastante qualificados em apresentar informação técnica de maneira compreensível ao usuário.

Entre as áreas de crescimento estão a criação de legendas para jogos eletrônicos e tradução de sites.

PLANO DE CARREIRA

A área de tradução requer formação superior, uma pós-graduação em tradução pode melhorar muito suas oportunidades de emprego. Fluência em duas ou mais línguas é um requisito básico e o conhecimento de um setor específico, como negócios, finanças ou tecnologia, representa uma vantagem.

TRADUTOR Depois de qualificado como tradutor, você pode optar por diversos caminhos. Pode se especializar em textos específicos. Os tradutores experientes podem transitar em diversas áreas distintas.

FORMAÇÃO Para conseguir trabalho nesse setor, você pode precisar de um diploma em línguas modernas e, de preferência, uma qualificação de pós-graduação em tradução. Realizar testes de proficiência em línguas é outra maneira de conseguir aumentar sua credibilidade como tradutor.

TRADUTOR JURAMENTADO Também conhecido como tradutor público, trabalha com documentos oficiais que precisam ser traduzidos preservando a sua validade jurídica (por exemplo, diplomas e certidões).

INTÉRPRETE Costuma trabalhar em eventos, convertendo a palavra falada de uma língua em outra. Uma voz clara e potente é fundamental.

GERENTE DE ESCRITÓRIO DE TRADUÇÃO Cria uma empresa independente e emprega autônomos para prestar serviços de tradução para clientes nos setores público e privado.

TRADUTOR FREELANCER Atua em agências ou encontra trabalhos de tradução por meio de contatos pessoais. Pode trabalhar com legendagem de vídeo ou dublagem para que programas de TV ou filmes alcancem uma audiência maior.

FINANÇAS, DIREITO E POLÍTICA

Nesta área, as carreiras requerem intelecto poderoso, capacidade de processar e reter grande quantidade de informações, aptidão numérica e entendimento completo de questões legais e empresariais. As habilidades para lidar com pessoas também são fundamentais, pois estas carreiras envolvem o trabalho com outros profissionais e o público.

GERENTE DE BANCO
Página 96

Trabalhando em bancos comerciais, esses gerentes supervisionam o fornecimento de diversos serviços financeiros para clientes individuais ou empresariais.

TRADER
Página 98

Vendendo e comprando investimentos, como títulos e ações, os traders utilizam seu conhecimento de mercados financeiros para auferir lucros para seus clientes.

ANALISTA DE INVESTIMENTOS
Página 100

Pesquisando dados financeiros e tendências econômicas e políticas, os analistas de investimentos assessoram bancos, investidores e gestores de fundos a respeito das melhores maneiras de gerar rendimentos.

CONTADOR
Página 102

A contabilidade financeira é fundamental para negócios de todo tipo. Os contadores são analistas qualificados, que coletam e examinam dados financeiros complexos.

ATUÁRIO
Página 104

Com conhecimento profundo de estatística e economia, os atuários são matemáticos qualificados, que oferecem recomendações de risco para organizações, ajudando-as a planejar e tomar decisões.

ASSESSOR FINANCEIRO
Página 106

O crescimento do setor de serviços financeiros gerou uma grande variedade de produtos de poupança e investimento. Os assessores financeiros ajudam seus clientes a fazer as escolhas financeiras corretas.

ECONOMISTA
Página 108

O entendimento da teoria econômica é fundamental para a estratégia empresarial e para a política governamental. Os economistas são os especialistas que fornecem orientações para os tomadores de decisão.

ADVOGADO
Página 110

Trabalhando para indivíduos ou organizações, os advogados assessoram e representam clientes em todos os tipos de questões legais, tanto dentro como fora da sala de tribunal.

JUIZ
Página 112

Combinando conhecimento especializado da lei e habilidades significativas de tomada de decisão, os juízes asseguram que o processo legal seja sustentado na sala de tribunal e durante as negociações legais.

POLÍTICO
Página 114

Representando os interesses de seu partido e dos eleitores, os políticos fazem campanhas para obter apoio para suas políticas, a fim de obter mudança social.

FINANÇAS, DIREITO E POLÍTICA

GERENTE DE BANCO

DESCRIÇÃO DO TRABALHO

Gerentes de bancos comerciais fornecem serviços bancários e financeiros para indivíduos e empresas. Eles supervisionam o trabalho diário dos funcionários da filial e asseguram o cumprimento dos procedimentos. Gerentes de bancos também são responsáveis por atrair novos clientes, gerar vendas de produtos financeiros, como hipotecas e cartões de crédito, avaliar pedidos de empréstimos e informar a matriz do banco.

RENDA
Assistente de gerente de filial ★★★★★
Gerente regional ★★★★★

PERFIL DO SETOR
Oportunidades em todo o mundo • Setor competitivo, mas os níveis salariais são bons e os bônus são comuns • Fechamento de filiais por causa de acontecimentos econômicos

▼ ATIVIDADES RELACIONADAS

▶ **ANALISTA DE INVESTIMENTOS** ver pp. 100-101

▶ **CONTADOR** ver pp. 102-103

▶ **ASSESSOR FINANCEIRO** ver pp. 106-107

▶ **BANQUEIRO DE INVESTIMENTOS** Fornece assessoria para empresas acerca de questões estratégicas, como tomada de controle de empresas ou fusão com empresas existentes. Obtém recursos de investidores para financiar o crescimento e a expansão de empresas.

O Banco do Brasil foi a primeira instituição bancária criada no Brasil, em 1808, pelo rei D. João VI.

RESUMO

INTERESSES Serviços financeiros • Contabilidade • Estudos empresariais • Economia • Matemática • Estatística • Tecnologia da informação

QUALIFICAÇÕES NECESSÁRIAS Em geral, os gerentes de banco devem ter um título de bacharel em administração de empresas, economia ou ciências contábeis.

ESTILO DE VIDA O horário de expediente é convencional.

LOCAL Gerentes de banco trabalham em uma filial específica ou no call center do banco. Viagens são necessárias para encontros com clientes empresariais e contatos com a matriz.

REALIDADE Com frequência, novos gerentes cumprem longas jornadas de trabalho para ganhar promoções e podem ficar sob pressão para atender metas de vendas rígidas.

PLANO DE CARREIRA

Muitos bancos preferem contratar gerentes com experiência em setores financeiros, como atendimento ao cliente, vendas ou análise de crédito. Existem certificações não obrigatórias, como a CFP (Certified Financial Planner), uma certificação internacional para planejador financeiro pessoal. Bancos públicos também oferecem boas oportunidades.

GRADUAÇÃO Formação em administração, economia, contabilidade ou ciências atuarias serve para se tornar gerente de banco.

PÓS-GRADUAÇÃO Um diploma de pós-graduação, como mestrado em finanças ou economia, é bem-vindo para o avanço na carreira.

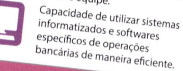

HABILIDADES REQUERIDAS

- Tino comercial e interesse significativo em questões econômicas e mercados financeiros.
- Habilidade de comunicação eficaz para lidar com clientes e gerenciar funcionários.
- Habilidade de liderança significativa e capacidade de orientar e ajudar funcionários para o cumprimento de metas.
- Habilidade organizacional significativa para gerenciar alta carga de trabalho e liderar uma grande equipe.
- Capacidade de utilizar sistemas informatizados e softwares específicos de operações bancárias de maneira eficiente.

GERENTE DE BANCO Para se tornar gerente, você deve trabalhar em diversas áreas do banco: de empréstimos pessoais para indivíduos ou famílias a contas de pessoa jurídica. A maioria dos gerentes progride e alcança funções seniores ou especializadas.

GERENTE DE DESENVOLVIMENTO DE PRODUTO Realiza pesquisas e analisa dados a respeito das necessidades dos clientes do banco, a fim de desenvolver e direcionar novos produtos, como empréstimos, cartões de crédito e financiamentos.

GERENTE REGIONAL Assume a responsabilidade por diversas filiais do banco, desenvolvendo e implantando um plano de negócios regional e assegurando que os funcionários das filiais sigam as diretrizes da empresa.

GERENTE DE CALL CENTER DE BANCO Lidera e supervisiona os funcionários nas centrais de atendimento telefônico e on-line do banco e toma decisões a respeito de metas dos funcionários, concessão de crédito/empréstimos e operações diárias.

GERENTE DE RISCO Identifica as possíveis ameaças à lucratividade do banco, como fraudes ou concessões de crédito/empréstimos arriscadas, e recomenda soluções. São crescentes as oportunidades nessa área.

TRADER

DESCRIÇÃO DO TRABALHO

Os traders são contratados pelas instituições financeiras – como bancos de investimento – para negociar investimentos, comprando-os e vendendo-os nos mercados financeiros mundiais. As transações são realizadas em nome de indivíduos, empresas ou investidores institucionais, como fundos de pensão e bancos. Os traders trabalham em ritmo acelerado, usando seu discernimento e sua experiência para gerar lucros para os seus clientes.

RENDA
Trader júnior ★★★☆☆
Trader sênior ★★★★★

PERFIL DO SETOR
Setor altamente competitivo • Gratificações financeiras, sobretudo bônus, são potencialmente substanciais • Empregos disponíveis em todo o mundo

RESUMO

INTERESSES Economia • Finanças • Matemática • Mercado financeiro • Contabilidade • Tecnologia da informação (TI) • Idiomas

QUALIFICAÇÕES NECESSÁRIAS Um título de bacharel ou superior é obrigatório; os empregadores favorecem cursos relacionados a negócios, finanças e matemática.

ESTILO DE VIDA Diariamente, os traders têm longas jornadas de trabalho, para acompanhar os movimentos dos mercados de todo o mundo. A maior parte do trabalho se baseia em telas.

LOCAL Os traders trabalham em escritórios. A maioria das oportunidades de emprego estão disponíveis nos principais centros financeiros mundiais, como Nova York, Londres e Tóquio.

REALIDADE O trabalho pode ser muito exigente e estressante. Os traders devem se destacar em um ambiente muito competitivo e de grande pressão.

PLANO DE CARREIRA

Os aspirantes a trader devem passar por um rigoroso processo de seleção, com testes de aptidão e de personalidade. A maioria dos iniciantes passa dois anos trabalhando em uma função júnior e estudando em busca de qualificações profissionais. Com experiência, podem gerenciar uma equipe em um tipo específico de mercado financeiro ou se especializar em uma área específica de trading.

GRADUAÇÃO Por causa da grande concorrência por empregos, você precisa de um ótimo aproveitamento em um curso de graduação financeiro ou de negócios ao se candidatar para empregos como trader.

PÓS-GRADUAÇÃO Você pode aumentar suas chances de se tornar um trader obtendo um título de pós-graduação em um curso de economia, finanças, matemática ou negócios.

HABILIDADES REQUERIDAS

 Habilidade de comunicação eficaz e muita confiança para negociar opções de trading.

 Habilidade numérica para manipular dados financeiros na compilação e análise de relatórios.

 Habilidade em informática para uso de sistemas financeiros informatizados visando à realização de transações financeiras eficientes.

Conhecimento e percepção de questões que podem afetar os mercados financeiros.

 Atenção aos detalhes e capacidade de reagir rápida e decisivamente às mudanças do mercado.

▼ ATIVIDADES RELACIONADAS

▶ **ANALISTA DE INVESTIMENTOS** ver pp. 100-101

▶ **ASSESSOR FINANCEIRO** ver pp. 106-107

▶ **ECONOMISTA** ver pp. 108-109

▶ **ATUÁRIO DE BANCO DE INVESTIMENTOS** Realiza estudos para avaliar os riscos potenciais de decisões de investimento, como compra ou venda de ações específicas. O atuário de banco de investimentos é um dos profissionais mais influentes e mais bem pagos no mundo das finanças.

▶ **CORRETOR DE VALORES** Compra e vende ações e outros investimentos no interesse de clientes individuais ou empresariais, em vez de grandes instituições financeiras, cobrando uma porcentagem das remunerações dos clientes.

TRADER PROPRIETÁRIO Trabalhando em um banco ou outra instituição financeira, um trader proprietário aumenta os lucros de um empregador usando o dinheiro da empresa – em vez do dinheiro de um cliente – para comprar e vender nos mercados financeiros.

TRADER DE VENDAS Trabalha para criar novos negócios para bancos, identificando e conversando com possíveis clientes, e estabelecendo o contato entre o cliente e os traders que vão lidar com os investimentos.

CORRETOR DE COMMODITIES Compra e vende contratos de commodities físicas – como petróleo, gás, metais e alimentos – em nome de empresas.

ESTRUTURADOR Desenvolve, modela e define a estrutura de precificação de produtos financeiros sofisticados, como derivativos, cujos preços podem variar de acordo com os valores de ativos vinculados, como ações.

ANALISTA QUANTITATIVO Desenvolve e gerencia fórmulas matemáticas complexas, ou algoritmos, que determinam os preços de ações ou outros produtos financeiros e avaliam os riscos. Também identifica as oportunidades lucrativas de trading.

TRADER É preciso obter qualificações profissionais antes de realizar todas as atividades de um trader. Com experiência, você pode ser promovido para funções especializadas.

FINANÇAS, DIREITO E POLÍTICA

ANALISTA DE INVESTIMENTOS

DESCRIÇÃO DO TRABALHO

Trabalhando nos mercados financeiros mundiais, os analistas examinam as condições econômicas, empresariais e de mercado que afetam o valor dos investimentos, como ações e títulos, e assessoram seus clientes – que podem ser empresas, indivíduos ou fundos – a respeito de quais devem comprar ou vender para obter o maior lucro possível.

RENDA
Trainee ★★★☆☆
Analista sênior ★★★★★

PERFIL DO SETOR
Altamente competitivo para iniciantes • Muitas horas de trabalho • Alta de empregos com maior gama de produtos financeiros • Mercados globais emergentes e oportunidades no exterior

PLANO DE CARREIRA

Os analistas trabalham para compradores ou vendedores de investimentos, como fundos de pensão, fundos de cobertura, bancos, companhias de seguro, corretores de ações e traders. Há muitas oportunidades para analistas experientes, que podem, por exemplo, se especializar em um tipo específico de investimento ou região, ou escolher gerenciar uma empresa de investimentos.

TRAINEE Você vai precisar de uma graduação em finanças, matemática ou economia, por exemplo. O empregador pode patrocinar seu treinamento enquanto você trabalha, subordinado a um analista sênior. Para alcançar cargos seniores, você pode precisar de uma pós-graduação em administração de empresas (conhecido como Master of Business Administration ou MBA).

ANALISTA CERTIFICADO
Assessora clientes importantes. Um registro reconhecido pelo setor é necessário para a qualificação no cargo.

ANALISTA DE INVESTIMENTOS
Nessa função, você examina o passado e projeta o desempenho futuro de uma empresa, prevendo seu valor na bolsa de valores. Pode elaborar relatórios que orientam os clientes em suas decisões de investimentos.

HABILIDADES REQUERIDAS

 Tino comercial aguçado e maturidade para realizar análises acerca de mercados complexos.

 Habilidade de comunicação eficaz para desenvolver relações de trabalho com pessoas de todos os níveis.

 Habilidades organizacional e de pesquisa significativas para coletar informações pertinentes e sensíveis ao tempo.

 Habilidade matemática avançada e capacidade de interpretar dados estatísticos.

 Capacidade de trabalhar sob pressão e com prazos, dentro e fora do horário de expediente.

 **CORRETOR DE VALORES** Atua como agente de clientes individuais ou empresariais, comprando e vendendo ações e outros produtos financeiros em mercados de todo o mundo.

 **GESTOR DE FORTUNAS** Orienta pessoas físicas a investirem seu dinheiro, para obterem o maior retorno possível. Os gestores de fortunas também orientam a respeito de questões tributárias e regulatórias.

 **GESTOR DE FUNDOS** Cuida de fundos de investimento especializados, que enfocam a compra e venda de ações de tipos específicos de empresas, como mineradoras e laboratórios farmacêuticos.

RESUMO

 INTERESSES Administração financeira ou contabilidade • Estudos empresariais • Economia • Matemática • Estatística

 QUALIFICAÇÕES NECESSÁRIAS Um diploma é obrigatório. Em geral, uma pós-graduação em matemática ou negócios é necessária para obtenção de cargos seniores.

 ESTILO DE VIDA O trabalho pode trazer remuneração financeira significativa, mas há muita pressão. Os empregadores esperam que os analistas tenham uma longa jornada de trabalho.

 LOCAL Em geral, os analistas de investimentos trabalham em escritórios de grandes instituições financeiras, mas viajam para visitar investidores e empresas.

 REALIDADE O trabalho é observado rigorosamente, pois os erros podem custar muito caro. O progresso para cargos seniores exige períodos longos de estudo.

▼ ATIVIDADES RELACIONADAS

▶ **GERENTE DE BANCO** ver pp. 96-97

▶ **TRADER** ver pp. 98-99

▶ **ATUÁRIO** ver pp. 104-105

▶ **GERENTE FINANCEIRO** Trabalha em uma empresa para orientar negócios financeiros. Os gerentes financeiros monitoram atividades, elaboram demonstrações financeiras e desenvolvem planos baseados em objetivos empresariais.

Os bônus anuais para analistas costumam ser entre 70% e 100% de seus salários-base.

FINANÇAS, DIREITO E POLÍTICA

CONTADOR

DESCRIÇÃO DO TRABALHO

Contadores têm um papel fundamental na operação de quase todas as empresas, assegurando que os sistemas financeiros funcionem bem e que as leis tributárias e outras regras sejam cumpridas. Calculam as contas anuais e elaboram relatórios financeiros, podendo se especializar em outras áreas, como detecção de fraudes. A automação crescente dos processos contábeis exige que os contadores de hoje tenham excelentes habilidades em TI.

RENDA
Contador iniciante ★★★★★
Sócio ★★★★★

PERFIL DO SETOR
Demanda constante por profissionais do setor • Salários mais altos em contabilidade de atividades bancárias e financeiras • Concorrência acirrada por cargos em grandes empresas

RESUMO

INTERESSES Finanças • Contabilidade • Economia • Matemática • Estatística • Tecnologia da informação • Estudos empresariais

QUALIFICAÇÕES NECESSÁRIAS Você pode ingressar em escritórios de contabilidade como assistente e aprender no trabalho, ou como associado após concluir o bacharelado.

ESTILO DE VIDA Horário de expediente convencional é a regra, embora horas extras possam ser requeridas para conclusão de relatórios ou auditorias financeiras em caso de prazos apertados.

LOCAL O modelo híbrido de trabalho tem se tornado comum. Viagens para encontro com clientes e realização de auditorias – exame oficial das contas – são parte fundamental do trabalho.

REALIDADE Embora a remuneração financeira possa ser alta, trabalho noturno ou aos finais de semana é muitas vezes requerido para cumprir prazos durante períodos muito atarefados.

PLANO DE CARREIRA

Há dois tipos principais de contabilidade: a atividade pública, em que os serviços são fornecidos a pessoas físicas, e a contabilidade gerencial, voltada para organizações ou empresas do setor público ou privado. A progressão na carreira pode seguir um caminho estruturado, do registro profissional ao ganho de experiência em várias áreas – como tributos ou finanças corporativas –, levando à promoção para a administração e à sociedade em uma empresa.

ESTAGIÁRIO Você pode ser contratado como estagiário enquanto estuda para obter um diploma na área. Essa experiência pode ajudá-lo a encontrar um emprego de tempo integral como contador após a conclusão da faculdade.

FORMAÇÃO Com um diploma em ciências contábeis ou em uma disciplina afim, você pode se candidatar para cargos iniciantes em escritórios de contabilidade, organizações do setor público e empresas de todos os setores.

▼ ATIVIDADES RELACIONADAS

▶ **CONSULTOR GERENCIAL** *ver pp. 84-85*

▶ **ATUÁRIO** *ver pp. 104-105*

▶ **TÉCNICO CONTÁBIL** Auxilia contadores qualificados, preparando números para contabilidade e relatórios tributários e ajudando em todas as outras áreas de finanças empresariais.

▶ **SECRETÁRIO DE EMPRESA** Trabalha com a diretoria da empresa, assegurando que os requisitos legais, financeiros e regulatórios sejam seguidos.

> Nos anos 1920, o gângster Al Capone fugia das autoridades, mas acabou sendo pego por 23 acusações de sonegação de impostos.

HABILIDADES REQUERIDAS

 Habilidade numérica significativa e capacidade de interpretar dados financeiros complexos.

 Precisão e atenção aos detalhes para realizar cálculos repetidos com precisão.

 Habilidade de comunicação eficaz para explicar informações financeiras aos clientes e aos gerentes executivos.

 Capacidade de analisar problemas financeiros e identificar a solução mais apropriada.

Honestidade, integridade e discrição para lidar com informação financeira confidencial de maneira apropriada.

CONTADOR DE FINANÇAS CORPORATIVAS Trabalha na divisão de finanças corporativas de uma empresa, realizando funções como a análise de contas para identificar recursos financeiros que podem ser utilizados para seu crescimento mediante a aquisição de outras empresas ou a fusão com empresas existentes.

CONTADOR TRIBUTÁRIO Utiliza conhecimento profundo da legislação tributária de empresas para assessorar clientes a respeito de suas obrigações legais e questões empresariais.

AUDITOR DE INSOLVÊNCIA EMPRESARIAL Proporciona assessoria especializada para empresas em dificuldades financeiras, ajudando-as a encerrar suas atividades de maneira controlada.

PERITO CONTÁBIL Estuda as transações financeiras das empresas para detectar fraudes, permitindo que companhias de seguro e advogados corporativos solucionem disputas financeiras.

CONTADOR Você precisará ser aprovado em diversos exames para se tornar um contador autorizado. Então, poderá aprender mais para se especializar em uma área de contabilidade.

AUDITOR Revisa as contas financeiras das empresas e organizações, assegurando que sejam válidas e atendam às normas legais. Também pode avaliar a saúde das empresas e aconselhar a respeito de práticas de trabalho.

ATUÁRIO

DESCRIÇÃO DO TRABALHO

Atuários avaliam a probabilidade de um evento específico ocorrer e, então, calculam os possíveis riscos financeiros para a empresa. Muitos atuários trabalham para companhias de seguro, onde calculam a probabilidade de perdas, como as chances de um navio afundar, e definem a quantia a ser paga aos armadores. Outros trabalham em bancos, monitorando os níveis de risco na compra e venda de investimentos.

RENDA
Atuário ★★★★★
Diretor ★★★★★

PERFIL DO SETOR
Empregos disponíveis em todo o mundo, embora a concorrência por vagas seja acirrada • Oportunidades em uma ampla gama de empresas e organizações • Salário alto

RESUMO

INTERESSES Matemática • Estatística • Economia • Gestão de risco • Estudos empresariais • Tecnologia da informação • Ciências

QUALIFICAÇÕES NECESSÁRIAS Um diploma em um curso ligado ao uso de números, como matemática, estatística ou ciência atuarial, é obrigatório.

ESTILO DE VIDA Em geral, os atuários trabalham em horário de expediente convencional, embora trabalho noturno e aos finais de semana possa ser requerido para cumprir prazos.

LOCAL O trabalho atuarial é feito em escritório e, em geral, as empresas se situam em grandes cidades. Ocasionalmente, viagens de negócios para visitas a clientes são requeridas.

REALIDADE Este campo matemático, intelectualmente desafiador, requer mentalidade determinada. Os exames para obtenção de registro profissional podem ser difíceis.

▼ ATIVIDADES RELACIONADAS

▶ **ANALISTA DE INVESTIMENTOS** ver pp. 100-101

▶ **CONTADOR** ver pp. 102-103

▶ **AUDITOR** Verifica as contas financeiras das empresas e organizações, assegurando que sejam exatas e sigam as normas legais. Os auditores também avaliam a saúde das empresas dos clientes e orientam para que riscos sejam evitados.

▶ **SUBSCRITOR DE SEGUROS** Trabalha para uma companhia de seguros avaliando pedidos para cobertura de indivíduos e empresas. Os subscritores decidem se a cobertura deve ser dada e definem os termos e o preço da apólice de seguro.

Alguns atuários trabalham com fintechs – a vanguarda da tecnologia financeira, criptomoeda e internet banking.

PLANO DE CARREIRA

O atuário só pode atuar com o registro expedido pelo Instituto Brasileiro de Atuária (IBA). Para obter o registro, deve se submeter a um exame depois da graduação.

GRADUAÇÃO Para ser trainee, você precisará de um diploma em matemática, estatística ou curso similar, e ser aprovado em processos de seleção.

PÓS-GRADUAÇÃO Você pode aumentar sua chance de ser contratado estudando ciência atuarial em uma pós-graduação.

HABILIDADES REQUERIDAS

 Habilidades de comunicação e apresentação eficazes para explicar resultados complexos.

 Abordagem lógica e analítica para compreender informações complexas.

 Habilidade numérica significativa para analisar e interpretar uma grande quantidade de dados.

 Conhecimento profundo dos problemas que afetam os mercados financeiros quando se precificam produtos e serviços.

 Precisão e atenção aos detalhes para assegurar a exatidão dos cálculos matemáticos.

ATUÁRIO Tradicionalmente contratados por companhias de seguro, os atuários vêm trabalhando também em empresas de outros perfis, incluindo consultoria, entidades de saúde e departamentos governamentais.

SUPERINTENDENTE DE RISCO Coordena uma equipe de atuários e outros profissionais, que avaliam e atuam para evitar riscos potenciais. Em uma grande empresa, é um cargo sênior.

ATUÁRIO DE BANCO DE INVESTIMENTOS Realiza estudos para identificar os custos financeiros e os riscos potenciais de decisões de investimento, como o investimento em uma nova empresa.

ATUÁRIO CONSULTOR Assessora atividades empresariais, como planos de pensão ou aposentadoria de grandes empresas, observando os requisitos legais.

ATUÁRIO DE SEGURO DE VIDA Analisa informações estatísticas sobre fatores de risco – como doenças preexistentes – para definir os preços que os clientes pagam pelo seguro de vida.

GERENTE DE RISCO EMPRESARIAL Identifica os riscos que podem afetar a operação de uma empresa e avalia o impacto que eles podem ter. Também planeja estratégias para evitar esses riscos ou minimizar seus efeitos sobre a empresa.

ASSESSOR FINANCEIRO

DESCRIÇÃO DO TRABALHO

Assessores financeiros ajudam as pessoas a planejarem seus futuros financeiros. Reúnem-se com os clientes para fornecer recomendações a respeito de diversos produtos e serviços, incluindo fundos de pensão, investimentos, hipotecas e poupanças. Levando em conta a renda e as circunstâncias de um cliente, recomendam produtos e estratégias a fim de ajudá-los a atingirem seus objetivos financeiros.

RENDA
Assessor financeiro júnior ★★★★★
Assessor financeiro sênior ★★★★★

PERFIL DO SETOR
Os empregadores são empresas de investimento e de serviços financeiros, bancos e companhias de seguro • Demanda crescente por assessoria financeira, sobretudo para aposentadorias

RESUMO

INTERESSES Economia • Direito • Matemática • Estudos empresariais • Contabilidade • Finanças • Tecnologia da informação

QUALIFICAÇÕES NECESSÁRIAS Experiência de trabalho em vendas, atendimento ao cliente ou finanças e/ou diploma em um curso afim são obrigatórios.

ESTILO DE VIDA Trabalham em expediente convencional, mas podem ter de se reunir com clientes à noite e aos finais de semana. Muitos trabalham por conta própria.

LOCAL Os assessores trabalham em um escritório ou em casa. Deslocamentos para encontros com clientes em suas casas são uma característica comum do trabalho.

REALIDADE Lidar com diversos clientes pode ser estressante, sobretudo em períodos de crise econômica. Podem ser necessários anos para se criar uma base de clientes.

PLANO DE CARREIRA

Para ingressar nesta carreira, os candidatos devem ser aprovados em diversos exames profissionais e registrados em um órgão regulamentador, o qual assegura que eles prestam assessoria imparcial e de alta qualidade. Os assessores qualificados podem fornecer orientação geral aos seus clientes ou se especializar em um tipo de produto, como aposentadoria ou seguro.

ASSISTENTE Você pode se tornar assessor financeiro sem diploma, mas trabalhando como assistente e aprendendo no trabalho. No entanto, experiência anterior em atividade bancária ou na área de seguros é muito útil.

FORMAÇÃO Você precisará de um diploma, de preferência em finanças ou administração de empresas, para se candidatar a cargos de assessor financeiro para iniciantes em bancos e empresas independentes de assessoria financeira.

▼ ATIVIDADES RELACIONADAS

▶ **CONSULTOR GERENCIAL** *ver pp. 84-85*

▶ **GERENTE DE BANCO** *ver pp. 96-97*

▶ **CORRETOR DE SEGUROS** Ajuda as pessoas a decidir sobre a melhor apólice de seguro para atender às necessidades individuais do cliente, podendo ser um seguro residencial, de viagem, de carro ou de vida.

▶ **ANALISTA DE SEGUROS** Avalia solicitações de cobertura de seguro de pessoas físicas e jurídicas.

▶ **ADMINISTRADOR DE PENSÕES** Executa tarefas administrativas relacionadas a um plano de pensões, como lidar com consultas de membros do plano ou calcular previsões de pensões.

HABILIDADES REQUERIDAS

Capacidade de explicar questões financeiras complexas em termos simples e de entender as necessidades do cliente.

Habilidade interpessoal adequada para desenvolver relacionamentos e criar confiança com os clientes.

Habilidade analítica aguçada para analisar informações financeiras e identificar o melhor produto para um cliente.

Determinação e automotivação para manter altos níveis de serviço e cumprir metas de vendas.

Entendimento e consciência dos mercados financeiros a fim de oferecer assessoria precisa para os clientes.

GESTOR DE FORTUNAS
Ajuda pessoas a investirem seu dinheiro para obter o maior retorno possível do investimento. Gestores de fortunas também orientam a respeito de questões tributárias e regulatórias.

ASSESSOR FINANCEIRO ESPECIALIZADO Oferece assessoria especializada de um tipo de produto ou para um tipo de cliente. Por exemplo, investimento em imóveis ou planejamento financeiro para fazendeiros.

GERENTE DE CONFORMIDADE
Trabalha para uma empresa de assessores financeiros, inspecionando o local e revisando registros e políticas financeiras para garantir que as normas legais e setoriais sejam cumpridas. É um cargo sênior.

GERENTE GERAL Supervisiona os assessores financeiros e monitora áreas como recrutamento e treinamento, além da estratégia de marketing da empresa. É comum os gerentes em algumas instituições serem ex-assessores financeiros promovidos.

ASSESSOR FINANCEIRO Provavelmente, você escolherá entre dois tipos de atividade: independente (assessoria imparcial a respeito de todos os produtos disponíveis para o cliente) e restrita (assessoria somente a respeito dos produtos de sua empresa). Em geral, os assessores se especializam em um grupo de clientes ou em um tipo de produto.

ECONOMISTA

DESCRIÇÃO DE TRABALHO

Economistas investigam como as pessoas e as empresas gastam seu dinheiro e fazem uso dos recursos, como trabalho, energia e capital. Produzem relatórios e previsões para empresas e governos, que utilizam as informações de diversas maneiras – por exemplo, para moldar suas políticas de salários e tributação ou para se tornar mais competitivos em comparação com seus concorrentes.

RENDA
Economista júnior ★★★★★
Economista sênior ★★★★★

PERFIL DO SETOR
Diversas oportunidades de emprego nos setores governamental, bancário, empresarial e acadêmico • Salários excelentes para profissionais altamente qualificados

RESUMO

INTERESSES Economia • Matemática • Estatística • Estudos empresariais • Tecnologia da informação • Filosofia • Política • Ciência social

QUALIFICAÇÕES NECESSÁRIAS Um título de bacharel pertinente é obrigatório. Pós-graduação pode ser obrigatória para cargos de alto nível.

ESTILO DE VIDA Em geral, os economistas trabalham em expediente convencional, embora a preparação para reuniões ou a redação para publicações possam demandar horas extras.

LOCAL Em geral, os economistas trabalham em escritório, alguns de casa, mas podem ter de viajar para apresentar resultados ou encontrar clientes.

REALIDADE Os economistas precisam ser motivados para realizar pesquisas independentes. Espera-se que aprendam novas habilidades ao longo da carreira.

▼ ATIVIDADES RELACIONADAS

▶ **ANALISTA DE INVESTIMENTOS** ver pp. 100-101

▶ **ASSESSOR FINANCEIRO** ver pp. 106-107

▶ **POLÍTICO** ver pp. 114-115

▶ **MATEMÁTICO** Utiliza matemática avançada para analisar ou solucionar problemas difíceis. Isso pode incluir o cálculo de riscos no setor de seguros, a análise de estatísticas para checar a eficácia de um novo medicamento ou a investigação de como o ar corre por cima da asa de uma aeronave.

> Economistas comportamentais descobriram que as pessoas ficam mais propensas a comprar um produto se lhes forem apresentadas menos opções.

PLANO DE CARREIRA

É essencial ter um título de bacharel ou uma pós-graduação em economia e continuar aprendendo ao longo da carreira para tornar-se especialista em uma ou mais áreas – como assistência médica ou tributação –, assim como publicar artigos e relatórios para desenvolver sua reputação. Muitos economistas também trabalham como professores ou pesquisadores em faculdades ou universidades.

PESQUISADOR Com um diploma em economia ou finanças, você pode encontrar um emprego para iniciante como pesquisador em uma instituição financeira. Com experiência e uma qualificação de nível mais alto, você pode progredir até funções mais seniores.

ECONOMISTA Trabalha em organizações dos setores governamental ou público, ou em cargos acadêmicos, gerenciais e de consultoria. Cada vez mais recorre à análise de dados informatizados e a técnicas de modelagem matemática.

HABILIDADES REQUERIDAS

 Entendimento estratégico de política e negócios para ajudar na orientação de equipes e na solução de problemas complexos.

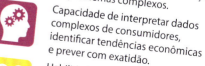 Capacidade de interpretar dados complexos de consumidores, identificar tendências econômicas e prever com exatidão.

Habilidade matemática avançada para analisar dados-chave e avaliar a situação econômica.

 Conhecimento adequado de softwares especializados para realização de análises estatísticas.

 Conhecimento empresarial sólido e entendimento de sistemas financeiros dos setores público e privado.

 Sensibilidade para os detalhes, a fim de interpretar dados quantitativos e qualitativos e produzir relatórios precisos.

ESTATÍSTICO Coleta, analisa e interpreta estatísticas. Os estatísticos trabalham em diversos setores, incluindo saúde, educação, governo, finanças, meio ambiente e pesquisa de mercado.

CONSULTOR POLÍTICO Trabalha para partidos políticos ou grupos de pesquisa privados desenvolvendo novas políticas.

BANQUEIRO DE INVESTIMENTOS Obtém dinheiro de investidores individuais ou empresariais, no interesse de empresas que precisam de recursos para começar a atividade, crescer ou se desenvolver.

DIRETOR FINANCEIRO Supervisiona as atividades financeiras de uma empresa ou organização. Os diretores financeiros são responsáveis por produzir balanços financeiros, monitorar orçamentos e gastos e desenvolver novos objetivos empresariais.

ADVOGADO

DESCRIÇÃO DO TRABALHO

Advogados oferecem conselhos e prestam diversos serviços jurídicos, desde elaborar contratos e testamentos até representar seus clientes nos tribunais. São contratados por indivíduos, organizações sem fins lucrativos, empresas e entidades governamentais. Podem se especializar em diversas áreas, como promotoria pública, advocacia criminalista, ambiental, de direito de família e tributarista.

RENDA
Advogado iniciante ★★☆☆☆
Sócio ★★★★★

PERFIL DO SETOR
Profissão altamente regulamentada
• Concorrência acirrada em escritórios
• Os escritórios do setor privado são grandes empregadores • Oportunidades em empresas multinacionais

PLANO DE CARREIRA

Após a qualificação, o advogado pode trabalhar em um escritório de advocacia, por exemplo. Com experiência e capacidade, pode progredir e se tornar sócio do escritório. Os advogados podem escolher a partir de uma série de especialidades, como trabalhar para organizações sem fins lucrativos ou lidar com questões legais de indivíduos ou do governo.

EXAME DA ORDEM Para poder advogar, o bacharel precisa ser aprovado no exame da Ordem dos Advogados do Brasil (OAB). Ao obter a "carteirinha da OAB", tem a permissão legal para exercer a profissão.

FORMAÇÃO A graduação em geral dura cinco anos, e o aluno se forma como bacharel em direito.

ADVOGADO CORPORATIVO Atua como funcionário em tempo integral de uma corporação, assessorando e representando a empresa em todas as questões relacionadas ao direito.

ADVOGADO Após obter sua licença, você pode começar a carreira como advogado. Os profissionais devem se manter atualizados sobre as práticas em constante transformação por meio de educação continuada.

HABILIDADES REQUERIDAS

 Habilidades escrita e verbal eficazes e capacidade de entender linguagem jurídica complexa.

 Habilidade significativa na solução de problemas, identificando a melhor linha de ação para os clientes.

 Capacidade de seguir procedimentos legais detalhados, a fim de manter a integridade profissional.

 Sensibilidade para lidar com diversos tipos de clientes e capacidade de explicar questões legais para não especialistas.

 Dedicação e perseverança para defender os interesses de seu cliente, do início ao fim de um processo judicial.

▼ ATIVIDADES RELACIONADAS

▶ **JUIZ** ver pp. 112-113

▶ **PERITO CRIMINAL** ver pp. 146-147

▶ **ASSISTENTE JURÍDICO** Acompanha processos administrativos e judiciais, analisa os tipos de contratos firmados e avalia cláusulas e riscos envolvidos, conforme leis vigentes. Controla agenda de audiências e elabora relatórios, declarações e petições judiciais.

▶ **CONCILIADOR** Ajuda a solucionar conflitos legais fora do sistema judiciário. Muitas vezes, os conciliadores são advogados aposentados. Reúnem-se com as partes em desacordo e as ajudam em suas negociações.

 ADVOGADO CRIMINALISTA Representa o réu no sistema judiciário, oferecendo conselho legal e comparecendo ao tribunal se o caso de seu cliente for a julgamento.

 ADVOGADO DE PROPRIEDADE INTELECTUAL Confronta casos de violação de direitos autorais ou de direitos de propriedade intelectual dos setores de música, cinema, notícias ou edição.

ADVOGADO DE DIREITO DE FAMÍLIA Especializa-se em questões referentes à família, como divórcio e disputas pela guarda de filhos. Também pode assessorar e representar clientes que estão querendo adotar uma criança.

 ADVOGADO AMBIENTAL Auxilia em questões relacionadas ao meio ambiente, assegurando que as empresas e as organizações cumpram as legislações estadual e nacional.

RESUMO

 INTERESSES Direito • Criminologia • Psicologia • Sociologia • História • Estudos empresariais • Debate • Investigação e redação

 QUALIFICAÇÕES NECESSÁRIAS É preciso concluir um curso em uma escola de direito autorizada e ser aprovado no exame da OAB para exercer a profissão.

 ESTILO DE VIDA Horário de expediente convencional, mas trabalho noturno e aos finais de semana não é incomum, assim como plantões a qualquer hora do dia ou da noite.

 LOCAL Predominantemente, o trabalho é feito em escritório, mas viajar para se reunir com clientes ou para comparecer a processos em tribunais é comum.

 REALIDADE Profissão intelectualmente exigente, envolvendo longas jornadas de trabalho. Os advogados experientes são muito bem remunerados.

JUIZ

DESCRIÇÃO DO TRABALHO

O juiz é um funcionário público estadual ou federal que pode trabalhar na Justiça especializada (como a trabalhista, a eleitoral e a militar) ou na Justiça comum. O dia a dia envolve estudo de processos, tomada de decisões, atendimento a advogados, realização de audiências e emissão de despachos.

RENDA
Juiz substituto ★★★★★
Min. do Supremo Tribunal Federal ★★★★★

PERFIL DO SETOR
Necessidade de muitos anos de estudo para conseguir se tornar juiz • Estabilidade profissional e reconhecimento da sociedade

RESUMO

INTERESSES Direito • Investigação e redação • Letras • História • Psicologia • Sociologia • Criminologia • Política • Tomada de decisão

QUALIFICAÇÕES NECESSÁRIAS É obrigatório ter diploma em direito.

ESTILO DE VIDA Geralmente os juízes trabalham em horário de expediente convencional, dependendo dos requisitos do tribunal. Horas extras dedicadas à investigação são comuns.

LOCAL Os juízes passam a maior parte de sua jornada de trabalho em escritórios, bibliotecas jurídicas, centros de investigação ou salas de tribunal.

REALIDADE A investigação requer uma longa jornada de trabalho. Com frequência, o trabalho é intelectualmente exigente, impondo um entendimento profundo dos detalhes.

PLANO DE CARREIRA

FORMAÇÃO O primeiro passo é se formar em direito (os cursos em geral duram cinco anos). Depois, é necessário exercer atividade jurídica por no mínimo três anos para prestar concurso para juiz.

CONCURSO PARA JUIZ O exame é formado por provas orais e escritas sobre matérias do direito. Após obter essa aprovação no concurso público, o candidato a juiz tem de frequentar uma escola de magistratura com o objetivo de aprender os aspectos técnicos da profissão.

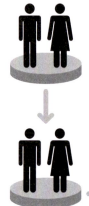

Os salários dos ministros do STF são o teto do funcionalismo público da União.

▼ ATIVIDADES RELACIONADAS

▶ **ADVOGADO** ver pp. 110-111

▶ **CONCILIADOR** Ajuda a solucionar conflitos legais fora do sistema judiciário. Muitas vezes, os conciliadores são advogados aposentados. Reúnem-se com as partes em desacordo e ajudam em suas negociações.

▶ **MEDIADOR** Facilita as discussões legais fora do sistema judiciário. Muitas vezes, também é advogado praticante e ajuda as partes em desacordo a negociar de maneira efetiva até alcançar uma decisão mutuamente conveniente.

▶ **ASSISTENTE JURÍDICO** Acompanha processos administrativos e judiciais, analisa os tipos de contratos firmados e avalia cláusulas e riscos envolvidos, conforme leis vigentes. Controla agenda de audiências e elabora relatórios, declarações e petições judiciais.

HABILIDADES REQUERIDAS

Habilidades escrita e verbal eficazes e capacidade de falar perante um tribunal, em situações de grande pressão.

Capacidade de se comunicar com clareza com advogados, réus, membros do júri e outros.

Habilidade organizacional para seguir diversos casos simultaneamente e gerenciar os membros de apoio na sala de tribunal.

Toda atenção aos detalhes, assegurando que os procedimentos na sala de tribunal sejam realizados corretamente.

Paciência, perseverança e vigor para presidir sessões longas de um tribunal.

JUIZ SUBSTITUTO Em início de carreira, o profissional atua como juiz substituto, trabalhando em cidades menores ao lado de um juiz titular. Após dois anos na função, pode se transferir para cidades maiores, até ser promovido a juiz de direito.

JUIZ DE DIREITO Pode trabalhar no âmbito da União ou nos estados. No campo da União, estão a Justiça Federal (comum), incluindo os juizados especiais federais, e a Justiça especializada (do Trabalho, a Eleitoral e a Militar). A Justiça Estadual (comum) inclui os juizados especiais cíveis e criminais e tem o maior volume de litígios.

JUIZ DE PRIMEIRA E DE SEGUNDA INSTÂNCIAS No âmbito da União e dos estados, existem a primeira e a segunda instâncias. Na Justiça Estadual, os juízes atuam na primeira instância; os desembargadores atuam na segunda instância.

MINISTRO DE TRIBUNAIS SUPERIORES Os tribunais superiores que podem rever decisões da primeira e da segunda instâncias são o Supremo Tribunal Federal, o Superior Tribunal de Justiça, o Tribunal Superior do Trabalho, o Tribunal Superior Eleitoral e o Superior Tribunal Militar.

MINISTRO DO STF O Supremo Tribunal Federal é a posição mais alta do poder judiciário, atuando como guardião da Constituição. Não cabe recurso a suas decisões. O ministro do STF é nomeado pelo presidente da República.

POLÍTICO

DESCRIÇÃO DO TRABALHO

Os políticos são servidores públicos eleitos para tomar decisões que moldam a sociedade e afetam suas comunidades em níveis municipal, estadual e nacional. Visam melhorar a vida dos cidadãos, pressionando por mudanças na sociedade e nas leis que a governam. Devem ter reuniões com a comunidade, debatendo e votando questões importantes e tomando parte de campanhas eleitorais para si mesmo e para seu partido político.

RENDA
Assessor político ★★☆☆☆
Os salários dos políticos variam de acordo com o cargo

PERFIL DO SETOR
O ingresso na área é competitivo
- Oportunidades para trabalhar em nível municipal, estadual e/ou nacional
- As perspectivas de carreira e salários variam dependendo do cargo

PLANO DE CARREIRA

É preciso ter muita motivação para ingressar e progredir nesta carreira. Alguns políticos trabalham em nível municipal, enquanto outros atuam em nível estadual ou nacional. Na política, talvez mais do que em outras áreas, o plano de carreira varia de acordo com o tipo de profissional que você quer ser.

NÃO GRADUADO Você pode se candidatar a um cargo desde que satisfaça certas qualificações básicas, como idade e residência.

GRADUAÇÃO Direito e administração pública são formações frequentes, porém a graduação em qualquer área é útil e bem-vinda, dependendo das áreas que você pretende defender na vida pública.

ATIVIDADE POLÍTICA Atividades no terceiro setor, em instituições sociais e em entidades de classe podem preparar para a atividade política.

DIPLOMATA Representa o país em relações exteriores. Entre as responsabilidades do cargo, incluem-se a negociação de acordos e a gestão de funcionários em embaixadas no exterior.

POLÍTICO Como político, você pode trabalhar em todos os níveis de governo, de vereador em Câmara Municipal à Presidência. Uma vez eleito, pode escolher focar áreas específicas da política.

HABILIDADES REQUERIDAS

 Habilidade retórica para expor argumentos políticos e conquistar apoio para políticas públicas.

 Capacidade de trabalhar como integrante de uma equipe, a fim de alcançar um consenso sobre legislação e políticas.

 Habilidade interpessoal para se relacionar com a sociedade e entender suas preocupações.

 Habilidade significativa na solução de problemas, elaborando soluções políticas para problemas socioeconômicos.

 Perseverança e integridade para pressionar por mudança política e inspirar outras pessoas a adotar a causa de seu partido.

 PODER EXECUTIVO – PREFEITO Administra uma cidade com o auxílio de secretários municipais, cuidando de questões como limpeza urbana, habitação, educação e transporte.

 PODER EXECUTIVO – GOVERNADOR Atua como principal executivo do estado, desenvolvendo e implementando políticas para seu crescimento, com o auxílio dos secretários estaduais.

 CONGRESSO NACIONAL Representa o Poder Legislativo e é formado pela Câmara dos Deputados (que tem a função de representar os cidadãos) e pelo Senado Federal (que deve representar os estados).

 PODER EXECUTIVO – PRESIDENTE Preside o país. Atua como comandante-chefe das Forças Armadas, viaja para representar o país no exterior e tem o poder de aprovar um projeto de lei.

▼ ATIVIDADES RELACIONADAS

▶ **ARRECADADOR DE FUNDOS** ver pp. 90-91

▶ **ADVOGADO** ver pp. 110-111

▶ **CIENTISTA POLÍTICO** Utiliza o conhecimento em áreas como direito, política e história para pesquisar e assessorar sobre políticas públicas. Os cientistas políticos devem se manter atualizados em relação a ideias e tendências políticas.

> Em 2023, dos 513 assentos na Câmara dos Deputados, apenas 91 eram ocupados por mulheres.

RESUMO

 INTERESSES Política • Ciência política • Debate • Atualidades • Direito • Economia • Estudos empresariais • Sociologia • História • Relações públicas

 QUALIFICAÇÕES NECESSÁRIAS Evidência de atividade política no passado é fundamental. Diversos políticos possuem pós-graduação em direito, economia ou ciência política.

 ESTILO DE VIDA Longas jornadas de trabalho são comuns. Com frequência, debates, campanhas e eventos com redes de contatos são realizados à noite. Os políticos têm pouca privacidade.

 LOCAL Em geral, os políticos trabalham em um escritório em sua comunidade, mas viagens nacionais – e, às vezes, internacionais – são requeridas.

 REALIDADE Nas eleições, as campanhas podem exigir permanências noturnas frequentes longe de casa. Muitas vezes, a vida dos políticos é bastante pública.

TECNOLOGIA DA INFORMAÇÃO E INFORMÁTICA

O mundo empresarial depende da disponibilidade e do fluxo de dados de alta qualidade. A tecnologia da informação e a informática são fundamentais. Assim, a variedade de carreiras nessa área – da manutenção de redes de computadores ao design de sites – está crescendo o tempo todo.

ENGENHEIRO DE SOFTWARE
Página 118

Os equipamentos de informática são as ferramentas da era eletrônica. Os engenheiros de software oferecem o vínculo entre o usuário e a máquina, redigindo os códigos que dão vida aos dispositivos.

ANALISTA DE SISTEMAS
Página 120

Praticamente todas as empresas ou organizações dependem de um fluxo de dados eficiente. Assim, os analistas de sistemas, que examinam e aprimoram os sistemas de TI, são fundamentais para a economia atual.

ADMINISTRADOR DE BANCO DE DADOS
Página 122

Trabalhando em todos os setores, os administradores de bancos de dados asseguram que a informação armazenada eletronicamente seja acurada e protegida contra hackers.

ENGENHEIRO DE REDES
Página 124

Os sistemas informatizados e de comunicação dependem de redes eletrônicas. Nesta área, os engenheiros se ocupam de diversas redes, como sistemas de fibra ótica e sem fio.

ANALISTA DE SUPORTE TÉCNICO
Página 126

Recorrendo ao conhecimento detalhado de sistemas informatizados e softwares, os analistas de suporte oferecem ajuda e assessoria para usuários que se deparam com problemas tecnológicos.

WEB DESIGNER
Página 128

Criando o conceito visual da internet, os web designers e os desenvolvedores web utilizam suas habilidades para dar vida aos sites de empresas, organizações e indivíduos.

DESENVOLVEDOR DE JOGOS ELETRÔNICOS
Página 130

Com crescente popularidade ano após ano, o setor de jogos eletrônicos depende de desenvolvedores inovadores e criativos para produzir os códigos que comandam os games.

ANALISTA DE CIBERSEGURANÇA
Página 132

Conforme as ameaças de segurança em TI se tornam mais frequentes, os analistas de cibersegurança atuam como guardiões dos sistemas informatizados, utilizando habilidades técnicas para protegê-los de ataques.

TECNOLOGIA DA INFORMAÇÃO E INFORMÁTICA

ENGENHEIRO DE SOFTWARE

DESCRIÇÃO DO TRABALHO

Os engenheiros de software planejam, analisam, projetam, desenvolvem, testam e realizam trabalho de manutenção em muitos tipos de software, que incluem jogos, aplicativos, sistemas de entretenimento doméstico e programas que executam sistemas operacionais de computadores ou controlam as comunicações em rede entre computadores.

RENDA

Engenheiro de software júnior ★★☆☆☆
Engenheiro de software sênior ★★★★★

PERFIL DO SETOR

Grande demanda • Muitas vagas em empresas de software e telecomunicações • Cargos baseados em contrato bem remunerados disponíveis para engenheiros experientes

RESUMO

INTERESSES Ciência da computação • Tecnologia da informação • Matemática • Física • Engenharia • Novas tecnologias

QUALIFICAÇÕES NECESSÁRIAS Diploma em engenharia de software ou em um curso afim é a melhor maneira para obtenção de emprego.

ESTILO DE VIDA A jornada de trabalho é flexível, mas os prazos apertados demandam longas jornadas. Em geral, o trabalho é realizado em escritório. Viagens para encontros com clientes são possíveis.

LOCAL Geralmente, em escritório, mas muitas pessoas trabalham remotamente de casa ou adotam um modelo híbrido, para minimizar distrações.

REALIDADE O mercado é extremamente competitivo. Contudo, paga muito bem e há muitas oportunidades de crescimento na carreira.

PLANO DE CARREIRA

Os engenheiros de software iniciam suas carreiras auxiliando uma equipe que está desenvolvendo ou modificando um código de computador. Após ganharem experiência e conhecimento de diversos sistemas informatizados e linguagens, podem progredir e liderar suas próprias equipes ou ingressar em áreas especializadas do setor.

GRADUAÇÃO Você precisará de um diploma de um curso técnico, mas não necessariamente em ciência da computação ou tecnologia da informação. Também precisará de alguma experiência em codificação.

PÓS-GRADUAÇÃO Embora seja cada vez mais comum aprender a escrever softwares por meio de estudos on-line e independentes, cursos de pós-graduação podem ajudar a atingir cargos mais altos ligados à gestão.

HABILIDADES REQUERIDAS

Habilidade eficaz para trabalho em equipe e capacidade para trabalhar com pessoas de todo o mundo.

Habilidades significativas de análise e solução de problemas para superar os diversos desafios de um projeto.

Abordagem criativa para solucionar o que frequentemente pode ser um problema complexo.

Habilidade em informática proficiente e engenhosidade para permanecer atualizado sobre novas tecnologias.

Atenção aos detalhes e paciência para codificar e testar novos softwares.

▼ ATIVIDADES RELACIONADAS

▶ **ANALISTA DE SISTEMAS** *ver pp. 120-121*

▶ **DESENVOLVEDOR FULL STACK** Lida com bancos de dados, servidores e clientes. Esse profissional deve ser altamente qualificado em uma ampla gama de desenvolvimento de softwares.

▶ **ENGENHEIRO DE APRENDIZADO DE MÁQUINA** Executa programações sofisticadas (trabalhando com conjuntos de dados complexos e algoritmos) para que máquinas e sistemas de inteligência artificial (IA) consigam aprender e aplicar conhecimentos.

A expectativa é de que, até 2026, haja um aumento de 24% na oferta de empregos nessa área.

ENGENHEIRO-CHEFE DE SOFTWARE Comanda uma equipe e define os requisitos específicos do projeto. Requer experiência para orientar novos profissionais e gerenciar o desenvolvimento de habilidades técnicas. É uma função comum para alguém que quer se tornar diretor de tecnologia.

TESTADOR DE SOFTWARE Testa softwares para entender a qualidade de um possível produto. Uma pessoa pode assumir a função de testador de software antes de se tornar engenheiro de software em algumas empresas.

DESENVOLVEDOR DE JOGOS ELETRÔNICOS Escreve e testa o código usado para executar jogos em computadores, consoles e equipamentos portáteis, como tablets e celulares.

ENGENHEIRO DE SOFTWARE Os engenheiros de software experientes possuem diversas opções para desenvolver suas carreiras. Você pode se tornar engenheiro-chefe ou se especializar em diversas áreas.

PESQUISADOR DE SOFTWARE Concebe novas ideias, individualmente ou para uma empresa, e as desenvolve como protótipos de software. Habilidades de codificação são requeridas para esta função.

ANALISTA DE SISTEMAS

DESCRIÇÃO DO TRABALHO

A tecnologia da informação está no cerne da maioria das organizações. Assim, um sistema informatizado projetado de modo insatisfatório pode deixar a empresa menos eficiente. Os analistas de sistemas identificam possíveis problemas nesses sistemas, trabalhando junto a usuários e programadores. Fornecem recomendações de como o sistema pode ser revisado, além de planejar e gerenciar maneiras de alcançar esses objetivos.

RENDA
Analista de sistemas júnior ★★★★★
Analista de sistemas sênior ★★★★★

PERFIL DO SETOR
Empregadores vão de grandes a pequenas empresas • Crescimento no setor de serviços financeiros • Saúde é uma área importante, devido ao uso de prontuários eletrônicos

RESUMO

INTERESSES Tecnologia da informação • Ciência da computação • Tecnologia da informação empresarial • Engenharia eletrônica • Matemática

QUALIFICAÇÕES NECESSÁRIAS Um diploma em um curso com base em informática é preferível. Pós-graduação em administração de empresas é desejável.

ESTILO DE VIDA Em geral, os analistas de sistemas trabalham em horário de expediente comercial, mas podem ter de fazer horas extras para cumprir prazos de projetos.

LOCAL Em geral, em escritório, mas tem-se adotado cada vez mais o modelo híbrido de trabalho, lançando mão das tecnologias virtuais.

REALIDADE O ritmo acelerado do trabalho e os prazos apertados podem ser estressantes. Os analistas de sistemas precisam se manter atualizados sobre a tecnologia em rápida evolução.

▼ ATIVIDADES RELACIONADAS

▶ **ENGENHEIRO DE SOFTWARE** ver pp. 118-119

▶ **ADMINISTRADOR DE BANCO DE DADOS** ver pp. 122-123

▶ **ENGENHEIRO DE REDES** ver pp. 124-125

▶ **CIENTISTA DE DADOS** Analisa o grande volume de dados de computador que as empresas coletam para identificar padrões que podem ajudar a torná-las mais lucrativas. Os analistas de dados apresentam esses resultados para a diretoria.

▶ **GERENTE DE RISCO DE TI** Examina os sistemas de TI de uma empresa, identificando e reparando os pontos fracos de segurança que podem levar ao roubo ou dano de informações baseadas em computador.

Analistas de sistemas cada vez mais trabalham com a criação de tecnologias de armazenamento em nuvem para empresas.

PLANO DE CARREIRA

Após a qualificação, os analistas de sistemas podem se especializar em um tipo específico de sistema informatizado, como sistema de contabilidade ou de assistência médica. Se trabalharem para grandes empresas, podem ser promovidos para cargos administrativos ou de planejamento estratégico.

TÉCNICO Após a conclusão de curso técnico na área, você pode atuar como técnico de TI e ganhar experiência para uma graduação.

FORMAÇÃO É preciso ter diploma em ciência da computação, matemática, estudos empresariais ou em uma área afim.

HABILIDADES REQUERIDAS

Habilidade eficaz para trabalho em equipe e capacidade para trabalhar com pessoas de todos os departamentos da empresa.

Habilidade de liderança significativa para motivar técnicos, instruir desenvolvedores e influenciar gerentes.

Abordagem analítica e lógica para projetar e testar sistemas complexos.

Habilidade em TI altamente desenvolvida por meio de uma grande variedade de hardwares, softwares e redes.

Tino comercial significativo para prover aos clientes soluções de sistema eficazes em termos de custo.

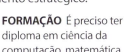
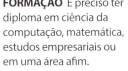

ANALISTA DE SISTEMAS
Os analistas trabalham ao lado de administradores de empresas para desenvolver sistemas de TI eficazes. Como analista, você pode recomendar e instalar novos hardwares e softwares, testar o sistema e ensinar os funcionários a utilizá-lo. Com experiência, pode escolher se especializar.

ANALISTA SÊNIOR Comanda uma equipe de profissionais de TI ou assume uma função administrativa, assessorando os diretores de uma empresa a respeito da estratégia de TI, como a implantação do uso de bancos de dados.

ARQUITETO DE TI
Identifica o potencial e a efetividade de uma solução de TI, acompanhando sua curva de surgimento, sua adoção e a vida útil.

GERENTE DE PROJETOS DE SISTEMAS DE TI
Supervisiona um projeto de TI do início ao fim. Você desenvolverá projetos, gerenciará equipes, estudará riscos e controlará orçamentos.

ANALISTA DE SOFTWARE
Diagnostica problemas com software empresarial. Pode desenvolver e escrever códigos para novos aplicativos, se necessário.

CONSULTOR DE TI
Oferece recomendações a respeito de questões de TI para empresas e órgãos governamentais em uma empresa de consultoria administrativa.

ADMINISTRADOR DE BANCO DE DADOS

DESCRIÇÃO DO TRABALHO

Empresas de quase todas as áreas, da engenharia ao marketing, dependem de dados exatos para tomar decisões. Administradores de banco de dados armazenam e organizam informações em bancos de dados, que identificam padrões nessas informações. Também asseguram o funcionamento eficiente desses bancos, fornecendo dados quando necessário.

RENDA
Adm. de banco de dados iniciante ★★★★★
Adm. de banco de dados experiente ★★★★★

PERFIL DO SETOR
Oportunidades em todo o mundo • Possibilidade diversa de trabalho • Conectar dispositivos inteligentes que usam tecnologias de nuvem é um desafio contínuo

HABILIDADES REQUERIDAS

Habilidade de comunicação eficaz para entender e fornecer dados exatos quando requerido.

Habilidade de gestão de equipe eficiente para lidar com pedidos constantes de processamento de dados.

Habilidade na solução de problemas, para que dados sejam copiados com segurança, fáceis de recuperar e estejam seguros.

Muito interesse e adequado entendimento de software e codificação.

Atenção aos detalhes para reparar – ou evitar – erros de programação que podem provocar problemas em um banco de dados.

ATIVIDADES RELACIONADAS

▶ **ENGENHEIRO DE SOFTWARE** ver pp. 118-119

▶ **ANALISTA DE SISTEMAS** ver pp. 120-121

▶ **ENGENHEIRO DE REDES** ver pp. 124-125

▶ **WEB DESIGNER** ver pp. 128-129

▶ **PROGRAMADOR FINANCEIRO** Combina finanças e tecnologia para desenvolver programas e softwares usados por bancos e instituições financeiras, a fim de oferecer aplicativos para celular, negociar criptomoedas ou criar chatbots no setor crescente das fintechs.

▶ **CIENTISTA DA INFORMAÇÃO** Gerencia os recursos de informações de uma organização, como bancos de dados, serviços on-line, livros e registros baseados em papel.

▶ **CONSULTOR DE TI** Orienta uma empresa a respeito de como melhorar sua infraestrutura de TI. Deve ter um bom conhecimento sobre bancos de dados, redes e todos os diferentes tipos de software.

RESUMO

INTERESSES Ciência da computação • Codificação • Tecnologia da informação • Novas tecnologias • Segurança de dados • Matemática

LOCAL O trabalho é realizado em escritório. Alguns administradores podem trabalhar em casa, ainda que lidem com funcionários de todos os departamentos de uma empresa.

QUALIFICAÇÕES NECESSÁRIAS Um diploma de curso técnico, como engenharia de software, ciência da computação ou matemática, é desejável, mas não obrigatório.

REALIDADE É uma função que sofre muita pressão. Você deverá responder com rapidez e exatidão aos problemas. Trabalhar diante da tela pode ser cansativo.

ESTILO DE VIDA O trabalho após o expediente é bastante provável. Você pode ter de lidar com pedidos vindos de membros de sua empresa a qualquer hora.

Segurança e recuperação de dados são aspectos importantes desse trabalho.

PLANO DE CARREIRA

Grandes empresas com necessidades complexas de dados proporcionam as melhores oportunidades para o desenvolvimento da carreira. Administradores de bancos de dados podem se especializar em uma área de tecnologia.

ADMINISTRADOR DE BANCO DE DADOS
A crescente necessidade de dados e os avanços em tecnologia significam que você terá diversas opções possíveis para desenvolvimento de carreira nessa área.

ESTAGIÁRIO Se você tiver interesse em TI, poderá estagiar durante seu curso técnico ou sua faculdade no departamento de TI de uma empresa.

FORMAÇÃO Graduados com diplomas em TI, ciências da computação ou outra graduação similar conseguirão encontrar cargos para iniciantes.

GERENTE DE REDES Assegura que as redes estejam seguras, sincronizadas mundialmente e atualizadas em tecnologia.

GERENTE DE PROJETOS Supervisiona um projeto do início ao fim, atuando em conjunto com diversas pessoas da empresa.

ARQUITETO DE BANCO DE DADOS Projeta a estrutura de um banco de dados, com base em necessidades e objetivos do cliente.

ESPECIALISTA EM GESTÃO DE DADOS Gerencia e analisa dados (atuais e históricos) coletados de distintas partes de uma organização.

ENGENHEIRO DE REDES

DESCRIÇÃO DO TRABALHO

Os engenheiros de redes configuram e mantêm as redes que transmitem informações entre os computadores. Essas redes precisam de diversas tecnologias para funcionar. Podem conectar computadores situados em um único escritório ou separados por grandes distâncias. Os engenheiros de redes também diagnosticam e reparam problemas em softwares de rede e verificam cabos, links por rádio e até satélites que transmitem a informação. Além disso, proporcionam ajuda presencial para os funcionários de uma empresa.

RENDA

Engenheiro de redes júnior ★★★★★
Engenheiro de redes sênior ★★★★★

PERFIL DO SETOR

Mercado em crescimento
• Oportunidades em quase todas as áreas empresariais • Número crescente de oportunidades em tecnologia da informação na área da saúde

PLANO DE CARREIRA

O desenvolvimento da carreira depende do tipo e do tamanho da empresa em que você trabalha. Se ela for pequena, você será obrigado a lidar com diversos problemas de informática, de velocidade baixa de internet a contaminações por vírus. No entanto, se for uma empresa global, você terá mais chances de se especializar em uma área específica, como arquitetura de redes ou cibersegurança.

ESTAGIÁRIO Uma pessoa com habilidades adequadas em tecnologia da informação e que realize ao menos um curso técnico pode encontrar trabalho como estagiário. O aprendizado no trabalho e um curso superior podem colocá-lo no caminho de se tornar um engenheiro de redes.

FORMAÇÃO Se você tiver graduação ou pós-graduação em ciência da computação ou engenharia de sistemas, poderá encontrar emprego em empresas que possuem redes grandes e complexas.

ARQUITETO DE REDES Projeta a rede de computadores de uma organização. Isso envolve a análise de como a empresa funciona e o planejamento de uma rede capaz de satisfazer as necessidades atuais e futuras.

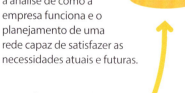

ENGENHEIRO DE REDES Muitas empresas exigem que você aprenda e se certifique nos produtos que elas utilizam, como Microsoft ou Cisco. Com a experiência, há uma série de diferentes funções para as quais você pode se transferir.

HABILIDADES REQUERIDAS

Habilidade de comunicação eficaz para trabalhar com uma equipe não especializada dentro da organização.

Capacidade para trabalhar como parte de uma equipe de desenvolvedores de software e outros profissionais de TI.

Gestão eficiente de técnicos de TI e capacidade de apoiar gerentes executivos.

Capacidade de identificar e solucionar problemas técnicos com rapidez.

Paciência e perseverança para solucionar problemas e restaurar a atividade de rede de uma empresa.

Domínio e conhecimento referente à grande variedade de softwares, hardwares e redes de TI.

ADMINISTRADOR DE REDES Mantém os equipamentos funcionando adequadamente, além de pesquisar novas soluções, criar rotinas de manutenção e fazer monitoria de recursos.

CONSULTOR DE TI Trabalha para uma consultoria de TI ou cria sua própria empresa para fornecer assessoria e serviços associados a redes para diversos clientes.

PROFISSIONAL DE HELP DESK Proporciona suporte e assessoria por telefone ou on-line para os usuários de rede de uma empresa.

RESUMO

INTERESSES Tecnologia da informação • Ciência da computação • Engenharia eletrônica ou elétrica • Redes de computadores • Matemática

QUALIFICAÇÕES NECESSÁRIAS Formação superior em ciência da computação ou em engenharia eletrônica são recomendadas.

ESTILO DE VIDA Engenheiros de redes costumam ficar de plantão para solucionar problemas fora do expediente, pois as empresas dependem de suas redes 24 horas por dia.

LOCAL A maior parte do trabalho é realizada em escritório, mas alguns engenheiros de redes trabalham em casa, dependendo do tipo de projeto.

REALIDADE Os avanços tecnológicos significam que é uma área em crescimento, com muitos novos campos de trabalho se abrindo. As habilidades precisam ser regularmente atualizadas.

▼ ATIVIDADES RELACIONADAS

▶ **ENGENHEIRO DE SOFTWARE** ver pp. 118-119

▶ **ANALISTA DE SISTEMAS** ver pp. 120-121

▶ **ADMINISTRADOR DE BANCO DE DADOS** ver pp. 122-123

▶ **ANALISTA DE CIBERSEGURANÇA** ver pp. 132-133

Conforme a internet das coisas (IoT) entra no ambiente de trabalho, os engenheiros de redes são requisitados para ajudar as empresas a conectar computadores, dispositivos e salas de reuniões.

ANALISTA DE SUPORTE TÉCNICO

DESCRIÇÃO DO TRABALHO

O analista de suporte técnico presta assistência em hardware e software para clientes internos e externos de uma organização, respondendo a questões não só técnicas, mas também relativas a serviços, produtos e relacionamento com os clientes. Instalam e mantêm os sistemas operacionais da empresa.

RENDA
Analista de suporte técnico júnior ★★★★★
Executivo de TI ★★★★★

PERFIL DO SETOR
Oportunidades com vários empregadores, de grandes corporações a pequenas empresas • Demanda crescente por suporte de TI no setor público e em serviços financeiros

RESUMO

INTERESSES Tecnologia da informação • Matemática • Física • Estudos empresariais • Tecnologia da informação empresarial • Inglês • Programação

QUALIFICAÇÕES NECESSÁRIAS Diploma em curso relacionado a TI é desejável, mas ingressar com treinamento profissional adequado também é possível.

ESTILO DE VIDA A maioria das empresas de suporte de TI funciona 24 horas por dia. Assim, trabalhar em turnos é comum. Oportunidades de tempo parcial são oferecidas por diversos empregadores.

LOCAL Cada vez mais o trabalho pode ser realizado remotamente por meio de tecnologias virtuais. O modelo híbrido de trabalho é comum, com viagens ocasionais a trabalho.

REALIDADE Este trabalho pode ter ritmo acelerado e ser orientado por metas, com pressão para solucionar rapidamente as solicitações. Lidar com clientes pode ser estressante.

PLANO DE CARREIRA

Empregos de suporte de TI são encontrados em diversos ramos de atividade, em organizações do setor público e em consultorias, prestando serviços aos clientes. Os executivos de suporte possuem grande conhecimento de hardware e software de computadores. Assim, podem se transferir para cargos relacionados à TI, como engenharia de redes ou administração de banco de dados.

ESTAGIÁRIO Você pode ingressar no suporte de TI estudando para certificações de empresas de tecnologia como Microsoft, ComptIA ou Cisco. Isso o qualificará para fazer a manutenção dos sistemas ou softwares dessas empresas.

FORMAÇÃO É desejável possuir graduação em sistemas de informação, ciência da computação ou engenharia da computação.

▼ ATIVIDADES RELACIONADAS

▶ **GERENTE DE PROJETOS** ver pp. 82-83

▶ **ANALISTA DE SISTEMAS** ver pp. 120-121

▶ **ADMINISTRADOR DE BANCO DE DADOS** ver pp. 122-123

▶ **ENGENHEIRO DE REDES** ver pp. 124-125

▶ **GERENTE DE CALL CENTER** Gerencia a operação diária dos funcionários de call center telefônico, que lidam com dúvidas e reclamações de clientes e vendem produtos ou serviços pelo telefone.

▶ **GERENTE DE MÍDIAS SOCIAIS** Cria e lidera as estratégias de uma organização em mídias sociais criando bons conteúdos, administrando campanhas on-line e analisando dados de usuários.

HABILIDADES REQUERIDAS

 Habilidade de comunicação eficaz para assegurar que problemas sejam entendidos e solucionados de maneira eficiente.

 Capacidade de trabalhar em equipe e identificar problemas graves para gerentes e especialistas de TI.

 Boas habilidades administrativas para orientar o departamento de suporte de TI e capacidade de influenciar os gerentes executivos.

 Aplicação de habilidades técnicas e de abordagem lógica na solução eficaz de problemas.

Domínio de programas de TI, sistemas e redes, e capacidade de aprender rapidamente na própria atividade.

ENGENHEIRO DE SUPORTE TÉCNICO Proporciona suporte de hardware e software para usuários de redes telefônicas e de computadores, pessoalmente ou por telefone.

ANALISTA DE HELP DESK Fornece suporte ao usuário de TI em uma área de negócios específica, como varejo ou banco, para resolver falhas de sistemas e problemas de usuário.

SUPORTE DE HOSPEDAGEM DE SITES Trabalha para uma empresa de hospedagem de sites, fornecendo suporte de TI 24 horas por dia para os usuários que compraram espaço de servidor da empresa para seus sites ou serviços de e-mail.

ANALISTA DE SUPORTE TÉCNICO O trabalho oferece a percepção de todas as atividades de TI de uma organização. Assim, o progresso para cargos associados a TI são comuns. Você pode se especializar em uma área técnica, como suporte de rede.

GERENTE DE SERVICE DESK Gerencia uma equipe de funcionários responsável pela oferta de suporte para serviços de aplicações de TI, assegurando que as metas e as expectativas dos clientes sejam atendidas ou superadas.

WEB DESIGNER

DESCRIÇÃO DO TRABALHO

Criar um site eficaz requer uma mistura de habilidades técnicas e criativas. Web designers levam em consideração a aparência e a usabilidade do site, além de seu back-end – software que fornece as informações ao usuário e faz o site ser executado sem percalços. Eles também criam aplicativos para empresas, para que os consumidores possam ver e comprar produtos ou serviços usando seus dispositivos móveis.

RENDA

Web designer iniciante ★★★★★
Web designer experiente ★★★★★

PERFIL DO SETOR

Ambiente dinâmico • Oportunidades em agências de design • Trabalho freelance é comum • Mercado global • Desenvolvimento de aplicativos fáceis de usar é cada vez mais importante

PLANO DE CARREIRA

Em geral, web designers trabalham como parte de uma equipe, desenvolvendo ou testando um site. Com experiência, podem progredir até liderar uma equipe ou trabalhar com clientes em uma agência de criação de sites.

ASSISTENTE Se você tem habilidades significativas em informática, pode encontrar emprego em uma agência como assistente. Você precisará demonstrar suas habilidades no trabalho para progredir.

FORMAÇÃO Você pode se tornar um desenvolvedor web ou web designer se tiver graduação ou mestrado em TI ou web design, além de conhecimento adequado das atuais tecnologias web.

PROGRAMADOR WEB Especializa-se em escrever o código que faz um site funcionar. O código é escrito por meio de linguagens, como HTML, JavaScript e PHP.

WEB DESIGNER Você continuará melhorando suas habilidades e adaptando projetos para novas tecnologias, como aplicativos de celular e websites, com animações e vídeos, além de acompanhar novas tendências.

HABILIDADES REQUERIDAS

 Criatividade e inovação para manter a dianteira no mundo competitivo do desenvolvimento de sites.

 Clareza de pensamento e habilidade analítica para lidar com complexidades do design.

 Capacidade de analisar o design de um site e, depois, identificar e solucionar seus problemas.

 Confiança na tecnologia e disposição para se manter atualizado com novos desenvolvimentos de software.

Sensibilidade para os detalhes no planejamento e/ou design do conteúdo de sites complexos.

 DESIGNER GRÁFICO Com foco em design, utiliza imagens, cores e fontes para criar layouts, expressando informações e mensagens para mídia impressa ou eletrônica de maneira visual.

 **ESPECIALISTA EM EXPERIÊNCIA DO USUÁRIO** Designer especializado na chamada UX (do inglês *user experience*), com a missão de aprimorar a função e o layout de um site.

 **DIRETOR DE CRIAÇÃO** Combina experiência ampla em design com habilidade organizacional para gerenciar uma equipe. Responsável pelo conceito geral do site.

▼ ATIVIDADES RELACIONADAS

▶ **ENGENHEIRO DE SOFTWARE** ver pp. 118-119

▶ **ADMINISTRADOR DE BANCO DE DADOS** ver pp. 122-123

▶ **DESENVOLVEDOR DE JOGOS ELETRÔNICOS** ver pp. 130-131

▶ **PROGRAMADOR DE MULTIMÍDIA** Cria recursos interativos para produtos, como sites, utilizando fotos, clipes de animação, sons e textos.

▶ **ESPECIALISTA EM SEO** Combina habilidades técnicas e de marketing para gerar mais tráfego para os sites. Isso pode aumentar as vendas e melhorar a visibilidade e a reputação das marcas.

▶ **DESIGNER DE REALIDADE VIRTUAL** Utiliza tecnologias de realidade virtual (RV) de ponta para simular ambientes reais. Cria soluções para muitas indústrias, de jogos eletrônicos à aeronáutica.

RESUMO

 INTERESSES Tecnologia da informação • Ciência da computação • Design • Segurança na internet • Novas tecnologias • Multimídia • Recursos gráficos

 QUALIFICAÇÕES NECESSÁRIAS Qualificação em ciências da computação ou design gráfico pode ser útil, mas muitos web designers são autodidatas.

 ESTILO DE VIDA A jornada de trabalho é flexível, mas prazos apertados muitas vezes significam trabalho noturno ou aos finais de semana. Os contratos de trabalho autônomo são comuns.

 LOCAL O trabalho remoto e o modelo híbrido estão se tornando comuns. Os clientes podem discutir o trabalho e ver os designs por meio de plataformas on-line.

 REALIDADE A reputação de um web designer é fundamental para seu sucesso. É essencial se manter sempre atualizado sobre as tecnologias em constante transformação.

DESENVOLVEDOR DE JOGOS ELETRÔNICOS

DESCRIÇÃO DO TRABALHO

O desenvolvedor de jogos eletrônicos produz jogos para distintas plataformas, incluindo computadores pessoais (PCs), consoles, smartphones, tablets e sites. Como desenvolvedor de jogos, você pode se envolver com diversas funções, incluindo a elaboração do conceito inicial do jogo, a redação de seu código, a criação de arquivos de áudio e vídeo ou a formulação de instruções para animadores e outros membros de sua equipe.

RENDA
Des. de jogos eletrônicos iniciante ★★ ☆ ☆ ☆
Des. de jogos eletrônicos experiente ★★★★ ☆

PERFIL DO SETOR
Expansão intensa nos últimos anos, com previsão de mais crescimento • Muitos contratos de trabalho autônomo disponíveis • Mercado crescente em jogos de realidade virtual (RV) e realidade aumentada (RA)

RESUMO

INTERESSES Ciência da computação • Recursos gráficos • Design 3D • Animação e ilustração • Jogos • Codificação • Matemática • Física

QUALIFICAÇÕES NECESSÁRIAS Um diploma em ciência da computação ou em um campo de estudo relacionado à mídia é bastante útil, embora não seja obrigatório.

ESTILO DE VIDA As equipes são intimamente ligadas e podem trabalhar juntas durante longas jornadas para preparar um novo jogo para uma data de lançamento iminente.

LOCAL Muitos têm adotado esquemas de trabalho híbrido. Trabalham junto com pessoas de diferentes áreas presencialmente e on-line, em uma atmosfera criativa e informal.

REALIDADE O ingresso é altamente competitivo. Prazos rígidos orientam o trabalho, e passar longos períodos diante de um computador pode ser cansativo.

PLANO DE CARREIRA

Não há estrutura de carreira formal para os desenvolvedores de jogos eletrônicos. Em grande medida, o progresso depende do caminho adotado: por exemplo, foco nos elementos gráficos da programação ou na interface com o usuário. Nesse setor jovem e dinâmico, o sucesso depende do desempenho, e também das vendas e da recepção crítica dos jogos.

TESTADOR DE JOGOS Você pode encontrar emprego em um fabricante de jogos eletrônicos testando seus produtos quanto à jogabilidade e às falhas (bugs). Isso pode proporcionar uma via de entrada no setor.

FORMAÇÃO Diploma em ciência da computação ou tecnologia em jogos digitais cria melhores oportunidades de emprego. Algumas faculdades oferecem cursos ou módulos de especialização em programação de jogos eletrônicos.

ATIVIDADES RELACIONADAS

▶ **ENGENHEIRO DE SOFTWARE** *ver pp. 118-119*

▶ **WEB DESIGNER** *ver pp. 128-129*

▶ **ANIMADOR** Dá vida aos personagens em desenhos animados, propagandas e jogos eletrônicos, modelando o movimento de um personagem ou objeto na tela.

▶ **PRODUTOR DE E-SPORTS** Produz e divulga o evento. Faz desde o planejamento de roteiros e a contratação de comentaristas até a divulgação dos jogos para fãs.

▶ **PERITO FORENSE COMPUTACIONAL** Investiga invasão e outras atividades ilegais relacionadas a computadores.

▶ **ARTISTA DE STORYBOARD** Ilustra o progresso de um personagem em um jogo de computador.

HABILIDADES REQUERIDAS

 Habilidade de cooperação adequada para trabalhar sem percalços com pessoas de todas as formações educacionais.

 Imaginação para desenvolver novos produtos e flexibilidade para lidar com uma grande variedade de tarefas.

 Abordagem lógica para solucionar problemas, e habilidades matemática e analítica significativas.

 Conhecimento profundo de jogos eletrônicos e habilidade em informática significativa.

 Atenção aos detalhes para assegurar códigos isentos de bug; capacidade de trabalhar sob pressão e cumprir prazos.

DESENVOLVEDOR SÊNIOR Lidera uma equipe de especialistas para concluir um jogo inteiro ou parte de um produto digital maior. Essa função pode caber a uma pessoa com formação em programação ou design.

GERENTE DE PROJETOS Supervisiona um projeto, assegurando que todos os recursos e profissionais necessários para concluir o trabalho no prazo estejam no lugar.

DESENVOLVEDOR DE JOGOS ELETRÔNICOS Pode optar por programação (construção do jogo) ou design (criação dos elementos gráficos).

DESIGNER DE JOGOS ELETRÔNICOS Planeja a aparência dos personagens, das fases e da narrativa do jogo. Alguns podem ter formação em programação, mas muitos provêm do design.

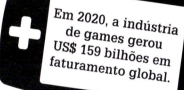

Em 2020, a indústria de games gerou US$ 159 bilhões em faturamento global.

TECNOLOGIA DA INFORMAÇÃO E INFORMÁTICA

ANALISTA DE CIBERSEGURANÇA

DESCRIÇÃO DO TRABALHO

Os dados computadorizados de organizações e entidades governamentais precisam de proteção constante. Com conhecimento de alto nível de informática e redes, os analistas de cibersegurança trabalham para prevenir brechas que ameaçam a segurança, identificando e reparando pontos fracos no código e no hardware dos computadores de uma organização.

RENDA
Analista de cibersegurança iniciante ★★★★☆
Consultor ★★★★☆

PERFIL DO SETOR
Uma maior dependência em relação a sistemas informatizados resultou em uma demanda crescente por analistas de cibersegurança qualificados • O número de empregos nessa área deve crescer 31% até 2029

RESUMO

INTERESSES Tecnologia da informação • Engenharia de software • Projeto de banco de dados • Redes de computadores • Matemática • Física • Direito

QUALIFICAÇÕES NECESSÁRIAS Um diploma em engenharia de software ou ciência da computação é obrigatório. Uma qualificação superior em cibersegurança é bastante útil.

ESTILO DE VIDA Horário de expediente convencional é a regra, mas os analistas de cibersegurança muitas vezes fazem horas extras se há uma ameaça ao sistema de seus empregadores.

LOCAL Em geral, a atividade é realizada em escritório, mas o modelo híbrido de trabalho tem crescido. Viagens para visitar clientes podem ser necessárias.

REALIDADE Os analistas de cibersegurança devem se manter atualizados sobre novos sistemas, tecnologias e ameaças. O alto nível de responsabilidade pode ser estressante.

▼ ATIVIDADES RELACIONADAS

▶ **ENGENHEIRO DE SOFTWARE** ver pp. 118-119

▶ **ENGENHEIRO DE REDES** ver pp. 124-125

▶ **POLICIAL FEDERAL** ver pp. 240-241

▶ **ADVOGADO ESPECIALIZADO EM CIBERCRIMES** Especializa-se nos aspectos legais de segurança de dados e crimes on-line.

▶ **CONSULTOR DE TI** Assessora empresas a respeito de como melhorar a infraestrutura de TI. O consultor de TI precisa de amplo conhecimento de bancos de dados, redes de TI e softwares.

Mais de 10 milhões de ciberataques são relatados todos os dias, e o número é crescente.

PLANO DE CARREIRA

A maioria dos iniciantes possui formação superior em computação. Com experiência, os analistas de cibersegurança podem se transferir para cargos administrativos ou se especializar em áreas como investigação de novas ameaças ou cibercrimes.

TÉCNICO Se você é um entusiasta de computação com habilidades em TI, pode encontrar trabalho como técnico ou estagiário de TI.

FORMAÇÃO Em geral, você precisará de, pelo menos, uma graduação em um curso de computação, segurança ou TI para ingressar nessa área.

HABILIDADES REQUERIDAS

 Pensamento criativo para descobrir novas maneiras pelas quais os sistemas podem ser atacados.

 Habilidades lógicas e analíticas para entender como os sistemas foram montados.

 Capacidade de pensar rapidamente e reagir às ameaças, para evitar qualquer dano possível.

 Conhecimento profundo de diversas linguagens de programação, redes e áreas de vulnerabilidade.

 Atenção aos detalhes ao verificar fraudes e realizar investigações.

ANALISTA DE CIBERSEGURANÇA
Trabalhando sob o comando dos diretores executivos da empresa, você verificará sistemas em busca de vulnerabilidades, monitorará atividade incomum nas redes, instalará softwares de segurança e tomará outras providências para neutralizar ameaças de ciberataques.

TREINADOR DE SEGURANÇA
Treina os funcionários e os usuários da rede a respeito de como manter dados valiosos armazenados eletronicamente seguros e confidenciais.

PERITO FORENSE COMPUTACIONAL
Investiga invasões e outras atividades ilegais relacionadas a computadores. Os peritos oficiais atuam em questões criminais e são, em sua maioria, funcionários públicos concursados.

GERENTE DE RISCO
Analisa os riscos de segurança que podem afetar os sistemas de TI de uma organização. Também trabalha com a diretoria para atualizar e organizar sistemas e assegurar sua confiabilidade.

INVESTIGADOR DIGITAL
A atuação vai do controle da informação digital à coleta de evidências para um processo de perícia, incluindo o treinamento de pessoas que às vezes vazam informações sem saber.

TESTADOR DE INTRUSÃO (PENTESTER) Testa a resistência de redes de computadores, tentando penetrar em suas defesas. Chamados também de "hackers éticos", os pentesters identificam e consertam brechas na segurança que podem ser exploradas por hackers maliciosos.

CIÊNCIA E PESQUISA

O setor científico abrange uma variedade de especializações, as quais são apropriadas para pessoas com mente curiosa, abordagem analítica e entusiasmo por novas descobertas. A pandemia de covid-19 evidenciou a importância dos trabalhos que envolvem a pesquisa de vírus para criar tratamentos e vacinas.

PROFISSIONAL DE BIOTECNOLOGIA
Página 136

Utilizam métodos científicos – da genética à bioquímica – para desenvolver novos materiais, organismos e produtos, para uso em diversos setores, como a agricultura.

MICROBIOLOGISTA
Página 138

As pesquisas realizadas por microbiologistas a respeito de vírus, bactérias e outros microrganismos são fundamentais na prevenção de doenças infecciosas e na proteção da saúde pública.

FARMACOLOGISTA
Página 140

Realizando pesquisas a respeito de novas drogas, medicamentos existentes e outras substâncias químicas, os farmacologistas utilizam seu conhecimento científico para melhorar a saúde humana.

CIENTISTA DE ALIMENTOS
Página 142

Contratados por agências reguladoras e pela indústria de alimentos e bebidas, os cientistas de alimentos desenvolvem novos produtos e verificam a segurança e os efeitos dos produtos existentes à saúde.

BIÓLOGO MARINHO
Página 144

Estes profissionais estudam a vida marinha, descobrem novas espécies e analisam os efeitos que a atividade humana e a mudança climática têm sobre os ecossistemas marinhos.

PERITO CRIMINAL
Página 146

Realizando análises científicas de cenas de crime e coletando provas de casos criminais, estes profissionais ajudam a elucidar crimes, trazendo à tona fatos ocultos.

GEOCIENTISTA
Página 148

Explorando as riquezas naturais do planeta por meio de trabalho de campo e pesquisa, os geocientistas melhoram nosso conhecimento sobre petróleo, gás e recursos minerais situados no subsolo.

CIENTISTA DE MATERIAIS
Página 150

Na vanguarda tecnológica, os cientistas de materiais criam as substâncias de amanhã, pesquisando as propriedades e os comportamentos dos materiais naturais e artificiais.

METEOROLOGISTA
Página 152

Realizando pesquisas climáticas e previsões do tempo, os meteorologistas estudam e interpretam as condições atmosféricas que moldam o mundo ao nosso redor.

ASTRÔNOMO
Página 154

Estudando as estrelas, os planetas e o espaço sideral por meio de observação e pesquisa, os astrônomos trabalham em uma disciplina acadêmica que nos ajuda a entender o universo.

ASTRONAUTA
Página 156

A ciência espacial é um nicho disciplinar que contribui para o entendimento científico. Os astronautas são os exploradores celestes que realizam pesquisas no espaço sideral.

PROFISSIONAL DE BIOTECNOLOGIA

DESCRIÇÃO DO TRABALHO

Utilizam seu conhecimento a respeito do funcionamento dos organismos vivos para resolver problemas e desenvolver novos produtos. Entre suas atribuições, estão o desenvolvimento de novos medicamentos e vacinas, a melhoria da alimentação animal, o cultivo de produtos agrícolas mais resistentes à estiagem e a pragas, e o aperfeiçoamento de produtos cotidianos, como queijos e pães, e combustíveis.

RENDA
Prof. de biotecnologia iniciante ★★☆☆☆
Prof. de biotecnologia experiente ★★★★☆

PERFIL DO SETOR
Diversas oportunidades no mundo todo • Ampla gama de possíveis empregadores • Melhores perspectivas de trabalho nas áreas da indústria e de especialidades médicas

RESUMO

INTERESSES Trabalho em laboratório • Investigação científica • Biologia • Química • Física • Matemática • Engenharia

QUALIFICAÇÕES NECESSÁRIAS Bacharelado ou graduação tecnológica, dependendo da área de atuação.

ESTILO DE VIDA Expediente comercial é a regra, mas os profissionais podem ter de trabalhar à noite, aos fins de semana ou em turnos, para verificar o andamento de pesquisas.

LOCAL Em geral, os profissionais trabalham em laboratórios esterilizados, em instalações de pesquisa ou industriais e às vezes em escritórios.

REALIDADE As descobertas inovadoras podem ser estimulantes, mas o trabalho também pode ser repetitivo e frustrante. Muitas horas são passadas no laboratório.

▼ ATIVIDADES RELACIONADAS

▸ **MICROBIOLOGISTA** *ver pp. 138-139*

▸ **CIENTISTA DE ALIMENTOS** *ver pp. 142-143*

▸ **ENGENHEIRO QUÍMICO** *ver pp. 180-181*

▸ **BIOQUÍMICO** Realiza pesquisas científicas sobre as reações químicas que ocorrem em organismos vivos. Os bioquímicos analisam os efeitos de drogas, alimentos, alergias e doenças em células, proteínas e no DNA.

▸ **CIENTISTA DE PESQUISA BIOMÉDICA** Realiza pesquisas e testes de laboratório para investigar novos tratamentos para doenças e outros problemas de saúde.

O Projeto Genoma Humano foi concluído em 2003; antes disso, ninguém conhecia todos os genes do ser humano.

PLANO DE CARREIRA

A área de biotecnologia abrange diversas funções, da pesquisa de alto nível à manufatura. Ter uma sólida compreensão do funcionamento de um processo torna a transição para diferentes campos muito mais fácil se você quiser mudar de emprego no futuro, inclusive nas áreas de vendas e marketing.

TÉCNICO Você pode começar na função de técnico de laboratório e, ao mesmo tempo, estudar para obter uma formação superior.

FORMAÇÃO A graduação tecnológica tem como foco atividades de gestão e processos biotecnológicos. O bacharelado é mais abrangente, permitindo a especialização em um setor, como agrícola ou ambiental.

HABILIDADES REQUERIDAS

 Inovação e disposição para aprender novas tecnologias.

 Abordagem lógica e analítica para realizar experiências e conduzir pesquisas.

 Habilidade na solução de problemas e capacidade de formular ideias, planejar experiências e interpretar resultados.

 Habilidade em informática para registrar e analisar dados experimentais e do produto.

 Perseverança e motivação para repensar e reiniciar experiências que podem não funcionar.

 Capacidade de lidar com equipamentos científicos e fazer medições com bastante cuidado.

PROFISSIONAL DE BIOTECNOLOGIA Há diversas oportunidades para especialização, mas cada uma dessas vertentes da biotecnologia requer estudos adicionais.

BIOTECNÓLOGO DE PRODUÇÃO DE CERVEJA Descobre métodos de produção de cerveja e armazenamento de produtos fermentados.

PROFISSIONAL DE BIOFARMACÊUTICA Aplica técnicas avançadas, como engenharia genética, para desenvolver novos medicamentos usados no tratamento de doenças, como artrite e hipertensão.

CIENTISTA CLÍNICO Trabalha em hospitais, realizando estudos clínicos e analisando dados para desenvolver novas terapias, ou provendo diagnósticos para a equipe médica.

BIOTECNÓLOGO DE COMBUSTÍVEIS E PRODUTOS QUÍMICOS Realiza pesquisas para a produção de combustíveis mais limpos, como bioetanol, ou materiais novos, como plásticos biodegradáveis, que são bem mais ecológicos do que muitos produtos atualmente em uso.

MICROBIOLOGISTA

DESCRIÇÃO DO TRABALHO

O microbiologista estuda organismos minúsculos, como bactérias e vírus, que podem causar doenças, poluição e destruição de plantações, mas também podem ser utilizados para produzir vacinas que previnem doenças. Esse profissional coleta organismos do meio ambiente ou de pacientes, e estuda e realiza experiências com eles. Seu trabalho beneficia diversos setores, incluindo medicina e agricultura.

RENDA
Microbiologista iniciante ★★★★★
Microbiologista experiente ★★★★★

PERFIL DO SETOR
Setor em crescimento acelerado • Oportunidades em pesquisa, produção, controle de qualidade e no governo • Algumas pesquisas estão na vanguarda da ciência, como nas áreas de saúde pública e ciências ambientais

RESUMO

 INTERESSES Trabalho em laboratório • Saúde e medicina • Pesquisa e desenvolvimento • Tecnologia de alimentos • Biologia • Física • Química

 QUALIFICAÇÕES NECESSÁRIAS Um diploma em microbiologia ou em um curso afim é obrigatório. Muitos empregadores requerem doutorado e experiência em pesquisa acadêmica.

 ESTILO DE VIDA A maioria dos microbiologistas trabalha em expediente convencional, mas pode precisar supervisionar experiências de laboratório à noite ou aos finais de semana.

 LOCAL A maior parte do trabalho é realizada em laboratório, embora microbiologistas experientes possam ter de coletar amostras em diversos locais.

 REALIDADE O trabalho de laboratório pode ser repetitivo, sobretudo para microbiologistas juniores. A concorrência por cargos seniores é acirrada.

PLANO DE CARREIRA

Microbiologistas qualificados podem encontrar trabalho em diversos setores, incluindo serviços de saúde, laboratórios farmacêuticos, indústria de alimentos, fabricantes de água e agroindústrias. Podem publicar artigos científicos para desenvolver reputação acadêmica e obter promoções.

TÉCNICO DE LABORATÓRIO
Após a conclusão do ensino médio técnico em microbiologia ou análises clínicas, você pode começar a trabalhar como técnico de laboratório e, ao mesmo tempo, estudar para obter uma formação superior.

FORMAÇÃO Você precisará de um diploma em ciências biológicas, como microbiologia, ciência biomédica ou biologia molecular. Uma pós-graduação o ajudará a progredir para cargos de maior responsabilidade.

▼ **ATIVIDADES RELACIONADAS**

▶ **PROFISSIONAL DE BIOTECNOLOGIA** *ver pp. 136-137*

▶ **FARMACOLOGISTA** *ver pp. 140-141*

▶ **BIOINFORMATA** Fornece apoio a cientistas, desenvolvendo sistemas de modelagem computadorizada para gerenciar e analisar dados de experimentos.

▶ **BIOQUÍMICO CLÍNICO** Realiza experiências complexas para analisar amostras de sangue, urina e tecidos do corpo humano.

▶ **IMUNOLOGISTA** Estuda o sistema imunológico e ajuda a planejar novas ferramentas de diagnóstico, terapias e tratamentos.

▶ **TOXICOLOGISTA** Realiza experimentos para descobrir o impacto de materiais tóxicos e radioativos nas pessoas, nos animais e no meio ambiente.

HABILIDADES REQUERIDAS

 Habilidade para trabalhar em equipe, colaborando com outros cientistas e fabricantes.

 Abordagem inovadora em relação a experiências científicas. Desejo de desafiar as ideias existentes.

 Habilidade organizacional significativa para gerenciar experiências complexas e grande quantidade de dados.

 Capacidade de solucionar problemas difíceis usando a lógica e uma abordagem experimental sólida.

 Perseverança para continuar buscando soluções, mesmo diante de repetidas falhas.

 Atenção aos detalhes na realização de medições, cálculos e estudo de dados.

MICROBIOLOGISTA PESQUISADOR Estuda os efeitos e usos de microrganismos em diversas áreas. Em geral, combina pesquisa com ensino para alunos de graduação.

MICROBIOLOGISTA CLÍNICO Trabalha na identificação de micróbios causadores de doenças e desenvolve maneiras de tratá-las e de prevenir sua disseminação. Em geral, trabalha em hospitais ou clínicas.

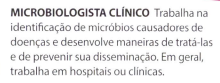

EXAMINADOR DE PATENTES Avalia pedidos de patentes, que são concedidas aos inventores, dando-lhes o direito de impedir que outras pessoas utilizem, vendam ou fabriquem suas invenções.

MICROBIOLOGISTA Realiza experiências com microrganismos para obter melhor entendimento do motivo pelo qual eles podem ser prejudiciais aos seres humanos e às culturas agrícolas, e para verificar se podem ser usados para benefício humano.

VENDEDOR DE PRODUTOS FARMACÊUTICOS Utiliza conhecimento especializado para trabalhar em vendas para laboratórios farmacêuticos. Vende produtos para médicos, pesquisadores e outras empresas da área médica.

FARMACOLOGISTA

DESCRIÇÃO DO TRABALHO

Os farmacologistas realizam experiências com produtos químicos que possuem propriedades médicas, a fim de pesquisar seus efeitos sobre as pessoas, os animais e o meio ambiente. Trabalham para laboratórios farmacêuticos, universidades, hospitais ou laboratórios governamentais, estudando os efeitos benéficos ou prejudiciais dessas substâncias e usando seus dados para desenvolver novos remédios e tratamentos seguros para uso.

RENDA
Farmacologista iniciante ★★★★★
Farmacologista experiente ★★★★★

PERFIL DO SETOR
Alta competitividade • Setor em expansão devido aos avanços em pesquisa e à maior expectativa de vida humana • Oportunidades em laboratórios, hospitais e universidades

PLANO DE CARREIRA

A farmacologia é parte da grade curricular de cursos como farmácia, medicina, veterinária, nutrição, entre outros. Em geral, o profissional se especializa no desenvolvimento de medicamentos de uma área específica.

TOXICOLOGISTA Realiza experiências para descobrir o impacto de materiais tóxicos e radioativos nas pessoas, nos animais e no meio ambiente.

GRADUAÇÃO Não há curso de graduação em farmacologia; ela é uma especialização que pode ser feita por profissionais, geralmente da área da saúde. A experiência de trabalho em um laboratório farmacêutico durante os estudos é uma vantagem.

PÓS-GRADUAÇÃO Muitos farmacologistas possuem título de doutor em farmácia.

FARMACOLOGISTA Como farmacologista, você pode se envolver em trabalhos fora de laboratório, como vendas e marketing ou licenciamento de novos medicamentos. Com experiência, você pode se transferir para cargos mais seniores, com maiores responsabilidades administrativas.

HABILIDADES REQUERIDAS

Habilidade de comunicação eficaz para elaborar relatórios e apresentar os resultados das experiências.

Capacidade de liderar e motivar a equipe, supervisionando ou treinando os membros juniores da equipe.

Habilidade analítica aguçada para interpretar dados de experiências e publicações revisadas por especialistas.

Habilidade significativa na solução de problemas, para aperfeiçoar medicamentos durante a fase de desenvolvimento da droga.

Habilidade proficiente em informática, para registrar resultados de testes e analisar dados complexos.

Habilidade de observação significativa e atenção aos detalhes na realização de trabalho científico preciso.

NEUROFARMACOLOGISTA Estuda como as células nervosas e o comportamento humano são afetados pelas drogas, e desenvolve novos medicamentos para tratar de dores crônicas a problemas de saúde mental.

FARMACOLOGISTA CLÍNICO Traça diretrizes de como e quando os medicamentos devem ser prescritos, e coordena estudos clínicos de novos produtos.

PESQUISADOR UNIVERSITÁRIO Atua no departamento de farmacologia liderando experiências e projetos de pesquisa, ensinando e supervisionando estudantes, além de desempenhar tarefas administrativas.

▼ ATIVIDADES RELACIONADAS

▶ **MICROBIOLOGISTA** ver pp. 138-139

▶ **PERITO CRIMINAL** ver pp. 146-147

▶ **MÉDICO** ver pp. 276-277

▶ **FARMACÊUTICO** ver pp. 284-285

▶ **REPRESENTANTE FARMACÊUTICO** Usa conhecimentos especializados para trabalhar para empresas farmacêuticas vendendo seus produtos para médicos, pesquisadores e outras empresas na área médica.

▶ **CIENTISTA DE PESQUISA BIOMÉDICA** Realiza pesquisas e testes de laboratório para investigar novos tratamentos para doenças e outros problemas de saúde.

RESUMO

INTERESSES Química • Biologia • Física • Matemática • Tecnologia da informação • Saúde e medicina

QUALIFICAÇÕES NECESSÁRIAS É necessário ter curso superior.

ESTILO DE VIDA Expediente convencional é a regra, mas trabalho aos finais de semana e em turnos pode ocorrer para controle de experiências. Há trabalhos de meio período.

LOCAL O trabalho farmacológico é realizado em laboratório, principalmente, ou em escritório, mas viagens para participação em conferências científicas são comuns.

REALIDADE A análise de laboratório pode ser repetitiva e envolver trabalho com produtos químicos perigosos. Algumas funções envolvem testes em animais.

CIENTISTA DE ALIMENTOS

DESCRIÇÃO DO TRABALHO

Esses cientistas pesquisam e desenvolvem diversos produtos relacionados aos alimentos, garantindo que sejam seguros e palatáveis para consumo. Desenvolvem novos ingredientes, testam a qualidade de itens alimentares, verificam rótulos para informação nutricional precisa e projetam ou aperfeiçoam maquinário de produção de alimentos, encontrando maneiras de produzi-los com mais segurança e eficiência.

RENDA
Cientista de alimentos iniciante ★★★★★
Cientista de alimentos experiente ★★★★★

PERFIL DO SETOR
Oportunidades em todo o mundo
• Entre os principais empregadores estão fabricantes de alimentos, varejistas, supermercados e instituições de pesquisa do governo

PLANO DE CARREIRA

Um cientista de alimentos pode encontrar trabalho em grandes fabricantes de alimentos e bebidas, varejistas, departamentos de inspeção de alimentos do governo, laboratórios de saúde pública e organizações de pesquisa acadêmica. Para ganhar tempo de serviço e responsabilidades, você pode progredir dentro de grandes empresas ou transitar entre organizações.

TÉCNICO EM ALIMENTOS
Avalia matérias-primas e produto final, além de colaborar no desenvolvimento de produtos, serviços e tecnologias.

TÉCNICO DE LABORATÓRIO
Você pode começar sua carreira estagiando ou trabalhando como técnico de laboratório e treinar no trabalho, enquanto estuda para obter formação superior em um curso pertinente.

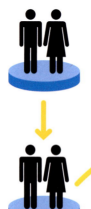

FORMAÇÃO Para se tornar cientista de alimentos, você precisa de graduação ou pós-graduação em ciência e tecnologia de alimentos ou outro curso de ciência afim.

CIENTISTA DE ALIMENTOS
Depois de qualificado como cientista de alimentos, você pode transitar por diversas áreas, como produção de alimentos, pesquisa e qualidade.

HABILIDADES REQUERIDAS

 Abordagem inovadora para pesquisar novos produtos alimentares e técnicas de produção.

 Habilidade analítica aguçada para avaliar produtos em termos de qualidade e desenvolver novos processos.

 Proficiência em informática para registrar e analisar pesquisa e desenvolvimento.

 Perseverança para realizar diversas experiências e produzir inúmeras amostras de produto.

 Atenção aos detalhes e precisão na execução de tarefas, como rotulagem de alimentos e verificação de higiene.

GERENTE DE PRODUÇÃO DE ALIMENTOS Define e monitora os padrões de qualidade dos alimentos processados e supervisiona a produção de alimentos, assegurando que os itens que deixam a fábrica satisfaçam os padrões adequados.

GERENTE DE MARKETING DE ALIMENTOS Apresenta e promove produtos alimentares para o público. O trabalho envolve colaboração com pesquisadores de mercado, designers de embalagem e equipes de propaganda.

PESQUISADOR ACADÊMICO DE ALIMENTOS Realiza pesquisas em áreas como produção, armazenamento e processamento de alimentos. Também pode ensinar em faculdades e universidades.

RESUMO

 INTERESSES Ciências e tecnologia de alimentos • Produção de alimentos • Pesquisa de consumo • Engenharia • Química • Biologia

 QUALIFICAÇÕES NECESSÁRIAS Um diploma em um curso referente a alimentos, como tecnologia de alimentos, biologia ou química, é obrigatório.

 ESTILO DE VIDA Em geral, trabalham em horário de expediente convencional, mas também podem atuar em turnos para controle de linhas de produção de fabricação de alimentos.

 LOCAL Além de trabalharem em laboratórios, os cientistas de alimentos podem ter de viajar para visitar fábricas e linhas de produção e se reunir com fornecedores.

 REALIDADE Como o trabalho envolve controles de qualidade e experiências repetitivas, os cientistas de alimentos podem passar muitas horas em laboratórios.

▼ **ATIVIDADES RELACIONADAS**

▶ **PROFISSIONAL DE BIOTECNOLOGIA** ver pp. 136-137

▶ **MICROBIOLOGISTA** ver pp. 138-139

▶ **BIOQUÍMICO** Realiza pesquisas científicas de reações químicas que ocorrem em organismos vivos. Analisa os efeitos de drogas, alimentos, alergias e doenças em células, proteínas e DNA.

▶ **CIENTISTA DO CONSUMO** Realiza pesquisas e assessora empresas a respeito de preferências dos consumidores. Trabalha com setores que lidam com alimentos, marketing, publicidade e mercado editorial, além de departamentos governamentais.

▶ **DIETISTA** Diagnostica e trata problemas de saúde relacionados à dieta, dando orientações a respeito de nutrição, perda ou ganho de peso e hábitos alimentares em geral.

BIÓLOGO MARINHO

DESCRIÇÃO DO TRABALHO

Os biólogos marinhos estudam a vida no interior dos mares e oceanos do mundo, realizando pesquisas tanto na água como em laboratório, para analisar plantas e animais afetados pelas mudanças ambientais, algumas das quais são provocadas pela ação humana. Com frequência, especializam-se no estudo de uma espécie de animal ou planta, e podem viajar pelo mundo para estudar seus hábitats e padrões de alimentação.

RENDA
Biólogo marinho iniciante ★★★★★
Biólogo marinho experiente ★★★★★

PERFIL DO SETOR
Oportunidades em expansão em setores que incluem controle de poluição, biotecnologia e aquicultura
• Trabalho disponível em todo o mundo
• Mercado de trabalho competitivo

▼ ATIVIDADES RELACIONADAS

▶ **MICROBIOLOGISTA** ver pp. 138-139

▶ **PROFISSIONAL DE ECOLOGIA** ver pp. 172-173

▶ **CONSERVACIONISTA AMBIENTAL** Trabalha para proteger e gerenciar o ambiente natural em locais como florestas, desertos e áreas costeiras.

▶ **BIOQUÍMICO** Realiza pesquisas científicas de reações químicas que ocorrem em organismos vivos. Analisa os efeitos de drogas, alimentos, alergias e doenças em células, proteínas e no DNA.

▶ **OCEANÓGRAFO** Realiza pesquisas científicas referentes a oceanos e mares, e como eles interagem com rios, geleiras e com a atmosfera. Trabalha em gestão de resíduos, em estações eólicas em alto-mar, em construções costeiras e para empresas de água e petróleo.

Nossos oceanos ainda são um mistério: mais de 80% permanece não mapeado e inexplorado.

RESUMO

INTERESSES Vida marinha • Oceanografia • Paleontologia • Conservação • Biologia • Geografia • Geologia • Química

QUALIFICAÇÕES NECESSÁRIAS Diploma em biologia marinha, zoologia ou oceanografia é obrigatório.

ESTILO DE VIDA Com frequência, os horários são irregulares. As jornadas de pesquisas científicas são comuns e podem exigir viagens de longa distância, muitas vezes sem aviso prévio.

LOCAL Muitos dias no mar são usuais para coleta de dados em jornadas de pesquisas científicas, mas a maior parte do trabalho é realizada em laboratório ou escritório.

REALIDADE Atividades como mergulho e trabalho a bordo de embarcações são estimulantes, mas também fisicamente exigentes, e, às vezes, podem ser perigosas.

PLANO DE CARREIRA

Muitos biólogos marinhos aspiram trabalhar na conservação de espécies e ecossistemas, mas empregos nessa área são escassos. Há mais chances de encontrar trabalho em entidades governamentais ou setores preocupados com controle de poluição, gerenciamento de pesca e monitoramento ambiental.

FORMAÇÃO Você precisará de graduação e, em geral, de pós-graduação para se tornar biólogo marinho. Depois da escola, pode melhorar suas perspectivas de emprego trabalhando como estagiário em pesquisa ou conservação marinha.

BIÓLOGO MARINHO
O trabalho do biólogo marinho é variado. No início da carreira, você pode passar o tempo coletando amostras, analisando dados em laboratório e escrevendo relatórios. Com experiência, pode liderar uma equipe de pesquisa ou prestar consultoria para o governo ou a indústria.

HABILIDADES REQUERIDAS

 Capacidade de trabalhar em equipe, sobretudo em longos períodos passados no mar.

 Flexibilidade para lidar com diversas tarefas, da criação de experiências ao planejamento de expedições.

 Habilidade organizacional significativa para coordenar pesquisas e experiências de maneira eficaz.

 Motivação e perseverança para continuar pesquisando em condições difíceis e desafiadoras.

 Resistência, resiliência e vigor físico para a realização de trabalhos nos oceanos.

 Atenção aos detalhes, pois os resultados das experiências oceânicas devem ser relatados com exatidão.

CONSERVACIONISTA MARINHO Especializa-se na proteção de seres vivos e oceanos contra poluentes, pesca predatória e outras ameaças à biodiversidade feitas pelo homem.

ESPECIALISTA EM BIOTECNOLOGIA MARINHA Investiga animais e plantas marinhos contendo substâncias que podem ser desenvolvidas e convertidas em medicamentos e outros produtos úteis.

CIENTISTA DE PESCA E AQUICULTURA Trabalha para aumentar a produção de peixes e melhorar a saúde da vida marinha, em fazendas de peixes comerciais ou na natureza selvagem, usando seus conhecimentos profundos da biologia de peixes e crustáceos.

PESQUISADOR E PROFESSOR Pesquisa biologia marinha na universidade. Pode ser puramente científico ou aplicado a problemas do mundo real. Essa função também envolve o ensino de assuntos de vida marinha aos estudantes.

PERITO CRIMINAL

DESCRIÇÃO DO TRABALHO

Os peritos criminais trabalham para a justiça coletando amostras, como fluidos corporais, cabelos, fibras ou fragmentos da cena do crime, e as examinam em busca de provas que possam ajudar na identificação de um suspeito ou de uma vítima, ou que possam fornecer outras informações valiosas no caso investigado.

RENDA
Perito criminal iniciante ★★★★★
Profissional criminal experiente ★★★★★

PERFIL DO SETOR
Novas técnicas em ciência forense, como impressão digital genética, abriram oportunidades especializadas
• Há concorrência, mas a demanda deve crescer na próxima década

PLANO DE CARREIRA

A perícia criminal no Brasil é atribuição dos institutos de criminalística e dos institutos médicos legais. São duas as áreas de atuação: o trabalho de campo, em que os peritos coletam os materiais no local do crime, e a atividade em laboratórios, na qual os profissionais analisam o que foi coletado.

CONCURSO PÚBLICO Para se tornar perito, é preciso ser aprovado em concurso público de nível superior. O concurso contempla diversas carreiras, como odontologia, psicologia, medicina, engenharia, farmácia, entre outras.

PERITO DE LABORATÓRIO DE DNA No laboratório de DNA forense, analisam-se amostras de sangue e outros materiais genéticos, para serem comparadas com os da vítima e de pessoas que se relacionavam com ela.

CURSO DE FORMAÇÃO O preparo do perito se completa com um curso de formação após o concurso. Neste curso, que dura oito meses, o futuro perito estuda disciplinas como balística, acidentes de trânsito, análises de DNA e perícias de informática, áudio e vídeo, entre outras.

PERITO CRIMINAL A maior parte do treinamento será na prática. Após alguns anos de experiência, você pode ser chamado para testemunhar em tribunais. Existe a possibilidade de especialização em áreas como armas de fogo e balística ou drogas e venenos.

HABILIDADES REQUERIDAS

Habilidade de comunicação eficaz, para apresentar provas científicas complexas judiciais.

Capacidade de trabalhar como parte de uma equipe investigativa constituída de cientistas e policiais.

Habilidade analítica aguçada e atenção aos detalhes no exame de provas.

Abordagem lógica e metódica para construir uma sequência provável de eventos em um caso de crime.

▼ ATIVIDADES RELACIONADAS

▶ **ANALISTA DE CIBERSEGURANÇA** ver pp. 132-133

▶ **POLICIAL FEDERAL** ver pp. 240-241

▶ **PROFISSIONAL DE INTELIGÊNCIA** ver pp. 246-247

▶ **BIOQUÍMICO** Pesquisa reações químicas que ocorrem dentro de organismos vivos. Entre as áreas de pesquisa estão DNA, proteínas, drogas e doenças.

▶ **TÉCNICO EM PATOLOGIA** Apoia médicos em autópsias para identificar a causa da morte de uma pessoa.

▶ **TOXICOLOGISTA** Conduz experimentos para determinar o impacto de materiais tóxicos e radioativos sobre pessoas, animais e meio ambiente.

PERITO DE CAMPO Em seu trabalho de coleta na cena do crime, o perito usa itens como o luminol, cujo objetivo é detectar manchas de sangue, e as luzes forenses, que são capazes de revelar a presença de substâncias orgânicas.

PERITO EM BALÍSTICA Entre as atribuições do perito está a de realizar exame em armas de fogo, munições, estojos e projéteis.

> O DNA de uma pessoa pode ser extraído de uma única célula deixada para trás em um objeto.

RESUMO

INTERESSES Química • Biologia • Matemática • Física • Tecnologia da informação • Pesquisa e trabalho de laboratório

QUALIFICAÇÕES NECESSÁRIAS Curso superior em áreas diversas, com destaque para as ligadas ao corpo humano, como medicina, odontologia e biologia.

ESTILO DE VIDA A jornada de trabalho é variável, porque chamadas para cenas de crime podem chegar a qualquer momento, incluindo à noite e aos finais de semana.

LOCAL Nos laboratórios e nas cenas dos crimes. Peritos podem ser chamados para prestar esclarecimentos em julgamentos.

REALIDADE O contato com acidentes e cenas de crime pode ser penoso. Os peritos têm de se manter atualizados sobre a tecnologia em constante transformação.

GEOCIENTISTA

DESCRIÇÃO DO TRABALHO

É a carreira perfeita para aqueles que gostam de estudar nosso planeta, sua estrutura, e a forma como os oceanos, a atmosfera e os seres vivos interagem. Os geocientistas empregam seu conhecimento de física, química e matemática para estudar diversos problemas do mundo, como previsão de atividade vulcânica, garantia de suprimento de água limpa e extração de recursos naturais do subsolo (petróleo e gás).

RENDA
Geocientista iniciante ★★☆☆☆
Geocientista experiente ★★★★☆

PERFIL DO SETOR
Oportunidades em todo o mundo • Habilidades altamente técnicas • Salários mais altos na área de petróleo e gás • Alta demanda na busca por locais de energia limpa

RESUMO

INTERESSES Geologia • Física • Exploração científica • Matemática • Engenharia • Química • Biologia • Computadores

QUALIFICAÇÕES NECESSÁRIAS Ter título de bacharel é obrigatório. Os empregadores podem procurar candidatos com pós-graduação em geologia, geofísica ou ciências da Terra.

ESTILO DE VIDA Em geral, os geocientistas trabalham em horário de expediente convencional, mas também podem ter de fazer trabalho de campo, levando a agendas bastante variadas.

LOCAL Quando não estão no escritório, os geocientistas podem trabalhar em diversos locais, como plataformas de petróleo, zonas de terremoto, pedreiras e terrenos com detritos nucleares.

REALIDADE Viajar para lugares em todo o mundo e trabalhar com equipamentos como perfuratrizes pode ser fisicamente desgastante.

PLANO DE CARREIRA

Os geocientistas podem trabalhar pesquisando problemas como a mudança climática, ou no governo, orientando a respeito de políticas públicas. A maioria dos empregos está nos setores de minério e extração ou em consultorias a respeito do impacto de construções, como represas e projetos de tratamento de resíduos. Os empregos em geociência no governo são os que têm mais chance de incluir estudos vulcânicos e de bacias hidrográficas.

GRADUAÇÃO Um diploma em geociência ou em um curso afim é obrigatório. O registro de uma associação profissional também pode ser obrigatório, e a experiência de campo é altamente considerada.

PÓS-GRADUAÇÃO A maioria dos empregadores espera que você tenha mestrado ou doutorado, combinado com alguma experiência de pesquisa acadêmica.

149

▼ ATIVIDADES RELACIONADAS

▶ **METEOROLOGISTA** *ver pp. 152-153*

▶ **ARQUEÓLOGO** Escava e explora sítios antigos. A função pode envolver trabalho em museus ou organizações de pesquisa.

▶ **PROFISSIONAL DE SISTEMA DE INFORMAÇÃO GEOGRÁFICA** Usa mapas, fotos e imagens de satélite para produzir imagens detalhadas e cheias de informação, de localização de estradas a densidade populacional, que ajudam no planejamento e desenvolvimento.

▶ **HIDROLOGISTA** Pesquisa os movimentos, a distribuição e a qualidade da água no planeta.

▶ **SISMÓLOGO** Estuda terremotos, vulcões e falhas geológicas, e avalia como eles podem impactar o meio ambiente.

HABILIDADES REQUERIDAS

 Capacidade de se comunicar de maneira efetiva e utilizar diplomacia para lidar com questões sensíveis.

 Abordagem lógica, metódica e organizada para solucionar problemas.

 Conhecimento de matemática e estatística para lidar com medições e cálculos detalhados.

 Competência em tecnologia para trabalhar com equipamento científico e interpretar resultados.

Atenção aos detalhes em busca de medições precisas e cálculos exatos.

GEOCIENTISTA DE MINERAÇÃO Trabalha para mineradoras, investigando e avaliando locais de produção e fazendo recomendações a respeito de técnicas de extração.

GEOCIENTISTA DE PETRÓLEO Especializa-se na exploração e extração de petróleo e gás, trabalhando geralmente para grandes empresas petroquímicas multinacionais.

GEOCIENTISTA Especializa-se em uma área específica depois de qualificado. Entre as áreas incluem-se geologia, mineração, petróleo e recursos energéticos.

GEOCIENTISTA AMBIENTAL Aplica conhecimento científico a problemas ambientais, como poluição e descarte de resíduos, e a problemas referentes a projetos de construção de larga escala.

A demanda por geocientistas pode crescer 14% até 2026.

CIENTISTA DE MATERIAIS

DESCRIÇÃO DO TRABALHO

Esses cientistas estudam a composição e a estrutura da matéria a nível microscópico. Por meio desse conhecimento especializado, desenvolvem materiais com novas propriedades. Os circuitos integrados de silício usados em computadores, as estruturas de fibra de carbono das bicicletas de corrida e o concreto utilizado em arranha-céus foram todos desenvolvidos e testados por cientistas de materiais.

RENDA

Cientista de materiais iniciante ★★★★★
Cientista de materiais experiente ★★★★★

PERFIL DO SETOR

Boas oportunidades em diversos setores • Atualmente, a área enfrenta falta de capacitação • Maioria dos empregos em grandes empresas

PLANO DE CARREIRA

Em geral, os cientistas de materiais se especializam em um tipo de material, o que regerá o rumo de suas carreiras. Por exemplo, você pode desenvolver materiais compósitos leves para a indústria aeroespacial ou plásticos ecológicos para embalagens de alimentos. Pode se concentrar em pesquisa ou manufatura, ou se transferir mais tarde na carreira para uma função administrativa.

PESQUISADOR Utiliza conhecimento avançado de física e química para estudar a estrutura de sólidos e para projetar, produzir e testar novos materiais.

GRADUAÇÃO Você precisará de graduação em um curso pertinente, como química, física ou engenharia de materiais. Alguns empregadores esperam uma pós-graduação em sua área de especialização.

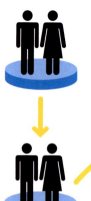

PÓS-GRADUAÇÃO Os programas de pós-graduação habilitam o profissional para a carreira acadêmica, formando mestres e doutores em ciências dos materiais.

CIENTISTA DE MATERIAIS Como cientista de materiais qualificado, você pode trabalhar em diversos setores, da fundição de metais à nanotecnologia (o projeto e a engenharia de máquinas em uma escala microscópica).

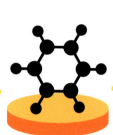

HABILIDADES REQUERIDAS

Habilidade de comunicação eficaz para articular novas ideias e propostas, e para relatar resultados.

Capacidade para colaborar com cientistas e engenheiros de diversas disciplinas.

Habilidade analítica aguçada para investigar as propriedades de materiais em laboratório.

Habilidades em matemática e química significativas para desenvolver materiais.

Habilidade prática de solução de problemas, lidando com questões de engenharia e manufatura.

▼ ATIVIDADES RELACIONADAS

▶ **GEOCIENTISTA** ver pp. 148-149

▶ **ENGENHEIRO QUÍMICO** ver pp. 180-181

▶ **ENGENHEIRO AEROESPACIAL** ver pp. 190-191

▶ **CIENTISTA AMBIENTAL** Investiga maneiras de proteger o meio ambiente, reduzindo a poluição e a quantidade de resíduos.

▶ **ENGENHEIRO DE MATERIAIS** Pesquisa novos materiais e novos usos para os materiais já existentes. Supervisiona processos de produção e transformação.

▶ **METALURGISTA** Estuda o comportamento químico e físico de metais sob condições distintas. Ajuda a testar produtos existentes e a desenvolver novas tecnologias.

GERENTE DE PROJETOS Lidera uma equipe de cientistas e engenheiros para desenvolver novos materiais ou os processos de sua fabricação. Também monitora o progresso, determina recursos e estabelece contato com o cliente.

ESPECIALISTA DE PRODUÇÃO Assegura que os materiais sejam produzidos para atender aos padrões de qualidade e segurança em indústrias de manufatura e soluciona problemas de produção no local.

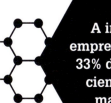

A indústria emprega cerca de 33% de todos os cientistas de materiais.

RESUMO

INTERESSES Engenharia • Física • Química • Matemática • Tecnologia da informação • Mineralogia • Geologia

QUALIFICAÇÕES NECESSÁRIAS Graduação em ciência dos materiais ou curso afim.

ESTILO DE VIDA Os pesquisadores trabalham em expediente convencional; a equipe de produção pode ter de trabalhar em turnos para supervisionar os processos custosos de manufatura.

LOCAL Os cientistas de materiais podem trabalhar em laboratório, escritório ou em uma instalação industrial. Também podem ter de viajar para visitar clientes.

REALIDADE Os cursos de formação superior são exigentes e o estudo contínuo é requerido para acompanhamento das tecnologias em rápida mudança.

METEOROLOGISTA

DESCRIÇÃO DO TRABALHO

Os meteorologistas estudam o tempo, o clima e as condições atmosféricas do planeta. Utilizam dados meteorológicos coletados em estações de observação, imagens de satélite e radares para produzir previsões do tempo de curto e longo prazo para o público em geral, clientes comerciais, entidades governamentais ou Forças Armadas. Os meteorologistas têm papel fundamental na pesquisa da mudança climática global.

RENDA

Meteorologista iniciante ★★★★★
Meteorologista experiente ★★★★★

PERFIL DO SETOR

Entre os empregadores estão serviços meteorológicos nacionais, Forças Armadas, mídia e organizações de pesquisa • Possível crescimento para o setor privado

ATIVIDADES RELACIONADAS

▶ **ENGENHEIRO DE ENERGIA** Projeta máquinas e implementa processos para o setor de energia, da produção de petróleo e gás a projetos de energia limpa, incluindo solar e eólica.

▶ **HIDROLOGISTA** Monitora, estuda e promove a gestão sustentável de recursos hídricos, como lagos, reservatórios e encanamentos domésticos.

▶ **OCEANÓGRAFO** Realiza pesquisas referentes a oceanos, estudando como os mares interagem com rios, mantos de gelo e a atmosfera. Também fornece consultoria sobre correntes e marés, poluição marítima e recursos minerais submarinos.

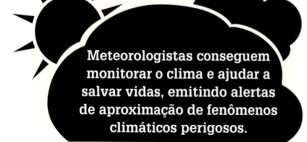

Meteorologistas conseguem monitorar o clima e ajudar a salvar vidas, emitindo alertas de aproximação de fenômenos climáticos perigosos.

RESUMO

INTERESSES Ciências da Terra • Geografia • Matemática • Física • Química • Biologia • Tecnologia da informação

QUALIFICAÇÕES NECESSÁRIAS Graduação pertinente é necessária para ingressar na área, enquanto pós-graduação é necessária para realizar pesquisas.

ESTILO DE VIDA Os meteorologistas trabalham em turnos para proporcionar cobertura 24 horas por dia. Os pesquisadores trabalham em expediente convencional, com hora extra ocasional.

LOCAL Os meteorologistas podem trabalhar em um escritório, em uma estação meteorológica regional, em um provedor comercial de serviços meteorológicos ou em uma base militar.

REALIDADE Os meteorologistas se responsabilizam por previsões precisas, sobretudo quando condições meteorológicas severas ameaçam propriedades ou vidas.

PLANO DE CARREIRA

Os institutos de previsão do tempo estão entre os principais empregadores de meteorologistas, mas também existem oportunidades de recrutamento em empresas do setor privado, centros de pesquisa, consultorias ambientais e empresas de serviços de utilidade pública.

GRADUAÇÃO Esta profissão exige formação superior em meteorologia, ciência ambiental, física, matemática ou em um curso afim.

PÓS-GRADUAÇÃO Se você tem pós-graduação em um curso afim, pode se candidatar a postos de pesquisa. A pós também ajuda ao tentar empregos de previsão do tempo.

HABILIDADES REQUERIDAS

 Habilidade de comunicação escrita e verbal eficaz para explicar previsões do tempo com clareza.

 Habilidade eficaz para trabalho em equipe, a fim de interagir com grupos, do público em geral a uma equipe técnica.

 Habilidade analítica aguçada para estudar e interpretar dados meteorológicos complexos.

 Habilidade numérica significativa para utilização de modelos matemáticos avançados para processar dados meteorológicos.

 Habilidade em informática para utilizar software de modelagem para simulação de cenários meteorológicos.

 Atenção aos detalhes para localizar eventos climáticos inesperados, de modo que previsões futuras possam ser revisadas.

METEOROLOGISTA Você precisará se manter atualizado sobre os avanços científicos e tecnológicos ao longo de sua carreira, em áreas como mudança climática ou modelagem matemática. Pode transitar entre diversas funções, incluindo pesquisa, previsão, treinamento e consultoria.

METEOROLOGISTA DE PREVISÃO DO TEMPO Faz previsões por meio de observações em tempo real e dados de modelos computadorizados. Os relatórios são compartilhados com organizações meteorológicas internacionais.

METEOROLOGISTA DE RÁDIO OU TV Apresenta previsões que são televisionadas, transmitidas por estações de rádio ou via internet, usando mapas para mostrar temperatura e precipitação pluviométrica.

METEOROLOGISTA FORENSE Presta consultoria analisando eventos climáticos passados para ajudar companhias de seguro ou advogados a determinarem o impacto de condições meteorológicas em reivindicações ou processos judiciais.

METEOROLOGISTA AMBIENTAL Realiza pesquisas em áreas que incluem padrões meteorológicos severos, poluição do ar ou como o tempo afeta a disseminação de doenças.

ASTRÔNOMO

DESCRIÇÃO DO TRABALHO

Os astrônomos são cientistas que estudam o universo. Dependem de telescópios baseados em terra ou no espaço, espaçonaves e outros instrumentos avançados para realizar suas observações. Mediante técnicas matemáticas para interpretar dados, investigam as propriedades e o comportamento dos planetas, das estrelas e das galáxias, e propõem e testam teorias acerca da natureza e da composição do universo.

RENDA
Estudante de pós-graduação ★★★★★
Professor doutor ★★★★★

PERFIL DO SETOR
Profissão acadêmica com poucas oportunidades de emprego • O ingresso em postos de pesquisa é competitivo • Vagas governamentais, em laboratórios e observatórios

RESUMO

INTERESSES Astronomia • Matemática • Física • Química • Geologia • Engenharia • Tecnologia da informação • Exploração

QUALIFICAÇÕES NECESSÁRIAS Em geral, graduação em astronomia ou pós-graduação em áreas afins, como ciência espacial, astrofísica ou geofísica.

ESTILO DE VIDA O estudo do céu e a coleta de dados podem envolver jornadas longas e irregulares. Trabalho noturno e aos finais de semana são parte fundamental da profissão.

LOCAL Os astrônomos trabalham principalmente em laboratórios espaciais, observatórios e departamentos de pesquisa. Podem trabalhar em uma equipe internacional.

REALIDADE É uma área teórica bastante exigente. O ingresso é competitivo, e muitos graduados não conseguem encontrar trabalho como astrônomos.

PLANO DE CARREIRA

Como a astronomia é um campo altamente acadêmico, os aspirantes precisam de graduação em física ou astronomia e, em geral, de doutorado para progredir. A maioria dos profissionais realiza pesquisas e possui cargos docentes em universidades, mas alguns se transferem para áreas afins, como engenharia de instrumentação, programação de computadores ou ciência espacial, nas quais dão suporte para missões espaciais.

GRADUAÇÃO Se você possui um diploma em astronomia, pode se candidatar para funções de apoio em planetários, laboratórios de pesquisa e museus de ciências. Também pode ganhar experiência de trabalho antes de se transferir para uma pós-graduação.

PÓS-GRADUAÇÃO Você precisará do nível mais alto de qualificações acadêmicas para progredir nesta área; um mestrado ou doutorado em astronomia melhorará suas perspectivas.

ATIVIDADES RELACIONADAS

▶ **ENGENHEIRO DE SOFTWARE** *ver pp. 118-119*

▶ **ENGENHEIRO ELETRÔNICO** Projeta e cria equipamentos eletrônicos para uso na indústria, de telecomunicações à manufatura.

▶ **GEOFÍSICO** Estuda aspectos físicos do planeta, analisando dados de fenômenos como terremotos, vulcões e o ciclo da água.

▶ **FÍSICO PESQUISADOR** Investiga e propõe teorias acerca da natureza e das propriedades da matéria e da energia. Os físicos podem trabalhar na pesquisa acadêmica e industrial, ou em laboratórios governamentais.

▶ **ENGENHEIRO DE SATÉLITE** Usa conhecimentos de eletrônica, ciência da computação e astronomia para projetar e construir satélites espaciais.

HABILIDADES REQUERIDAS

 Abordagem lógica para solucionar problemas complexos e analisar ideias astronômicas abstratas.

 Habilidade matemática para modelagem computacional e realização de pesquisas teóricas.

 Habilidade em informática proficiente para gerar modelos teóricos e interpretar dados de observação.

 Perseverança para estudar com paciência fenômenos astronômicos raros e que ocorrem lentamente.

 Atenção aos detalhes e capacidade de realizar medições precisas e manter registros meticulosos.

 ASTRÔNOMO TEÓRICO Cria modelos complexos em computador, para desenvolver e testar teorias, e apresenta os resultados em relatórios, publicações científicas e conferências em todo o mundo.

 ASTRÔNOMO DE OBSERVAÇÃO Utiliza radiotelescópio, telescópio infravermelho e telescópio ótico para coletar dados de espaçonaves e satélites. Em seguida, registra e analisa os dados para testar teorias e previsões.

 DIRETOR DE PLANETÁRIO Promove exposições e sessões de cinema a respeito de ciência planetária, para educar e entreter o público, e recepciona e estabelece contato com grupos de visitantes distintos, de turistas a estudantes.

ASTRÔNOMO É uma carreira basicamente acadêmica. Assim, você deve realizar pesquisas originais, publicar artigos, continuar o aprendizado e ensinar outras pessoas.

 **PROFESSOR DE ASTRONOMIA** Ensina astronomia em cursos de graduação e pós-graduação e realiza pesquisas para contribuir com nossa compreensão acerca do universo.

ASTRONAUTA

DESCRIÇÃO DO TRABALHO

Astronautas são indivíduos altamente treinados, que pilotam espaçonaves ou realizam missões especializadas no espaço. Entre essas missões, incluem-se lançamento ou reparo de satélites ou realização de experiências científicas em condições de baixa gravidade. Os astronautas são contratados por agências espaciais, e apenas alguns poucos acabam realmente viajando para o espaço, tornando essa uma das carreiras mais exclusivas do mundo.

RENDA
Astronauta ★★★★★

PERFIL DO SETOR
Número de vagas muito restrito • Processos de seleção bastante disputados • Oportunidades na indústria espacial

PLANO DE CARREIRA

Para ser selecionado como astronauta, você geralmente precisa ser cidadão do país que executa um programa espacial tripulado. Você deve estar fisicamente apto e satisfazer os critérios de altura, peso e idade da agência espacial. Quase todos os astronautas também possuem graduação ou qualificação superior em ciências ou engenharia, ou são pilotos de avião a jato qualificados e experientes. Você passará por diversas etapas de entrevistas para determinar se está física e psicologicamente apto para a função.

PILOTO DE AVIÃO A JATO Você pode começar sua carreira nas Forças Armadas e especializando-se como piloto. Então, pode conseguir se candidatar a um programa espacial.

CIENTISTA OU ENGENHEIRO Você pode se candidatar a um treinamento como astronauta se tiver graduação – e, de preferência, pós-graduação – em ciências ou engenharia, além de experiência de trabalho relacionada a voo.

INSTRUTOR Fornece treinamento para voar e fazer a manutenção de uma espaçonave. Utiliza simuladores de voo para ensinar os iniciantes a lidarem com operações de rotina e possíveis emergências.

ASTRONAUTA O treinamento básico de astronauta em geral leva cerca de dois anos. Se selecionado para voar, você tem de escolher entre algumas funções, desde reparo de equipamentos na órbita da Terra até a realização de pesquisas na estação espacial.

HABILIDADES REQUERIDAS

 Capacidade de trabalho eficaz com membros da tripulação e com a equipe que apoia as missões em terra.

 Criatividade para solucionar problemas complexos e inesperados por meio de recursos limitados.

 Flexibilidade para se adaptar a ambientes extremos e para lidar com condições de vida desafiadoras.

 Abordagem lógica e analítica no manejo de situações críticas e desafiadoras.

 Resistência física para o treinamento para missões, que pode ser bastante exigente.

 Sensibilidade para os detalhes e vigilância constante para completar missões no espaço com sucesso.

 COMANDANTE OU PILOTO É responsável pelo voo da espaçonave, além da segurança da tripulação e do sucesso da missão. Também pode desempenhar outros deveres, como ajudar nas experiências a bordo ou realizar atividade extraveicular ou caminhadas no espaço.

 ENGENHEIRO DE VOO Desempenha diversos trabalhos na missão, incluindo realização de experiências científicas em condições de microgravidade, execução de manutenção de rotina a bordo da estação espacial e operação dos braços robóticos para realização de tarefas de manutenção externas.

RESUMO

 INTERESSES Espaço • Voo • Matemática • Física • Engenharia mecânica • Engenharia elétrica • Ciência dos materiais

 QUALIFICAÇÕES NECESSÁRIAS Você precisa pelo menos de formação superior em ciências ou engenharia, ou de bastante experiência em voar com jatos velozes.

 ESTILO DE VIDA A jornada de trabalho é irregular. O treinamento para missões envolve longos períodos longe de casa, e os voos espaciais podem durar muitos meses.

 LOCAL Com frequência, os astronautas trabalham em locais remotos e de alta segurança, e podem ter de viajar muito para treinamentos.

 REALIDADE As jornadas de trabalho são longas e as condições são duras e perigosas. O treinamento extensivo é desafiador física e mentalmente.

▼ ATIVIDADES RELACIONADAS

▶ **ENGENHEIRO MECÂNICO** ver pp. 182-183

▶ **ENGENHEIRO ELETRICISTA** ver pp. 186-187

▶ **MILITAR DA FORÇA AÉREA** ver pp. 232-233

▶ **ASTROBIÓLOGO** Investiga a existência de vida no espaço e em ambientes extremos.

▶ **ASTROFÍSICO** Estuda o universo – de planetas a estrelas – por meio de equipamentos sofisticados, como satélites e telescópios.

▶ **ENGENHEIRO DE SATÉLITE** Projeta e constrói satélites espaciais para retransmitir comunicação eletrônica, monitorar o planeta ou estudar o universo.

ANIMAIS, AGROPECUÁRIA E MEIO AMBIENTE

Se você gosta de lidar com animais, plantas ou com a terra, considere as carreiras deste setor. Do preparo de cavalos e o cuidado com animais doentes à pesquisa sobre técnicas de lavoura e cultivo, as opções de carreira crescem constantemente.

VETERINÁRIO
Página 160

Protegendo a saúde dos animais em zoológicos, fazendas e residências, os veterinários usam seus conhecimentos sobre fisiologia e anatomia para tratar animais doentes e feridos.

CUIDADOR DE ANIMAIS
Página 162

Oferecendo cuidado prático em diversos locais, como centros de resgate e pet shops, os cuidadores limpam e alimentam os animais sob sua responsabilidade.

CUIDADOR DE ZOOLÓGICO
Página 164

Trabalhando em zoológicos e parques onde há vida selvagem, os cuidadores de zoológico garantem que os animais sejam bem tratados e que tenham um ambiente adequado para viver.

ADMINISTRADOR DE FAZENDA
Página 166

A agricultura moderna usa máquinas de grande porte, métodos científicos e biotecnologia. Desse modo, administradores de fazendas entendem de gestão de negócios e técnicas de agricultura.

HORTICULTOR
Página 168

A horticultura é uma indústria que não para de crescer. Profissionais desta área podem cuidar de plantio de sementes e mudas, poda de plantas e prevenção de doenças.

ARQUITETO PAISAGISTA
Página 170

Com vocação para criar espaços ao ar livre, os arquitetos paisagistas usam suas habilidades criativas para desenvolver projetos funcionais e arrebatadores para seus clientes.

PROFISSIONAL DE ECOLOGIA
Página 172

Trabalhando em universidades, órgãos públicos e pesquisa de campo, os ecologistas nos ajudam a entender os seres vivos e seus ambientes.

VETERINÁRIO

DESCRIÇÃO DO TRABALHO

Os veterinários tratam e operam animais doentes ou feridos. Eles estudam para atender diversas espécies, incluindo animais selvagens e criados em zoológicos, mas geralmente se concentram em animais domésticos e de fazendas. Como veterinário, você pode gerenciar o padrão de cuidado e higiene em locais que atendem animais, como hospitais veterinários, e também fazer pesquisa sobre diagnóstico e prevenção de doenças.

RENDA
Veterinário iniciante ★★★★★
Veterinário experiente ★★★★★

PERFIL DO SETOR
Metade dos veterinários é autônoma e generalista • Oportunidades no setor de saúde pública, zoológicos, ONGs de animais e hospitais • O número de empregos deve crescer 19% até 2026

PLANO DE CARREIRA

Após se formar, a maioria dos veterinários inicia sua carreira em clínicas. Com experiência e mais estudo, eles podem se especializar em diversas áreas, como cirurgia, nutrição ou parasitologia (o estudo dos parasitas). Alguns abrem suas próprias clínicas, trabalham com pesquisa ou para o governo.

FORMAÇÃO Você precisará de um diploma em medicina veterinária reconhecido por um órgão profissional. Os cursos duram em média cinco anos.

VETERINÁRIO DE ANIMAIS DOMÉSTICOS Trabalha em uma clínica de animais domésticos como gatos, cães, pequenos roedores, coelhos, aves de gaiola e outros.

VETERINÁRIO Oferece cuidados gerais de saúde para animais. Como veterinário experiente, você pode optar por se especializar em uma área, como atendimento de emergência.

Segundo o IBGE e o Instituto Pet Brasil (IPB), a população de animais de estimação no Brasil é de 139,3 milhões.

161

HABILIDADES REQUERIDAS

Excelente comunicação verbal e escrita para aconselhar donos sobre a melhor forma de cuidar de seus animais.

Habilidades para trabalhar em grupo, colaborando diretamente com equipes de apoio para garantir os melhores cuidados de saúde aos animais.

Habilidades organizacionais significativas, especialmente para ações administrativas, como contas a pagar e controle de documentação.

Capacidade de resolver problemas rapidamente, tomar decisões difíceis e agir prontamente para tratar animais doentes ou feridos.

VETERINÁRIO DE FAZENDA Trabalha com animais criados em fazendas, como ovelhas, porcos, gado e aves. Passa muito tempo viajando, inspecionando gado e dando aconselhamento a fazendeiros.

VETERINÁRIO DE ZOOLÓGICO Trabalha com animais selvagens que são mantidos em cativeiro nos zoológicos e parques. Pode trabalhar com espécies raras ou incomuns.

VETERINÁRIO DE EQUINOS Trabalha com cavalos em escolas de equitação, haras, clubes de polo e outros locais semelhantes. Também pode cuidar de cavalos de corrida de alto valor.

RESUMO

INTERESSES Bem-estar animal
• Biologia • Química • Zoologia
• Pesquisa científica • Matemática

QUALIFICAÇÕES NECESSÁRIAS É preciso ter um diploma em veterinária para exercer a função.

ESTILO DE VIDA O trabalho inclui jornadas longas e plantões em horários diferenciados. Às vezes, trabalham ao ar livre.

LOCAL Os veterinários podem trabalhar em diversos locais, como fazendas, zoológicos, estábulos e até mesmo hospitais para animais selvagens.

REALIDADE O trabalho pode ser física e emocionalmente estressante e requer assertividade e cuidado na tomada de decisões.

▼ **ATIVIDADES RELACIONADAS**

▶ **CUIDADOR DE ANIMAIS** ver pp. 162-163

▶ **CUIDADOR DE ZOOLÓGICO** ver pp. 164-165

▶ **MÉDICO** ver pp. 276-277

▶ **ENFERMEIRO** ver pp. 278-279

▶ **NUTRICIONISTA DE EQUINOS** Formula dietas para cavalos. Também pode trabalhar em pesquisa, fabricação ou consultoria para proprietários de cavalos.

▶ **FISIOTERAPEUTA VETERINÁRIO** Trata cães e cavalos de estimação ou "animais de trabalho", como greyhounds e cavalos de corrida. Também pode trabalhar com animais de fazenda ou zoológicos. Um diploma em fisioterapia veterinária é essencial.

CUIDADOR DE ANIMAIS

DESCRIÇÃO DO TRABALHO

Esses profissionais oferecem cuidados essenciais, como comida e água, acompanhamento em exercícios, limpeza, preparação e cuidados médicos, para garantir que os animais estejam saudáveis. Trabalham em diversos locais, como canis, estábulos, pet shops, centros de resgate e hospitais veterinários.

RENDA
Cuidador de animais ★☆☆☆☆
Administrador ★★☆☆☆

PERFIL DO SETOR
As tarefas podem variar muito de empresa para empresa • O interesse das pessoas no tratamento de animais domésticos e em cativeiro enrijeceu a regulação do setor

RESUMO

INTERESSES Bem-estar animal • Química • Matemática • Biologia • Educação física

QUALIFICAÇÕES NECESSÁRIAS Nem sempre é preciso ter uma qualificação formal, mas é recomendável um curso técnico de cuidados com animais.

ESTILO DE VIDA Cuidar de animais é um trabalho incessante, e o horário de trabalho pode incluir noites, finais de semana ou feriados.

LOCAL Normalmente o trabalho é com animais domésticos ou selvagens ao ar livre. Muitas vezes é preciso viajar para transportar animais ou visitar locais.

REALIDADE Os salários são modestos e o trabalho muitas vezes é exaustivo. Algumas situações podem ser emocionalmente perturbadoras.

▼ ATIVIDADES RELACIONADAS

▶ **VETERINÁRIO** ver pp. 160-161

▶ **CUIDADOR DE ZOOLÓGICO** ver pp. 164-165

▶ **BIOTERISTA** Cuida de animais de laboratório usados para pesquisas nos setores médicos, veterinários e odontológicos.

▶ **FERRADOR** Especialista em cuidados com o casco equino, que fabrica e instala ferraduras em cavalos e burros.

▶ **INSTRUTOR DE EQUITAÇÃO** Ensina equitação e prepara os alunos para competições, de iniciantes a profissionais.

Segundo o Instituto Pet Brasil (IPB), o gasto médio mensal com um cachorro é de R$ 340,00.

PLANO DE CARREIRA

Não é necessário ter um diploma para ser cuidador de animais, mas um curso profissionalizante ou o voluntariado melhoram suas perspectivas de emprego.
O crescimento na carreira geralmente acontece por especialização.

NÍVEL MÉDIO Se você possui experiência com animais, pode procurar uma vaga apenas tendo o ensino médio.

CAPACITAÇÃO Cursos de cuidado animal conferem diferenciais ao trabalho, possibilitando melhor remuneração.

HABILIDADES REQUERIDAS

 Excelente comunicação para interagir com colegas, veterinários, clientes e visitantes.

 Boa percepção para monitorar animais com diferentes comportamentos e identificar sinais de doenças.

 Resistência física para trabalhar ao ar livre a qualquer hora e para levantar animais e sacos de ração.

 Capacidade de organizar e priorizar tarefas de rotina e gerir o tempo de forma eficaz.

 Bons conhecimentos de informática para registrar e acessar informações corretas para os clientes.

CUIDADOR DE ANIMAIS
Muitos se especializam em um determinado tipo de atendimento, como reabilitação com hidroterapia (tratamentos dentro da água) ou massagem.

CUIDADOR DE ESTÁBULOS
Fornece cuidados diários para cavalos em haras ou fazendas, garantindo que estejam saudáveis, felizes e em boas condições. Suas funções incluem alimentação, limpeza e preparação de cavalos para exercícios e eventos.

ADESTRADOR DE ANIMAIS Treina animais para responder a sinais e comandos visando a apresentações e trabalho, como cães-guia e cães de resgate, além de corrigir problemas comportamentais.

AUXILIAR DE FISIOTERAPIA VETERINÁRIA Ajuda a tratar animais com problemas articulares ou musculares. Precisa de qualificação para o trabalho.

PROFISSIONAL DE BANHO E TOSA Cuida da pelagem do animal e aconselha os donos sobre o cuidado da pelagem, o asseio e a alimentação. Pode trabalhar em pet shops ou abrir seu próprio negócio.

ATENDENTE DE PET SHOP Cuida de animais, pássaros e répteis antes de serem vendidos como animais de estimação. Aconselha os clientes sobre a alimentação, o local de habitação, os exercícios e o bem-estar geral dos animais.

CUIDADOR DE ZOOLÓGICO

DESCRIÇÃO DO TRABALHO

Este profissional cuida de animais selvagens, raros e exóticos em zoológicos, parques ou aquários. É um trabalho ativo, muitas vezes ao ar livre, e as tarefas incluem alimentação, limpeza e cuidado, criação e manutenção dos espaços de hábitat, auxílio na assistência médica e manutenção de registros. Cuidadores de zoológico também podem orientar e educar os visitantes e recolher dados de pesquisa de conservação.

RENDA
Cuidador de zoológico iniciante ★☆☆☆☆
Cuidador de zoológico experiente ★★☆☆☆

PERFIL DO SETOR
Forte concorrência no nível inicial
- Mais candidatos que vagas
- Os grandes zoológicos oferecem melhores salários

PLANO DE CARREIRA

Para se tornar um cuidador de zoológico, é necessário ter experiência com animais. É possível aprender as habilidades necessárias em programas de voluntariado oferecidos pela maioria dos zoológicos e parques, ou em trabalhos voluntários ou remunerados em pet shops, haras ou fazendas. Cargos de alto escalão são raros. Por isso, para progredir nessa carreira, geralmente é preciso mudar para outro zoológico.

VOLUNTÁRIO Embora não tenha sempre contato direto com animais, você pode adquirir uma boa experiência no trabalho com zoológicos.

ESTAGIÁRIO Adquira uma boa experiência ao fazer um curso universitário relacionado ou ao se inscrever em um programa de estágio. Ambos podem envolver contato direto com animais.

FORMAÇÃO Você vai precisar se formar em zoolog biologia ou áreas afins para chegar a um cargo mais especializado ou para se tornar sênior.

CUIDADOR DE ZOOLÓGICO Depois que ganhar experiência, você pode pedir uma promoção em um zoológico maior, onde poderá haver perspectivas de crescimento. Também há oportunidades em educação e pesquisa de conservação.

HABILIDADES REQUERIDAS

 Excelente habilidade de observação para identificar sinais físicos e comportamentais de lesões e doenças em animais.

 Habilidade de manter registros detalhados em uma agenda ou em um computador para realizar monitoramento e pesquisas.

 Força física para levantar e manusear equipamentos, muitas vezes tendo de trabalhar molhado ou sujo.

 Habilidade para trabalho em equipe, interagindo com outros cuidadores, veterinários e especialistas em animais.

 Boas habilidades de comunicação para realizar demonstrações e palestras aos visitantes.

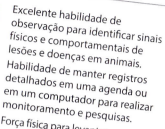

 CHEFE DOS CUIDADORES Lidera a equipe de cuidadores e voluntários que supervisionam o cuidado e o bem-estar dos animais no zoológico.

 CUIDADOR ESPECIALIZADO Especializa-se no cuidado de um tipo ou grupo de animais, como répteis ou primatas. Pode viajar orientando zoológicos e reservas animais pelo mundo afora.

 CURADOR DE ANIMAIS Busca e adquire novos animais para zoológicos, mantendo suas populações e auxiliando em programas de acasalamento.

 GERENTE DE PARQUE DE ANIMAIS Supervisiona as operações diárias e os serviços de um parque. Também orienta turistas e é responsável pelo cuidado e bem-estar dos animais.

▼ ATIVIDADES RELACIONADAS

▶ **PROFISSIONAL DE ECOLOGIA** ver pp. 172-173

▶ **EDUCADOR AMBIENTAL** Desenvolve e promove programas educativos para escolas, famílias e comunidades.

▶ **ASSISTENTE DE PET SHOP** Trabalha em pet shops, podendo atuar no banho e na tosa de pets.

▶ **GUIA DE SAFÁRI** Acompanha grupos de turistas em safáris dentro de parques para ver animais selvagens e pássaros em seus hábitats naturais.

▶ **REABILITADOR DE ANIMAIS SELVAGENS** Resgata animais selvagens doentes e abandonados e protege-os até que sua saúde seja restabelecida, para que sejam liberados novamente em seus ambientes naturais.

RESUMO

 INTERESSES Vida selvagem e comportamento dos animais • Biologia • Geografia • Bem-estar animal • Tecnologia da informação

 QUALIFICAÇÕES NECESSÁRIAS Boa formação em geral, experiência de trabalho e comprometimento. Funções especializadas exigem um diploma.

 ESTILO DE VIDA É comum trabalhar em período integral, mas é possível encontrar vagas de meio período. Os gerentes normalmente trabalham à noite durante o plantão.

 LOCAL O trabalho é realizado geralmente em zoológicos públicos e privados, parques ou aquários. Pode ser preciso viajar para transportar animais.

 REALIDADE Normalmente se trabalha ao ar livre em todo tipo de clima. Algumas funções podem agravar alergias a animais ou plantas. Alguns animais apresentam riscos de segurança.

ANIMAIS, AGROPECUÁRIA E MEIO AMBIENTE

ADMINISTRADOR DE FAZENDA

DESCRIÇÃO DO TRABALHO

Esses administradores garantem que gado, laticínios, plantações ou fazendas mistas se desenvolvam sem problemas e com lucro. Do uso de máquinas e o transporte de animais até o planejamento da rotação de culturas e a gestão do negócio, o trabalho envolve tarefas que variam conforme o clima local, as condições de solo, a demanda por produtos e os contratos com supermercados, empresas de alimentos e outros clientes.

RENDA
Adm. de fazenda iniciante ★★★★★
Adm. de fazenda experiente ★★★★★

PERFIL DO SETOR
O setor está mudando devido às técnicas de precisão, como a semeadura por GPS
• Oportunidades em fazendas, empresas de gestão agrícola e de alimentos, bem como trabalho autônomo

RESUMO

INTERESSES Agricultura • Bem-estar animal • Mundo da natureza • Ciência ambiental • Biologia • Tecnologia

QUALIFICAÇÕES NECESSÁRIAS Embora seja possível conseguir trabalho apenas com base na experiência, é preferível ter um diploma em uma área correlata.

ESTILO DE VIDA A demanda de trabalho é sazonal. O profissional trabalha muitas horas na colheita ou no parto de animais, por exemplo.

LOCAL Os administradores realizam trabalhos operacionais na fazenda e tarefas administrativas no escritório. É comum viajar para outras fazendas ou feiras agrícolas.

REALIDADE O trabalho pode ser implacável em épocas de pico. A lucratividade pode ser afetada por fatores externos, como o mau tempo.

PLANO DE CARREIRA

O setor é diversificado e oferece boas perspectivas. Um administrador de fazenda pode ser contratado por proprietários de terras ou trabalhar em sua própria fazenda. Muitas propriedades focam em monocultura, e pode ser necessário mudar de local para ampliar a experiência.

ASSISTENTE Você pode encontrar um trabalho logo após concluir o ensino médio, ganhando a experiência necessária para se candidatar à formação em gestão.

GERENTE TRAINEE Você deve ter experiência anterior de trabalho agrícola e formação universitária para participar de um programa de formação em gestão.

FORMAÇÃO Com diploma de bacharel em agronomia ou gestão de fazendas, você pode se candidatar a um programa de pós-graduação em gestão.

ATIVIDADES RELACIONADAS

▶ **PROFISSIONAL DE ECOLOGIA** *ver pp. 172-173*

▶ **PISCICULTOR** Cria peixes e mariscos para a indústria de alimentos, a pesca recreativa ou para piscinas ornamentais.

▶ **GUARDA FLORESTAL** Supervisiona atividades que desenvolvem e protegem ambientes florestais. Também supervisiona a conservação ecológica e o uso recreativo das florestas, bem como gerencia os aspectos comerciais da silvicultura.

▶ **TRABALHADOR DE MANUTENÇÃO DE TERRENOS** Garante que os terrenos de casas, empresas e parques fiquem bonitos e saudáveis.

▶ **ADMINISTRADOR DE PARQUES** Gerencia parques e áreas verdes para o desfrute de moradores e visitantes.

HABILIDADES REQUERIDAS

Alto nível de resistência e resiliência às exigências físicas do trabalho.

Boa capacidade de organização para gerir a operação e os negócios da fazenda.

Bons conhecimentos de informática para monitorar níveis de oferta e manter registros precisos.

Capacidade para formar uma equipe forte e supervisionar as atividades dos aprendizes.

Habilidades em negócios para gerenciar finanças, planejar orçamentos e garantir que metas de produção sejam alcançadas.

GERENTE DE PROPRIEDADE RURAL Supervisiona e gere a manutenção de solos e construções na fazenda, bem como assuntos financeiros e legais de fazendas e outras propriedades rurais.

AGRÔNOMO Realiza pesquisa de campo em reprodução, fisiologia, produção, rendimento e gestão de culturas e instalações agrícolas.

CONSULTOR AGRÍCOLA Resolve problemas agrícolas e presta assessoria técnica e apoio a agricultores, produtores e agências governamentais.

ADMINISTRADOR DE FAZENDA Além de gerenciar a fazenda, você pode fazer cursos, seminários e workshops de meio período para se manter atualizado. Há muitas especializações à escolha.

EXECUTIVO DE VENDAS AGRÍCOLAS Vende, promove e frequentemente dá treinamento para agricultores sobre o uso de produtos agrícolas, maquinário ou fertilizantes. É bom ter experiência prática em agricultura.

HORTICULTOR

DESCRIÇÃO DO TRABALHO

Se você gosta de trabalhar ao ar livre, pode se interessar pela horticultura – a técnica de cultivar, colher e vender flores, plantas, arbustos e árvores. Há trabalho em viveiros de plantas, jardins botânicos, empresas de paisagismo e organizações governamentais que mantêm espaços verdes nas cidades.

RENDA
Horticultor iniciante ★★★★★
Horticultor experiente ★★★★★

PERFIL DO SETOR
A maior parte do trabalho é aplicada em culturas de alto valor
• Indústria diversificada dominada por pequenas e médias empresas

PLANO DE CARREIRA

Empregos de nível inicial exigem apenas ensino médio. Pode ser necessário um nível superior ou técnico para as vagas gerenciais ou para trabalhar como paisagista, botânico, reprodutor de plantas ou cientista de solo.

FORMAÇÃO Algumas instituições oferecem cursos técnicos de jardinagem e horticultura. Embora não seja essencial, um diploma pode lhe ajudar no mercado de trabalho

ASSISTENTE Você pode começar a sua carreira como assistente, aprendendo enquanto trabalha dentro de equipes em jardins ou viveiros de plantas.

▼ ATIVIDADES RELACIONADAS

▶ **ARBORICULTOR** Cultiva, gerencia e protege árvores, cercas vivas e arbustos de grande porte. Também fornece informações e aconselhamento sobre questões relacionadas a árvores.

▶ **FLORISTA** Corta, organiza e seca flores para criar enfeites para presentes, casamentos e funerais. Pode trabalhar em lojas ou em casa.

HORTICULTOR Pode exercer funções de jardinagem, incluindo cuidar de plantas e campos para esportes como o golfe. Você pode se especializar em culturas alimentares ou ornamentais em viveiros de plantas ou fazendas, ou vender plantas e prestar aconselhamento sobre seus cuidados.

RESUMO

INTERESSES Jardinagem • Botânica • Plantas e história natural • Biologia • Química • Saúde e fitness • Geografia

LOCAL Viveiros de plantas, complexos de estufas ou jardins, parques públicos ou privados ou espaços públicos em cidades.

QUALIFICAÇÕES NECESSÁRIAS É necessário ter ensino médio completo. Nível superior é exigido para funções mais especializadas.

REALIDADE O trabalho pode ser repetitivo, desconfortável e exposto ao mau tempo. Há pouco descanso, por isso é preciso ter resistência física.

ESTILO DE VIDA As jornadas costumam ser normais, mas pode ser necessário trabalhar em turnos específicos em viveiros que cultivam plantas delicadas sob cuidado intensivo.

HABILIDADES REQUERIDAS

 Força física e resistência para trabalho intenso ao ar livre, às vezes com mau tempo.

 Habilidade manual para plantar mudas e utilizar equipamentos de jardinagem.

 Capacidade de organização para tarefas de planejamento que incluem descarregar suprimentos, escavar solo e podar plantas.

 Habilidade para resolver problemas, examinando e cuidando de plantas e flores que necessitam de tratamento específico.

 Criatividade e imaginação para tornar espaços públicos, jardins e viveiros de plantas vibrantes e atraentes.

PAISAGISTA Usa conhecimento detalhado de plantas e horticultura para planejar, plantar e manter jardins ornamentais em casas e empresas.

BOTÂNICO Estuda a vida vegetal e suas interações com solos, a atmosfera e outros seres vivos. Os botânicos precisam de nível superior e podem trabalhar no cultivo e crescimento de plantas, além de documentar espécies diversificadas e exóticas.

HORTICULTOR SÊNIOR Estuda doenças, genética e nutrição das plantas a fim de melhorar a qualidade e a produtividade de culturas comerciais.

TÉCNICO EM HORTICULTURA Especializa-se nas áreas técnicas da horticultura, como instalação de sistemas de irrigação, controle de pragas ou trabalho laboratorial.

PROFISSIONAL DE HORTICULTURA TERAPÊUTICA Usa a jardinagem para promover o bem-estar de doentes em recuperação ou de pessoas que sofrem de doenças crônicas.

ARQUITETO PAISAGISTA

DESCRIÇÃO DO TRABALHO

Os arquitetos paisagistas desenham, criam e gerenciam espaços abertos em ambientes naturais ou criados pelo homem. Trabalham com outros profissionais de construção e engenharia a fim de planejar e gerenciar parques e áreas para recreação, passagem de pedestres e prática de esportes, além de regeneração urbana.

RENDA
Arquiteto paisagista iniciante ★★★★★
Arquiteto paisagista experiente ★★★★★

PERFIL DO SETOR
Demanda crescente por espaços abertos e edifícios de design sustentável • Salários mais altos no setor privado • Cerca de 50% dos profissionais são autônomos

RESUMO

INTERESSES Design • Arte • Ciência ambiental • Arquitetura • Urbanismo • Tecnologia da informação • Geografia

QUALIFICAÇÕES NECESSÁRIAS Geralmente é necessário um diploma de arquitetura ou paisagismo, além de obter uma licença da entidade de classe.

ESTILO DE VIDA Normalmente se trabalha em horário comercial, mas, dependendo dos prazos, pode ser preciso trabalhar à noite ou aos finais de semana.

LOCAL O trabalho é feito em escritório, mas inclui viagens regulares para analisar projetos, visitar locais e apresentar planejamentos a clientes ou ao público.

REALIDADE Aprimorar espaços urbanos e naturais em benefício da comunidade e do meio ambiente é altamente gratificante.

PLANO DE CARREIRA

Geralmente se pede uma formação em arquitetura. Os principais empregadores são entidades locais e empresas privadas, mas também é possível trabalhar em agências ambientais, empresas que oferecem serviços públicos, construtoras e organizações beneficentes. À medida que ganhar experiência, você também poderá trabalhar como autônomo.

GRADUAÇÃO Você vai precisar de um diploma superior em arquitetura.

PÓS-GRADUAÇÃO Você pode se especializar em paisagismo e realizar outros cursos de pós-graduação, caso seja formado em arquitetura ou outra carreira afim.

HABILIDADES REQUERIDAS

Boa comunicação para lidar com clientes e funcionários da construção civil.

Interesse por projetos e consciência da necessidade de criação de espaços esteticamente atraentes e sustentáveis.

Capacidade de compreender e incorporar as necessidades do cliente ao projeto do local.

Habilidade com software de desenho assistido por computador (CAD) para criar desenhos e apresentações.

Tino comercial, combinado a uma compreensão das questões sociais e ambientais.

▼ ATIVIDADES RELACIONADAS

▶ **HORTICULTOR** ver pp. 168-169

▶ **ENGENHEIRO CIVIL** ver pp. 176-177

▶ **ARQUITETO** ver pp. 194-195

▶ **ENGENHEIRO DE CUSTOS** ver pp. 198-199

▶ **URBANISTA** ver pp. 200-201

▶ **PAISAGISTA** Segue as especificações de projeto de um arquiteto paisagista para construir instalações de jardim, como caminhos, pátios, muretas e bordaduras.

▶ **AGRIMENSOR** Coleta dados para o mapeamento de áreas de terra, uma etapa prévia aos projetos de construção ou engenharia.

GERENTE DE PAISAGISMO
Ajuda a planejar novas áreas e a manter as já existentes, direcionando o trabalho de arquitetos paisagistas e aconselhando sobre aspectos legais. Executa projetos, contrata e supervisiona equipes de construção e maquinário.

PLANEJADOR DE PAISAGISMO
Oferece aconselhamento sobre projetos regionais de desenvolvimento com o objetivo de proteger recursos naturais e locais históricos ou culturais em áreas urbanas e rurais.

CONSULTOR Propõe soluções para questões urbanas relativas à arquitetura da paisagem considerando aspectos estéticos, funcionais e ambientais.

ARQUITETO PAISAGISTA
Para progredir nesta carreira, você precisará atingir certo status profissional. É possível optar por se especializar em um determinado tipo de trabalho, como design ecológico ou paisagismo de rodovias, ou ainda se tornar sócio ou proprietário de uma empresa privada.

PESQUISADOR Pesquisa hábitats de alto valor ecológico e aconselha sobre sua administração a fim de melhorar a viabilidade em longo prazo e promover a biodiversidade.

PROFISSIONAL DE ECOLOGIA

DESCRIÇÃO DO TRABALHO

Os profissionais de ecologia estudam a relação entre plantas e animais e sua interação com o entorno. Podem se especializar em um hábitat específico (como uma floresta tropical) ou grupos de espécies (como leões). Seu trabalho vai desde a realização de pesquisas sobre questões globais até o desenvolvimento de planos de gestão do solo local. Esses profissionais são, em sua maioria, movidos por uma paixão profunda pela proteção do meio ambiente e da biodiversidade.

RENDA
Prof. de ecologia iniciante ★★☆☆☆
Prof. de ecologia experiente ★★★★☆

PERFIL DO SETOR
Empregadores em potencial, especialmente públicos e em agências ambientais • Concorrência para cargos mais elevados • Trabalho autônomo tem se tornado mais comum

PLANO DE CARREIRA

Você precisa de nível superior em ecologia ou ciências biológicas. As oportunidades estão disponíveis em empresas públicas e privadas, agências governamentais nacionais e locais, consultorias ambientais e organizações não governamentais (ONGs) que lutam pelo meio ambiente e pela vida selvagem.

ECOLOGISTA MARINHO Estuda organismos marinhos e ecossistemas para proteger a biodiversidade, conservar hábitats e ajudar a preservar recursos marinhos vivos de importância comercial, bem como outras formas de vida marinha.

VOLUNTÁRIO Ao se tornar voluntário em uma ONG, você poderá ganhar experiência e melhorar suas chances de conseguir emprego ao completar a graduação.

FORMAÇÃO Você deve ter um diploma na área e experiência em pesquisa de campo e análise de dados. A procura pelo diploma vem aumentando cada vez mais.

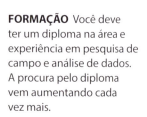

PROFISSIONAL DE ECOLOGIA No início da carreira, você realizará pesquisas de campo, fará relatórios e prestará aconselhamento a várias organizações. Ao ganhar experiência, poderá assumir funções de gestão ou trabalhar com políticas ambientais em órgãos públicos, ou ONGs, antes de se especializar em alguma área.

HABILIDADES REQUERIDAS

 Habilidade de comunicação oral e escrita para redigir e apresentar artigos científicos.

 Abordagem metódica na coleta de dados e utilização de equipamentos de laboratório para análise de amostras.

 Dedicação e paciência, uma vez que projetos globais podem consumir vários anos de pesquisa.

 Bom gerenciamento de equipe para aconselhar e liderar grupos em grandes projetos.

 Habilidades sólidas de uso de computadores para análise, geração de relatórios e apresentação precisa de dados.

ESPECIALISTA EM RECUPERAÇÃO DE ECOSSISTEMAS Conduz projetos de restauração de ambientes degradados e estabelece regras de ocupação de regiões naturais.

AGENTE AMBIENTAL Trabalha para proteger espécies vegetais em risco de extinção e importantes hábitats. Realiza trabalho de campo a fim de aconselhar ONGs e entidades governamentais.

▼ ATIVIDADES RELACIONADAS

▶ **ANALISTA DE CONSERVAÇÃO RURAL** Supervisiona questões ambientais e rurais, incluindo gestão de atividades de conservação. Pode ter de elaborar apresentações educativas ou para publicidade.

▶ **OCEANÓGRAFO** Estuda os mares e os oceanos. Também realiza pesquisas sobre os efeitos da mudança climática e investiga o impacto da poluição sobre a vida marinha.

▶ **GESTOR DE RESÍDUOS** Coordena o descarte de resíduos e serviços de reciclagem.

▶ **ZOÓLOGO** Observa e estuda animais e seu comportamento nos hábitats naturais. Esse trabalho normalmente exige um diploma em zoologia, ecologia animal, comportamento animal ou conservação.

RESUMO

 INTERESSES Vida selvagem e conservação ambiental • Botânica • Biologia • Zoologia • Química • Geografia • Matemática • Estatística

 QUALIFICAÇÕES NECESSÁRIAS É preciso ter nível superior em ecologia, geografia ou ciência ambiental. Pós-graduação pode ser útil.

 ESTILO DE VIDA Os profissionais de ecologia tendem a ser altamente comprometidos com a vida selvagem e o meio ambiente. O trabalho pode exigir longas jornadas.

 LOCAL Em escritório, em laboratório ou no campo. Viagens frequentes podem resultar em longos períodos longe de casa.

 REALIDADE Longas jornadas de trabalho e pesquisa de campo podem ser fisicamente desgastantes. Podem haver viagens de longa duração.

ENGENHARIA

Se você gosta de aprender como as coisas funcionam e de aprimorá-las, há várias opções de carreira neste setor. Seja para fabricar máquinas, seja para fazer experiências ou enxergar a ciência por trás de tudo, você precisa ser criativo, metódico e organizado.

ENGENHEIRO CIVIL
Página 176

Ao criar e executar projetos de construção, o engenheiro civil molda nosso meio ambiente. Supervisiona e entrega projetos de construção no tempo certo e dentro do orçamento.

ENGENHEIRO DE PERFURAÇÃO
Página 178

Na vanguarda da exploração e extração de combustíveis fósseis em terra e no mar, esse engenheiro projeta e instala poços para campos de petróleo e gás.

ENGENHEIRO QUÍMICO
Página 180

Pesquisa maneiras de utilizar a matéria-prima por meio de novos processos químicos e desenvolve novas substâncias e produtos visando ao lucro.

ENGENHEIRO MECÂNICO
Página 182

Tudo que tem peças móveis – de um relógio a um trem – foi projetado por um engenheiro mecânico, tornando esta a mais ampla de todas as disciplinas de engenharia.

MECÂNICO DE AUTOMÓVEIS
Página 184

Usando suas habilidades e seu conhecimento, o mecânico de automóveis identifica e corrige problemas e substitui peças desgastadas para manter os veículos em dia.

ENGENHEIRO ELETRICISTA
Página 186

Projeta, constrói e faz a manutenção de diversos sistemas e componentes elétricos. Seu trabalho é manter o funcionamento do sistema de energia.

ENGENHEIRO DE TELECOMUNICAÇÕES
Página 188

Trabalhando com telefones, redes móveis, rádio e internet, este engenheiro garante que as redes de telecomunicações estejam conectadas ao restante do mundo.

ENGENHEIRO AEROESPACIAL
Página 190

Especializado em aeronaves e tecnologia espacial, este engenheiro projeta, constrói, testa e mantém veículos que voam pelo espaço aéreo e além dele.

ENGENHEIRO CIVIL

DESCRIÇÃO DO TRABALHO

Engenheiros civis gerenciam grandes e pequenos projetos de infraestrutura, como estradas, pontes e dutos. Esta profissão é desafiadora e diversificada. Inclui falar com clientes, examinar locais de construção, desenhar plantas, fazer orçamentos e avaliar o impacto ambiental de um projeto, além de garantir que o local de construção atenda a padrões de saúde e segurança.

RENDA
Engenheiro civil iniciante ★★★☆☆
Engenheiro civil experiente ★★★★★

PERFIL DO SETOR
Setor global • Mercado em crescimento contínuo • Muitas vagas no setor de construção civil • Número crescente de projetos de energia renovável, como parques eólicos e solares

HABILIDADES REQUERIDAS

 Criatividade e inovação para executar um projeto de engenharia com sucesso.

 Habilidade para liderar equipes de engenheiros e construtores em diversas tarefas.

 Capacidade de resolver problemas e de processar cálculos complexos usando softwares.

 Conhecimento de tecnologia para criar modelos em software de desenho assistido por computador (CAD).

 Habilidade para desenvolver contratos, fazer orçamentos e criar propostas para novos projetos.

RESUMO

 INTERESSES Engenharia • Construção • Física • Matemática • Desenho assistido por computador (CAD) • Geologia • Ciência dos materiais

 QUALIFICAÇÕES NECESSÁRIAS Para ingressar nessa carreira, é preciso ter um diploma de graduação em engenharia civil.

 ESTILO DE VIDA Os engenheiros civis geralmente trabalham em horário comercial, mas a maioria dos projetos exige viagens frequentes.

 LOCAL Dependendo da natureza do projeto, os engenheiros civis trabalham em casa, escritório ou no canteiro das obras. Pode ser preciso viajar, inclusive para o exterior.

 REALIDADE Alguns projetos podem exigir que você fique longe de casa por longos períodos. Locais de construção são geralmente perigosos e você pode ter de trabalhar em andares altos.

PLANO DE CARREIRA

É possível escolher entre uma série de especializações, incluindo transporte, planejamento e concepção de estradas e portos, trabalho em barragens e gasodutos, tratamento de resíduos e poluição, prevenção de desastres, entre outros.

Montanhas-russas gigantes em parques temáticos são concebidas por engenheiros civis.

FORMAÇÃO O diploma de engenharia civil é a rota mais comum para esta carreira. Algumas empresas oferecem programas de treinamento a formados.

TÉCNICO Embora seja preciso ter um diploma para trabalhar com engenharia civil, você pode ganhar experiência como técnico em edificações enquanto conquista seu diploma.

ENGENHEIRO CIVIL Depois de ganhar experiência, você pode estudar para melhorar sua qualificação e pleitear o reconhecimento dessas formações. Com isso, poderá ser promovido a cargos seniores ou a funções especializadas.

ENGENHEIRO CIVIL CONTRATADO Implementa projetos de engenheiros consultores, supervisiona o trabalho dos empreiteiros, verifica a qualidade e o progresso e compra materiais e equipamentos.

CONSULTOR EM ENGENHARIA CIVIL
Planeja e aconselha sobre projetos de engenharia, colaborando diretamente com clientes e arquitetos. Produz projetos detalhados e supervisiona toda a sua realização.

▼ **ATIVIDADES RELACIONADAS**

▶ **ENGENHEIRO MECÂNICO** ver pp. 182-183

▶ **ENGENHEIRO ESTRUTURAL** ver pp. 196-197

▶ **ENGENHEIRO DE CUSTOS** ver pp. 198-199

▶ **ENGENHEIRO GEOTÉCNICO** Examina o solo do local para garantir que seja possível construir com segurança.

▶ **ENGENHEIRO NAVAL** Projeta e desenvolve estruturas litorâneas, como plataformas petrolíferas, parques eólicos e barreiras de maré.

GERENTE DE PROJETOS
É responsável pelo projeto e garante que as soluções sejam entregues no padrão desejado, na hora certa e dentro do orçamento.

ENGENHEIRO DE PERFURAÇÃO

DESCRIÇÃO DO TRABALHO

São responsáveis por planejar, coordenar e comandar as operações de perfuração de petróleo e gás. Essa função combina geologia, física e engenharia para projetar, planejar e supervisionar a perfuração de poços de petróleo e gás. A maioria desses profissionais trabalha para empresas de petróleo e gás, enquanto outros podem trabalhar como consultores de empreiteiras.

RENDA
Eng. de perfuração iniciante ★★★★★
Eng. de perfuração experiente ★★★★★

PERFIL DO SETOR
A maioria das vagas é em multinacionais e consultorias especializadas • Primeiros empregos podem ser muito bem pagos e estão em alta • O número de vagas depende da economia

RESUMO

INTERESSES Geologia • Física • Química • Matemática • Engenharia • Geografia • Idiomas • Tecnologia da informação

QUALIFICAÇÕES NECESSÁRIAS Formação superior em áreas como engenharia, física ou geologia, ou pós-graduação relacionada.

ESTILO DE VIDA É preciso trabalhar por muitas horas. É comum passar bastante tempo longe de casa e viajar para locais de perfuração, às vezes no exterior.

LOCAL Deslocam-se entre o escritório e os locais de perfuração (tanto costeiros quanto em terra).

REALIDADE Trabalhar em plataformas petrolíferas pode exigir viagens de helicóptero ou barco. Essa função é fisicamente exigente e pode envolver condições perigosas.

▼ ATIVIDADES RELACIONADAS

▶ **GEOCIENTISTA** ver pp. 148-149

▶ **ENGENHEIRO MECÂNICO** ver pp. 182-183

▶ **ENGENHEIRO DE ENERGIA** Pesquisa e desenvolve métodos de geração de energia a partir de diferentes fontes, incluindo as renováveis, como energia eólica, das ondas do mar, geotérmica e solar.

▶ **ENGENHEIRO NAVAL** Projeta, desenvolve e testa plataformas de petróleo, oleodutos, veículos operados remotamente, navios e embarcações para indústrias de petróleo, gás e atividades náuticas.

▶ **ENGENHEIRO DE MINAS** Trabalha na prospecção e na extração de minérios, considerando a redução do impacto dessas atividades sobre o meio ambiente.

Engenheiros de perfuração extraíram mais de 43 bilhões de barris de petróleo das águas do Reino Unido desde a década 1970.

PLANO DE CARREIRA

Engenheiros de perfuração costumam adquirir responsabilidades rapidamente, passando de pequenos projetos para outros bem maiores em pouco tempo. A formação básica universitária geralmente dura cinco anos e pode incluir várias mudanças de projeto e locais.

GRADUAÇÃO Você pode se formar em geologia, ciências naturais ou engenharia de petróleo.

PÓS-GRADUAÇÃO Você pode melhorar suas chances se conseguir um diploma de pós-graduação. Também pode começar a carreira em uma área de perfuração.

HABILIDADES REQUERIDAS

Capacidade de comunicação com gerentes, engenheiros e operadores.

Capacidade de trabalho em equipe e disponibilidade para morar em plataformas ou em cidades de campos petrolíferos.

Bom relacionamento interpessoal, a fim de trabalhar diretamente com pessoas de todo o mundo.

Capacidade de análise afiada, para tomar decisões eficazes sobre operações complexas.

Capacidade de se aprofundar em assuntos e experiência técnica para resolver problemas complexos.

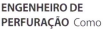

ENGENHEIRO DE PERFURAÇÃO Como algumas empresas operam no exterior, pode ser preciso ter fluência em língua estrangeira. Com experiência, você pode escolher uma especialidade, ou tentar uma promoção a um cargo de alto escalão.

ENGENHEIRO DE PERFURAÇÃO DIRECIONAL HORIZONTAL Especialista em técnicas que permitem perfurar poços em ângulo certo para extrair mais petróleo e gás.

ENGENHEIRO DE PERFURAÇÃO DIRECIONAL Especializa-se em técnicas de perfuração em um ângulo específico, a fim de extrair mais petróleo e gás.

ENGENHEIRO DE PERFURAÇÃO EM ÁGUAS PROFUNDAS Atividade associada à perfuração direcional. Ocorre em plataformas flutuantes ou fixas.

ENGENHEIRO DE PERFURAÇÃO DE ALTA PRESSÃO/ALTA TEMPERATURA Atua na perfuração de poços sob altas pressões e temperaturas, com técnicas e equipamentos avançados.

ENGENHEIRO DE TESTE DE POÇOS Faz checagens técnicas para garantir as condições ideais de produção de petróleo e gás. Monitora as operações, os equipamentos e a equipe para garantir o cumprimento de padrões de saúde e segurança.

ENGENHEIRO QUÍMICO

DESCRIÇÃO DO TRABALHO

Engenheiros químicos desenvolvem tecnologias que transformam matéria-prima em produtos como tintas, colas, têxteis e plásticos. Podem trabalhar em laboratório, projetando novos produtos ou aprimoramentos, ou se especializar no processo de fabricação – ou seja, maquinário e as técnicas usadas para produzir, dentro de normas de qualidade e segurança.

RENDA
Engenheiro químico iniciante ★★★★★
Engenheiro químico experiente ★★★★★

PERFIL DO SETOR
Ampla indústria global • O aumento dos custos de energia impulsiona a inovação • Fabricação muitas vezes baseada em países com recursos de baixo custo

RESUMO

INTERESSE Química • Matemática • Física • Biologia • Tecnologia • Gerenciamento de projetos • Computação

QUALIFICAÇÕES NECESSÁRIAS É preciso ter diploma em engenharia química, bioquímica ou de processos, além de experiência prática.

ESTILO DE VIDA O horário de trabalho é convencional em pesquisa e desenvolvimento, mas pode ser preciso fazer plantões em plantas de processamento e fabricação.

LOCAL Os engenheiros químicos trabalham geralmente em escritório, laboratório ou fábrica de produtos químicos. Eles podem ter de viajar ao exterior.

REALIDADE É um trabalho de alta pressão que exige rápida resolução de problemas. Os engenheiros químicos podem gerenciar fábricas de alto custo.

HABILIDADES REQUERIDAS

Bom relacionamento interpessoal para interagir com diversos tipos de pessoas em toda a indústria.

Capacidade de análise e resolução de problemas ao gerenciar projetos complexos e de grande orçamento.

Habilidades matemáticas e capacidade de aplicar princípios científicos a problemas reais.

Experiência em software especializado para processar dados e controlar linhas de produção.

Habilidade de prever e analisar resultados comerciais de aplicações científicas.

Criatividade e inovação para criar processos de fabricação industrial de produtos.

▼ ATIVIDADES RELACIONADAS

▶ **ENGENHEIRO DE ENERGIA** Pesquisa e desenvolve métodos de geração de energia a partir de diferentes fontes, incluindo as renováveis, como energia eólica, das ondas do mar, geotérmica e solar.

▶ **ENGENHEIRO DE MINAS** Mapeia os locais de mineração e projeta a estrutura das minas e os equipamentos para extração de recursos do solo.

▶ **ENGENHEIRO NUCLEAR** Projeta e gerencia instalações na indústria de energia nuclear. Também é responsável pela desativação de instalações nucleares.

▶ **ENGENHEIRO DE PROCESSOS** Usa conhecimento de engenharia química e mecânica para desenvolver processos eficientes de fabricação e produção.

> Engenheiros químicos devem trabalhar em área em crescimento, como os de energias alternativas e biotecnologia.

PLANO DE CARREIRA

Depois de se formar e ter experiência na indústria, você geralmente precisa estudar mais para obter crescimento profissional. Pode então escolher se especializar em produção, pesquisa e desenvolvimento, vendas e marketing, ou pode trabalhar com gestão.

FORMAÇÃO Você precisa de uma graduação ou uma pós-graduação em engenharia química ou disciplina correlata. Grandes empregadores oferecem programas de treinamento que permitem contato com diversas áreas da empresa.

ENGENHEIRO QUÍMICO Uma vez formado, você pode focar na pesquisa de novos produtos, no aprimoramento de produtos já existentes ou então no gerenciamento da atividade de uma fábrica.

ENGENHEIRO DE PROCESSOS Projeta, mantém e otimiza processos usados na fabricação em grande escala de produtos químicos e outros produtos. Trabalha em áreas tão diversas quanto a indústria farmacêutica ou de óleo refinado e supervisiona o funcionamento da fábrica.

PESQUISADOR Desenvolve novos produtos e técnicas de fabricação. Pode lidar com ciência de vanguarda, como novos medicamentos ou tratamentos.

QUÍMICO AMBIENTAL Aplica conhecimentos de química ao estudo de problemas relativos a poluição e gestão de resíduos, a fim de encontrar soluções que protejam o meio ambiente.

ENGENHARIA

ENGENHEIRO MECÂNICO

DESCRIÇÃO DO TRABALHO

Como parte de uma equipe de produção, os engenheiros mecânicos projetam, constroem, testam e consertam equipamentos que operam em muitos produtos, de máquinas de lavar louças a automóveis e centrais elétricas. Usam softwares – e cada vez mais impressoras 3D – para criar e testar protótipos de dispositivos mecânicos.

RENDA
Engenheiro mecânico iniciante ★★★★★
Engenheiro mecânico experiente ★★★★★

PERFIL DO SETOR
A mais ampla área da engenharia, de sistemas de tecnologia de ponta a tecnologias do dia a dia • Excelentes oportunidades de trabalho no exterior • Foco em design sustentável

PLANO DE CARREIRA

Uma vez qualificado, o engenheiro mecânico precisa integrar um órgão profissional de engenharia e continuar a aprender ao longo de sua carreira. Ele pode se especializar em uma área ou trabalhar em grandes projetos. Oportunidades em vendas e marketing, ou em uma consultoria independente, oferecem um caminho para o lado comercial da profissão.

GERENTE DE NEGÓCIOS Gerencia pessoas e atividades comerciais. Geralmente tem mais interesse nos negócios, ocupando cargos corporativos.

TÉCNICO Em um patamar anterior à graduação, existe o curso técnico em Mecânica, cujas atividades envolvem instalação e manutenção de sistemas mecânicos.

FORMAÇÃO Depois de obter o diploma de engenharia, você pode participar de um programa de trainee em uma grande empresa ou aceitar um cargo inicial em uma empresa menor.

ENGENHEIRO MECÂNICO É uma área repleta de opções, desde projetar motores para aeronaves até desenvolver turbinas eólicas ou melhorar o desempenho de tecnologias médicas de ponta, como próteses ou corações artificiais.

HABILIDADES REQUERIDAS

Excelente capacidade de comunicação para colaborar em uma variedade de projetos.

Criatividade e inovação para encontrar soluções de engenharia que funcionem.

Capacidade de lidar com a pressão do trabalho, mantendo boas relações.

Bom conhecimento de softwares de desenho assistido por computador (CAD).

Habilidade para perceber detalhes e construir e testar protótipos funcionais.

ESPECIALISTA EM PESQUISA E DESENVOLVIMENTO Elabora protótipos de máquinas e efetua testes de produtos, para determinar alterações que se façam necessárias.

ESPECIALISTA EM PROJETO Planeja e instala linhas de produção e efetua adaptações nas já existentes.

ESPECIALISTA EM MÁQUINAS E EQUIPAMENTOS Projeta e coordena a fabricação de moldes para ferramentas, máquinas e dispositivos.

▼ ATIVIDADES RELACIONADAS

▶ **DESIGNER DE PRODUTO** ver pp. 18-19

▶ **ENGENHEIRO AEROESPACIAL** ver pp. 190-191

▶ **ENGENHEIRO AUTOMOTIVO** Trabalha em fábricas, projetando e produzindo veículos automotores. Também pode construir carros de corrida ou outros veículos especializados.

▶ **ENGENHEIRO MECATRÔNICO** Desenvolve produtos combinando componentes mecânicos, eletrônicos e de computador. Esses produtos incluem eletrodomésticos, câmeras e discos rígidos de computador.

▶ **ENGENHEIRO ROBÓTICO** Projeta, constrói e mantém robôs para uso em diversos setores, desde engenharia de perfuração até manufatura de veículos motorizados.

RESUMO

INTERESSES Engenharia • Ciências • Matemática • Física • Design • Computadores

QUALIFICAÇÕES NECESSÁRIAS Em geral, exige-se um diploma em engenharia mecânica, embora um título mais avançado também possa ser útil.

ESTILO DE VIDA O trabalho é realizado em horário convencional, embora engenheiros de alguns setores precisem viajar ou trabalhar durante a noite para cumprir prazos.

LOCAL Embora o trabalho seja principalmente baseado em escritório, os engenheiros podem precisar visitar fábricas e laboratórios com frequência.

REALIDADE O curso superior em engenharia mecânica é reconhecidamente difícil. É essencial manter-se sempre atualizado sobre as novas tecnologias.

184 ENGENHARIA

MECÂNICO DE AUTOMÓVEIS

RENDA
Mecânico de automóveis iniciante ★☆☆☆☆
Mecânico de automóveis experiente ★★★☆☆

PERFIL DO SETOR
Boas oportunidades para técnicos qualificados • Empregadores incluem concessionárias de veículos, oficinas e empresas de serviços emergenciais e de transporte e construção.

DESCRIÇÃO DO TRABALHO
Os mecânicos de automóveis inspecionam falhas e usam testes de computador para examinar problemas em sistemas mecânicos ou elétricos de um veículo, consertando e substituindo peças desgastadas. Essa é uma boa profissão para quem aprecia o desafio de desmontar, reparar e fazer manutenção em sistemas mecânicos.

RESUMO

INTERESSES Veículos motorizados • Sistemas mecânicos • Engenharia • Eletrônica • Física • Matemática • Tecnologia da informação

QUALIFICAÇÕES NECESSÁRIAS Boas notas em ciências e matemática são geralmente necessárias para fazer estágios e cursos profissionalizantes.

ESTILO DE VIDA Muitos profissionais trabalham em tempo integral, mas pode ser preciso fazer plantões, horas extras e atender emergências.

LOCAL O trabalho é feito normalmente em uma oficina. Em emergências, você poderá ter de viajar para consertar veículos ao ar livre e em todas as condições de tempo.

REALIDADE O trabalho pode ser fisicamente cansativo e potencialmente perigoso, devido ao peso, à sujeira e aos riscos relacionados às peças automotivas.

PLANO DE CARREIRA

O técnico pode se especializar em um tipo específico de veículo, como carros elétricos ou híbridos, ou em uma marca específica. Alguns se especializam em suspensão, direção ou rodas, por exemplo. Entre as opções de progressão de carreira estão técnico sênior e supervisor de oficina.

ESTAGIÁRIO Você pode trabalhar como técnico estagiário ou aprendiz em reparo de automóveis, combinando trabalho remunerado com treinamento prático.

FORMAÇÃO Você pode obter qualificação antes de encontrar trabalho, fazendo um curso profissionalizante em tecnologia de veículos automotores. É uma experiência que combina a sala de aula com a oficina.

185

HABILIDADES REQUERIDAS

 Habilidade de comunicação para explicar problemas para clientes que têm conhecimento técnico limitado.

 Força para erguer e alcançar componentes de difícil acesso e resistência para se manter concentrado por longas jornadas.

 Boa capacidade para investigar, diagnosticar e corrigir problemas mecânicos.

 Habilidade manual para usar uma grande variedade de ferramentas e manusear componentes complexos.

Precisão e atenção aos detalhes para desmontar peças e montá-las corretamente.

▼ ATIVIDADES RELACIONADAS

▶ **ENGENHEIRO MECÂNICO** ver pp. 182-183

▶ **AVALIADOR DE DANOS EM VEÍCULOS** Inspeciona veículos que foram danificados para estimar o custo do conserto.

▶ **CONSULTOR/VENDEDOR DE AUTOPEÇAS** Vende peças e acessórios para veículos, além de aconselhar clientes sobre problemas em seus veículos.

▶ **FUNILEIRO** Conserta, restaura e dá acabamento a peças danificadas. Também examina veículos, substitui ou conserta painéis e refaz a pintura.

MONTADOR Repara, testa e instala peças de veículos, como pneus, freios, escapamentos e baterias.

O número de veículos deve aumentar, e o mecânico ainda será necessário para fazer reparos.

MECÂNICO DE AUTOMÓVEIS Faz trabalho preventivo e de conserto para manter veículos em bom estado. Com experiência, você pode assumir um cargo de maior status na oficina, ou cuidar de uma frota de veículos para uma empresa comercial.

MECÂNICO MÓVEL Presta ajuda a motoristas com veículos defeituosos. Vai até onde o motorista está, examina o veículo e faz todos os reparos necessários, ou reboca o veículo para uma oficina ou para a casa do motorista.

TÉCNICO DE AR-CONDICIONADO/ REFRIGERAÇÃO Repara e conserva sistemas de ar condicionado, manipulando fluidos refrigerantes de acordo com requisitos legais de segurança.

ENGENHEIRO ELETRICISTA

DESCRIÇÃO DO TRABALHO

Engenheiros eletricistas trabalham em diversos setores, projetando, instalando e fazendo a manutenção de sistemas e componentes elétricos. Podem trabalhar em projetos de infraestrutura (como iluminação pública de baixa voltagem), redes de geração de energia, projetos de construção ou na fabricação de bens de consumo. Um aspecto importante do trabalho é garantir que o equipamento atenda a normas de segurança e design.

RENDA

Engenheiro eletricista iniciante ★★★★★
Engenheiro eletricista experiente ★★★★★

PERFIL DO SETOR

Profissão em crescimento devido ao ritmo da inovação tecnológica • Novas descobertas em energia solar e tecnologias da comunicação estão levando a uma série de possibilidades de carreira

PLANO DE CARREIRA

Para se qualificar como engenheiro eletricista, geralmente é necessário ter registro em alguma entidade profissional. Você pode optar por se especializar em uma área, como a de telecomunicações ou pesquisa. Uma alternativa é se tornar um consultor autônomo ou buscar um cargo sênior dentro da equipe gerencial de uma empresa de engenharia.

ENGENHEIRO DE PREVENÇÃO Procura possíveis riscos que possam causar falha em um processo ou produto. Testa componentes, subsistemas e sistemas para avaliar a confiabilidade do produto.

TÉCNICO Você pode procurar emprego como técnico após concluir o ensino médio e estudar para alcançar a qualificação necessária para se tornar um técnico eletricista credenciado.

FORMAÇÃO Com diploma em engenharia elétrica, você pode buscar uma pós-graduação em engenharia ou áreas afins.

ENGENHEIRO ELETRICISTA Muitas vezes trabalhando com especialistas de outras áreas, você pode realizar estudos, supervisionar o trabalho de engenheiros e técnicos juniores ou testar e analisar novos sistemas. Com experiência, você pode se especializar ou tentar promoção a um cargo sênior.

HABILIDADES REQUERIDAS

 Inovação e criatividade para projetar peças e equipamentos que atendam às necessidades do cliente.

 Forte capacidade de liderar, garantindo que a equipe siga os padrões de segurança.

 Capacidade de análise para compreender problemas técnicos complexos e criar soluções de baixo custo.

 Habilidades matemáticas significativas, para registro, análise e leitura de dados.

 Proficiência em softwares e hardwares para instalação e conserto de equipamentos.

 **ESPECIALISTA EM TELECOMUNICAÇÕES** Especializa-se na concepção e na manutenção de tecnologias eletrônicas de telecomunicação, como banda larga, redes wireless, cabeamento de fibra ótica e sistemas via satélite.

 CONSULTOR Aconselha clientes sobre a concepção e construção de sistemas e componentes elétricos, da distribuição de energia até sistemas de proteção contra incêndio e de iluminação interna.

 PESQUISADOR Trabalha em faculdades ou centros corporativos, realizando pesquisas em áreas emergentes, como engenharia nanoeletrônica – engenharia elétrica em escala molecular.

RESUMO

 INTERESSES Circuitos elétricos • Engenharia • Matemática • Computação • Ciências • Física • Ótica • Desenho técnico

 QUALIFICAÇÕES NECESSÁRIAS É preciso se formar em engenharia elétrica. É possível encontrar estágios ou programas de trainee.

 ESTILO DE VIDA A maioria dos engenheiros eletricistas trabalha em horário convencional, mas pode ser preciso trabalhar à noite, aos finais de semana ou em plantão.

 LOCAL O trabalho é feito em escritório ou oficina, mas é comum se locomover para fazer manutenção de equipamentos, monitorar instalações ou supervisionar fabricações.

 REALIDADE É preciso estar sempre aprendendo para acompanhar o intenso ritmo de evolução das tecnologias. Inúmeras opções de carreira.

▼ ATIVIDADES RELACIONADAS

▶ **ANALISTA DE SISTEMAS** ver pp. 120-121

▶ **ENGENHEIRO DE REDES** ver pp. 124-125

▶ **ENGENHEIRO MECÂNICO** ver pp. 182-183

▶ **ENGENHEIRO DE RADIODIFUSÃO** Opera sistemas usados na transmissão de conteúdo por meio de televisão, rádio e novas mídias.

▶ **CONSULTOR DE TI** Orienta empresas sobre o uso de sistemas de TI para resolver problemas operacionais.

▶ **ENGENHEIRO DE ROBÓTICA** Projeta, constrói e mantém robôs para uso em diversos setores, de engenharia de perfuração a fabricação de automóveis.

ENGENHEIRO DE TELECOMUNICAÇÕES

DESCRIÇÃO DO TRABALHO

Este profissional trabalha com diversas tecnologias que permitem o intercâmbio de dados e a comunicação, como telefones celulares e fixos, internet banda larga via rádio, cabo ou sem fios, fibras óticas e sistemas via satélite. Projeta, instala, testa ou conserta sistemas para clientes, que podem variar de grandes organizações a clientes individuais.

RENDA
Eng. de telecomunicações iniciante ★★☆☆☆
Eng. de telecomunicações experiente ★★★★☆

PERFIL DO SETOR
Setor em ascensão graças ao crescimento das tecnologias • Empregadores incluem fabricantes de sistemas e dispositivos de comunicação, setores governamentais e provedores de telecomunicação.

RESUMO

INTERESSES Eletrônica • Tecnologia da informação • Engenharia elétrica • Engenharia de software • Matemática • Física

QUALIFICAÇÕES NECESSÁRIAS Graduação em telecomunicações, engenharia elétrica, ciência da computação ou em uma área relacionada.

ESTILO DE VIDA Normalmente, o trabalho é realizado em período integral, mas pode ser preciso fazer hora extra para cumprir prazos. O trabalho autônomo é comum.

LOCAL O trabalho ocorre principalmente em escritório, mas pode ter de viajar para reuniões ou conferências. Também é possível trabalhar no modelo híbrido.

REALIDADE Cumprir prazos pode ser estressante, mas trabalhar na vanguarda do desenvolvimento das tecnologias pode ser muito gratificante.

PLANO DE CARREIRA

Este é um campo amplo. Após o diploma, a maioria dos profissionais adquire formação avançada e se especializa em uma área, como tecnologia de radiodifusão ou redes de computadores. Você precisa continuar aprendendo ao longo da carreira para acompanhar o ritmo de mudança entre as tecnologias.

TÉCNICO Um curso profissionalizante permitirá que você trabalhe como técnico, testando e conservando equipamentos de telecomunicação. Você pode fazer um curso enquanto trabalha.

FORMAÇÃO Com formação em uma área técnica, você pode entrar no programa de trainee de uma empresa. Aumente suas chances de emprego adquirindo experiência anterior.

▼ ATIVIDADES RELACIONADAS

▶ **ANALISTA DE SISTEMAS** ver pp. 120-121

▶ **ENGENHEIRO ELETRICISTA** ver pp. 186-187

▶ **ENGENHEIRO AEROESPACIAL** ver pp. 190-191

▶ **PESQUISADOR DE TELECOMUNICAÇÕES**
Estuda novas formas de tecnologias em telecomunicações.

> O advento e o crescimento da tecnologia 5G resultará em muitas novas oportunidades de trabalho para engenheiros de telecomunicações.

HABILIDADES REQUERIDAS

 Boa capacidade de comunicação para explicar soluções complexas a técnicos e clientes.

 Capacidade de trabalhar em equipe para colaborar com outros especialistas em projetos multidisciplinares.

 Habilidade de encontrar soluções criativas, inovadoras e rentáveis para projetos desafiadores.

 Capacidade de análise para compreender um vasto e crescente leque de tecnologias.

 Habilidade de realizar diversas tarefas e priorizar questões enquanto gerencia vários projetos ao mesmo tempo.

ENGENHEIRO DE RADIODIFUSÃO Opera e mantém sistemas de hardwares e softwares para a transmissão de conteúdo por meio de televisão, rádio e canais de novas mídias, garantindo que o conteúdo seja transmitido na hora certa e com qualidade.

ESPECIALISTA EM SATÉLITES Especializa-se em instalação, configuração e reparo de equipamentos de comunicação via satélite utilizados em diversas áreas, como serviços de televisão ou videoconferência.

ESPECIALISTA EM REDES Instala e mantém redes de TI, como fibra ótica, com fio e sem fio, utilizadas por empresas e provedores de internet.

ENGENHEIRO DE TELECOMUNICAÇÕES
É preciso ter conhecimentos técnicos para compreender e projetar sistemas de telecomunicação, bem como competências de gestão para garantir que os projetos sejam bem executados. Você pode trabalhar como autônomo ou dentro de uma empresa.

ENGENHEIRO DE INTEGRAÇÃO/TESTES
Escreve, modifica e testa códigos para computadores que suportam a maioria das tecnologias de telecomunicação.

ENGENHEIRO AEROESPACIAL

DESCRIÇÃO DO TRABALHO

Os engenheiros aeroespaciais projetam, constroem e mantêm diversas aeronaves e espaçonaves, de aviões de passageiros e jatos militares a satélites e veículos espaciais. Você pode trabalhar com a fuselagem do avião, as asas ou o trem de pouso, ou com instrumentos e sistemas eletrônicos que permitem que o piloto e a tripulação operem a aeronave.

RENDA
Eng. aeroespacial iniciante ★★★★★
Eng. aeroespacial experiente ★★★★★

PERFIL DO SETOR
Oportunidades globais • Indústria diversificada, guiada por avanços tecnológicos • Emprego em fabricantes de aeronaves, operadoras aéreas, Forças Armadas e agências governamentais

▼ ATIVIDADES RELACIONADAS

▶ **ENGENHEIRO MECÂNICO** *ver pp. 182-183*

▶ **ENGENHEIRO ELETRICISTA** *ver pp. 186-187*

▶ **ENGENHEIRO AERONÁUTICO** Elabora projetos para a construção de aeronaves e conduz as atividades de manutenção.

A indústria aeroespacial do Brasil é a maior do hemisfério Sul, sendo a Embraer a 3ª maior fabricante de jatos do mundo.

RESUMO

INTERESSES Aviação, aviões e tecnologia de voo • Matemática • Física • Tecnologia da informação • Engenharia • Química • Robótica

QUALIFICAÇÕES NECESSÁRIAS É preciso ter, no mínimo, diploma em engenharia aeroespacial ou área similar, como engenharia mecânica ou física.

ESTILO DE VIDA O trabalho é realizado em horários regulares, mas pode ser preciso trabalhar à noite ou aos finais de semana para cumprir prazos ou resolver consertos e emergências.

LOCAL Os engenheiros aeroespaciais normalmente desenvolvem projetos em escritório, mas também podem visitar hangares de aviões, fábricas ou laboratórios aeronáuticos.

REALIDADE Esta é uma profissão de grande responsabilidade, pois tem impacto direto no funcionamento de aeronaves e na segurança de passageiros e tripulantes.

PLANO DE CARREIRA

A engenharia aeroespacial oferece boas perspectivas de crescimento profissional. É comum a especialização em uma área específica.

TÉCNICO Sem diploma, você pode encontrar trabalho como técnico. Para funções de maior responsabilidade na engenharia aeroespacial, é preciso ter qualificação.

FORMAÇÃO Necessário diploma em engenharia aeroespacial.

HABILIDADES REQUERIDAS

 Excelente comunicação verbal e escrita, para explicar projetos complexos de forma clara.

 Capacidade de trabalho em equipe, para coordenar projetos de muitas partes de uma aeronave.

 Criatividade e inovação, para desenvolver projetos que estejam alinhados com avanços tecnológicos.

 Boa resolução de problemas, para encontrar soluções eficazes para questões técnicas de concepção.

 Capacidade de usar métodos matemáticos avançados para ajudar na concepção e resolução de problemas.

ENGENHEIRO AEROESPACIAL
Neste setor, você pode se especializar em pesquisa e desenvolvimento, teste de sistemas de aeronaves ou manutenção e fabricação. Pode ser promovido a gestor de projetos sênior ou se especializar em uma determinada área técnica, como aerodinâmica ou motores para aeronaves.

ENGENHEIRO DE HELICÓPTEROS Projeta e desenvolve componentes de helicópteros, como motores, sistemas elétricos e pás.

ENGENHEIRO ASTRONÁUTICO
Especializa-se em investigação, concepção e desenvolvimento de veículos para a exploração espacial, incluindo foguetes e satélites.

ENGENHEIRO DE AVIÔNICA Projeta equipamentos eletrônicos utilizados em aeronaves civis e militares, tais como controle de voo e sistema de combate a armas.

AERODINAMICISTA
Pesquisa o efeito do fluxo de ar sobre a velocidade e o desempenho dos veículos, a fim de melhorar a estabilidade e a eficiência de combustível e reduzir o impacto ambiental das aeronaves.

ENGENHEIRO PROJETISTA Trabalha em uma variedade de indústrias, desenvolvendo ideias para novos produtos e pesquisando formas de melhorar os já existentes.

CONSTRUÇÃO E ARQUITETURA

Vasta e com oportunidades globais, a área de construção e arquitetura requer suprimento constante de profissionais qualificados para acompanhar a demanda dos clientes individuais e comerciais. Se você gosta de ser prático e colocar a mão na massa, há várias carreiras disponíveis.

ARQUITETO
Página 194

Trabalhando no projeto de edifícios e de ambientes, os arquitetos usam a criatividade e o conhecimento técnico para criar espaços comerciais e residenciais práticos e com estilo.

ENGENHEIRO ESTRUTURAL
Página 196

Manipulando a ação de cargas e forças sobre estruturas, os engenheiros estruturais usam conhecimento para assegurar que os edifícios sejam projetados e construídos dentro de limites seguros.

ENGENHEIRO DE CUSTOS
Página 198

Usando seus conhecimentos sobre métodos de construção, custos e materiais, os engenheiros de custos asseguram que os projetos de construção sejam concluídos de maneira eficiente e econômica.

URBANISTA
Página 200

Usando conhecimento detalhado de arquitetura e desenho de cidades e oferecendo consultoria sobre políticas de planejamento, os urbanistas ajudam a moldar e a desenvolver as cidades.

TECNÓLOGO EM CONSTRUÇÃO CIVIL
Página 202

De casas e escritórios a centrais elétricas e arranha-céus, estes profissionais usam seu conhecimento para garantir que as obras sejam concluídas com sucesso.

MESTRE DE OBRAS
Página 204

Os mestres de obras monitoram o progresso da construção para que um projeto seja entregue no prazo e com qualidade.

CARPINTEIRO
Página 206

Esculpindo e montando uma variedade de acessórios de madeira e elementos estruturais – de armários de cozinha a vigas para teto –, os carpinteiros trabalham em uma série de projetos de construção.

ELETRICISTA
Página 208

Garantindo que a luz elétrica permaneça acesa em casas, escritórios e espaços comerciais, os eletricistas instalam e consertam equipamentos elétricos de acordo com regras de segurança.

ENCANADOR
Página 210

Prestando serviços que tornam edifícios seguros e habitáveis, os encanadores instalam e consertam sistemas hidráulicos.

ARQUITETO

DESCRIÇÃO DO TRABALHO

Planeja e projeta construções para diversos tipos de cliente, de casas residencias a empresas com instalações esportivas ou de saúde. Pode projetar novos edifícios, trabalhar em estruturas existentes ou se especializar na restauração e conservação de locais históricos. É responsável pelo orçamento do projeto, garantindo que ele seja executado no prazo, e pelo gerenciamento do fluxo de trabalho das pessoas envolvidas.

RENDA

Arquiteto iniciante ★★★★★
Arquiteto experiente ★★★★★

PERFIL DO SETOR

Oportunidades de trabalho dependem das condições da construção civil • Demanda crescente devido ao avanço do mercado imobiliário • Crescimento da arquitetura sustentável ("verde")

RESUMO

INTERESSES Arte • Design • Construção • Tecnologia aplicada ao design • Ciência dos materiais • Engenharia • Física • Matemática

QUALIFICAÇÕES NECESSÁRIAS É preciso ter formação superior e credenciamento em entidade de classe.

ESTILO DE VIDA Os arquitetos podem trabalhar em horário convencional, mas frequentemente trabalham até tarde para cumprir prazos.

LOCAL Arquitetos passam boa parte do tempo no escritório, onde encontram os clientes. Alguns arquitetos fazem home office.

REALIDADE O mercado pode ser afetado por mudanças na economia. O salário pode variar bastante entre os setores público e privado.

PLANO DE CARREIRA

Em geral, há três etapas principais para exercer a arquitetura: terminar a graduação, adquirir experiência em um estágio e obter seu registro profissional. Grandes escritórios de arquitetura oferecem oportunidades de promoção, mas muitos arquitetos optam por abrir seu próprio negócio, ou trabalhar como funcionários de incorporadoras ou autoridades locais.

ENSINO A DISTÂNCIA Algumas universidades oferecem cursos on-line em arquitetura.

FORMAÇÃO O curso superior de arquitetura leva em média cinco anos e inclui aulas práticas.

195

▼ ATIVIDADES RELACIONADAS

▶ **DESIGNER DE PRODUTO** *ver pp. 18-19*

▶ **ARQUITETO PAISAGISTA** *ver pp. 170-171*

▶ **ENGENHEIRO CIVIL** *ver pp. 176-177*

▶ **ENGENHEIRO ESTRUTURAL** *ver pp. 196-197*

▶ **ENGENHEIRO DE CUSTOS** *ver pp. 198-199*

▶ **URBANISTA** *ver pp. 200-201*

▶ **MESTRE DE OBRAS** *ver pp. 204-205*

▶ **ESPECIALISTA EM MODELAGEM DA INFORMAÇÃO DA CONSTRUÇÃO (BIM)** Produz imagens 3D e animações realistas que ajudam no projeto e na construção.

HABILIDADES REQUERIDAS

 Habilidade de comunicação significativa e capacidade de manter contato com clientes e com a equipe de construção.

 Disposição para trabalhar em equipes de construção com pessoas de diferentes competências e habilidades.

 Talento artístico e criatividade para gerar ideias de design exclusivas e inovadoras.

 Gestão eficiente para executar projetos de design em grande e pequena escala.

 Bom conhecimento técnico e abordagem lógica e analítica de desafios.

 Atenção aos detalhes, a fim de produzir desenhos e modelos de acordo com as especificações.

ARQUITETO DE RESIDÊNCIAS Elabora projetos residenciais para que sejam funcionais e visualmente atraentes. Importante conhecer as regulamentações que envolvem a construção e reforma de residências.

ARQUITETO DE IMÓVEIS COMERCIAIS Projeta e constrói lojas, escritórios e outras grandes estruturas comerciais, cooperando com engenheiros, designers de interiores e paisagistas.

ARQUITETO DE OBRAS PÚBLICAS Projeta edifícios públicos, geralmente trabalhando com uma autoridade local, conselho municipal ou agência governamental.

ESPECIALISTA EM RESTAURAÇÃO Atua na conservação e na restauração de edifícios antigos, de monumentos a imóveis residenciais tombados.

ARQUITETO Depois de credenciado, um arquiteto pode projetar diferentes tipos de imóveis ou optar por se especializar.

ENGENHEIRO ESTRUTURAL

DESCRIÇÃO DO TRABALHO

Os engenheiros estruturais ajudam a projetar edifícios e infraestruturas, como pontes, ferrovias, barragens e túneis. Analisam as forças que uma estrutura pode enfrentar, tais como ventos, pessoas e tráfego. Trabalham com arquitetos e engenheiros civis para garantir que a construção siga os padrões exigidos de resistência e segurança.

RENDA
Engenheiro estrutural iniciante ★★★★★
Engenheiro estrutural experiente ★★★★★

PERFIL DO SETOR
Setor em crescimento, com oportunidades no mundo todo • Projetos de energia renovável em alta • Empregadores vão de governos a diferentes consultorias e empreiteiras

RESUMO

INTERESSES Engenharia • Matemática • Física • Tecnologia da informação • Design • Geografia • Desenho e modelagem 3D

QUALIFICAÇÕES NECESSÁRIAS É preciso ter formação em engenharia estrutural ou civil. Pode ser preciso formar-se em níveis mais avançados.

ESTILO DE VIDA O trabalho é realizado em horário convencional, mas pode ser necessário lidar com situações de emergência em edifícios danificados ou instáveis.

LOCAL A maioria dos engenheiros divide seu tempo entre o escritório e locais de construção. Eles podem precisar viajar a trabalho.

REALIDADE É um dos primeiros setores a serem afetados em uma crise econômica. As construções são muitas vezes empoeiradas e barulhentas, e podem ser perigosas.

▼ ATIVIDADES RELACIONADAS

▶ **ENGENHEIRO CIVIL** ver pp. 176-177

▶ **ARQUITETO** ver pp. 194-195

▶ **FISCAL DE OBRAS** Garante que as regras de construção e outras leis sejam seguidas no projeto e na construção de residências, escritórios e outros edifícios. Também garante que as alterações de imóveis, como ampliações e conversões, cumpram todas as regras em vigor.

▶ **TÉCNICO EM DESENHO ASSISTIDO POR COMPUTADOR (CAD)** Usa o computador para criar planos de construção para edifícios e maquinário. Pode trabalhar em vários tipos de indústria, incluindo construção, manufatura e engenharia.

A demanda por engenheiros estruturais vem aumentando, em parte pelo número crescente de edifícios antigos.

PLANO DE CARREIRA

Engenheiros estruturais podem se especializar em um tipo de construção ou material, como plataformas de petróleo ou estruturas de concreto. Com experiência, pode exercer gestão de projetos de construção ou se tornar um consultor.

ESTAGIÁRIO Você pode estudar para conseguir um diploma de engenharia enquanto trabalha como estagiário.

FORMAÇÃO Você vai precisar de um diploma de engenharia antes de se candidatar a um emprego.

HABILIDADES REQUERIDAS

 Boas habilidades de comunicação verbal e escrita, para lidar com clientes e preparar relatórios.

 Capacidade de fazer análises matemáticas para determinar se uma estrutura pode suportar cargas.

 Habilidade de solucionar problemas e propor soluções de design em todo o projeto.

 Conhecimento de orçamentos e consciência das implicações comerciais nas escolhas de design.

 Excelente capacidade de organização para programar e cumprir todas as etapas do processo de planejamento e design.

ENGENHEIRO ESTRUTURAL Depois de obter o credenciamento para poder trabalhar, o engenheiro se especializa na área estrutural.

ESPECIALISTA EM ENGENHARIA FORENSE Investiga as razões de falhas ou quedas de uma estrutura quando há danos criminais, erro humano ou desastre natural.

GERENTE DE PROJETOS Mantém contato com toda a equipe envolvida em um projeto de construção, garantindo que tudo aconteça conforme esperado. Também pode trabalhar de forma independente.

ESPECIALISTA EM RESTAURAÇÃO Trabalha em conservação e restauração de edifícios e estruturas históricas, combinando novos e antigos métodos de construção.

ENGENHEIRO DE AJUDA HUMANITÁRIA Oferece apoio em situações de emergência, reconstruindo infraestruturas e edifícios danificados por desastres naturais ou por guerras.

ESPECIALISTA EM ENGENHARIA SÍSMICA Projeta edifícios em países sujeitos a terremotos, para garantir que eles resistam a movimentos sísmicos e tenham menos danos de construção e mais segurança.

CONSTRUÇÃO E ARQUITETURA

ENGENHEIRO DE CUSTOS

DESCRIÇÃO DO TRABALHO

Engenheiros de custos desempenham um papel fundamental em todo grande projeto de construção. Com experiência em técnicas e materiais de construção, eles calculam, monitoram e controlam os custos de um projeto de construção, para assegurar a relação custo-benefício. Trabalham com outros especialistas, a fim de analisar riscos e garantir o padrão de qualidade.

RENDA
Engenheiro de custos iniciante ★★★★★
Engenheiro de custos experiente ★★★★★

PERFIL DO SETOR
Oportunidades em todo o mundo em áreas de crescimento econômico
• Setor sujeito a crises econômicas
• Carreiras disponíveis nos setores público e privado

PLANO DE CARREIRA

Engenheiros de custos podem atuar em projetos diversos, como restauração de monumentos históricos ou construção de arranha-céus. Embora a maioria trabalhe na construção, podem também encontrar atividade nos setores de manufatura e engenharia civil.

NÍVEL MÉDIO Ter um curso técnico para ganhar experiência na área é um caminho para quem no futuro deseja atuar como engenheiro.

FORMAÇÃO Com diploma em engenharia, você pode se especializar na área de custos.

ENGENHEIRO DE CUSTOS DE INFRAESTRUTURA Especializa-se em projetos que envolvem infraestrutura, como ferrovias, portos e aeroportos, ou redes de energia e de água.

ENGENHEIRO DE CUSTOS Como engenheiro, é necessário credenciar-se no CREA para poder atuar. Ao longo da carreira, pode se especializar em setores diversos.

HABILIDADES REQUERIDAS

 Boa linguagem para produzir relatórios e lidar com diferentes tipos de clientes.

 Capacidade de trabalhar em equipe, bem como de persuadir e negociar.

 Excelente capacidade de análise e uma abordagem metódica, organizada e lógica para a resolução de problemas.

Facilidade de lidar com números, para calcular e manter orçamentos e custos sob controle.

 Amplo conhecimento sobre métodos comerciais de construção, materiais e legislação.

▼ ATIVIDADES RELACIONADAS

▶ **ENGENHEIRO CIVIL** *ver pp. 176-177*

▶ **ENGENHEIRO MECÂNICO** *ver pp. 182-183*

▶ **GERENTE DE CONTRATOS** Gerencia todos os aspectos dos contratos de construção e prepara documentos para todas as apresentações do projeto.

▶ **AGRIMENSOR** Usa diversas técnicas para fazer levantamentos sobre o solo, medir e recolher dados para empresas que planejam construir em uma área.

 DIRETOR DE CUSTOS Supervisiona contas e engenheiros de custos em vários tipos de projetos. Este papel é sênior e estratégico.

 **ENGENHEIRO DE PROCESSOS** Ajuda a gerir processos e instalações em um dos muitos setores ligados a energia, como petróleo e gás, química e energias renováveis.

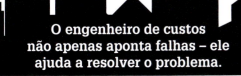

O engenheiro de custos não apenas aponta falhas – ele ajuda a resolver o problema.

RESUMO

 INTERESSES Construção • Engenharia estrutural • Finanças • Matemática • Economia • Engenharia civil • Física • Geografia

 QUALIFICAÇÕES NECESSÁRIAS É preciso ter um diploma em uma área relacionada ao setor, como engenharia industrial ou engenharia mecânica.

 ESTILO DE VIDA Os engenheiros de custos trabalham em horário convencional. Podem precisar fazer hora extra para cumprir prazos, bem como viajar para vários lugares.

 LOCAL É comum viajar para encontrar clientes e ver locais de construção. Também é comum trabalhar longe de casa, durante vários meses.

 REALIDADE Limitações de tempo podem ser estressantes, e pode ser preciso trabalhar longas jornadas para cumprir prazos apertados.

URBANISTA

DESCRIÇÃO DO TRABALHO

Moldar o desenvolvimento das cidades envolve equilibrar as necessidades econômicas e sociais de uma comunidade. São consideradas questões ambientais e de habitação, o desenvolvimento econômico e os interesses culturais e recreativos. Você deve examinar e equilibrar essas questões e decidir sobre pedidos de planejamento propostos por indivíduos e empresas.

RENDA
Urbanista iniciante ★★★★★
Urbanista experiente ★★★★★

PERFIL DO SETOR
Empregos dependem do crescimento da população e de suas necessidades de moradia • Flutuações econômicas impactam os pedidos de alvará de construção • Concorrência forte

PLANO DE CARREIRA

Após se formar e se credenciar, o urbanista pode atuar, por exemplo, em empresas de engenharia, na administração pública, em organizações não governamentais e em instituições de ensino e pesquisa.

PLANEJADOR SÊNIOR Assume projetos de planejamento complexos, como conservação de paisagem e desenvolvimento urbano de larga escala. Supervisiona profissionais júnior e controla grandes orçamentos.

FORMAÇÃO Você precisa se formar em arquitetura e urbanismo e se credenciar para poder atuar profissionalmente. Cursos de pós-graduação também são bem-vindos para se especializar em algum setor.

URBANISTA Depois de formado, você provavelmente vai começar trabalhando como assistente. Com experiência, poderá escolher entre várias possibilidades de carreira.

CONSULTOR DE PLANEJAMENTO Trabalha como consultor autônomo em grandes projetos para empreiteiras, governos, instituições de caridade e outros órgãos.

HABILIDADES REQUERIDAS

 Boa escrita e apresentação para se comunicar com vários tipos de pessoas.

 Habilidades de gerenciar tempo, para cumprir prazos em vários projetos simultâneos.

 Excelente habilidade de resolução de problemas para analisar pedidos de planejamento.

 Conhecimento de novidades na área, iniciativas políticas e meio ambiente.

 Compreensão clara das regras e regulamentos de planejamento, para preparar relatórios detalhados.

PLANEJADOR-CHEFE
Gerencia escritórios de planejamento locais ou regionais e trabalha com outros ramos do governo para preparar projetos necessários para moldar uma cidade ou região.

Até 2050, cerca de dois terços da população mundial deverá estar morando em centros urbanos.

▼ ATIVIDADES RELACIONADAS

▶ **ARQUITETO PAISAGISTA** ver pp. 170-171

▶ **ENGENHEIRO CIVIL** ver pp. 176-177

▶ **ARQUITETO** ver pp. 194-195

▶ **ENGENHEIRO ESTRUTURAL** ver pp. 196-197

▶ **ENGENHEIRO DE CUSTOS** ver pp. 198-199

▶ **FISCAL DE EDIFÍCIOS HISTÓRICOS** Garante que vários tipos de edifícios históricos sejam preservados e mantidos de forma adequada.

▶ **GERENTE DE HABITAÇÃO** Presta apoio ao desenvolvimento de novas habitações para entidades locais e associações de abrigos. Também trabalha com pessoas que vivem em programas de habitação de entidades locais.

RESUMO

 INTERESSES Design urbano • Geografia • Estudos ambientais • Matemática • Projeto paisagístico • Desenho assistido por computador (CAD)

 QUALIFICAÇÕES NECESSÁRIAS Os empregadores normalmente procuram candidatos com diploma, mestrado e credenciamento profissional.

 ESTILO DE VIDA O trabalho é realizado em horário convencional, mas pode ser necessário fazer hora extra para atender clientes, visitar locais e participar de reuniões públicas.

 LOCAL Os urbanistas trabalham em escritório, mas podem ter de viajar para estudar locais e se encontrar com desenvolvedores e cidadãos.

 REALIDADE Lidar com cronogramas e orçamentos apertados pode ser estressante. Moradores locais também podem discordar de decisões de planejamento e construções.

TECNÓLOGO EM CONSTRUÇÃO CIVIL

DESCRIÇÃO DO TRABALHO

Gerenciam atividades em canteiros de obras ou em estruturas existentes, construindo desde casas e prédios até fábricas, estradas e pontes. Devem ter uma compreensão completa dos requisitos de saúde, segurança e materiais de construção. Trabalham ao lado de outros profissionais – como engenheiros – para concluir projetos dentro do prazo e das expectativas.

RENDA
Tec. em construção civil iniciante ★☆☆☆☆
Tec. em construção civil experiente ★★★☆☆

PERFIL DO SETOR
Variedade de projetos de construção, de estradas a reformas residenciais • Oportunidades de emprego no mundo todo • Habilidades transferíveis tornam fácil a transição para outros setores

PLANO DE CARREIRA

O tecnólogo em construção civil pode se especializar em determinado tipo de material. Pode também atuar em ensino e pesquisa e trabalhar realizando vistorias para a elaboração de pareceres técnicos.

PRESTADOR DE SERVIÇOS
Trabalha como pedreiro, telhadista, encanador, eletricista, gesseiro, carpinteiro ou montador de andaimes.

AUXILIAR Você pode entrar no setor logo após concluir o ensino médio, conseguindo uma vaga em uma empresa de construção.

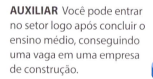

FORMAÇÃO Você pode melhorar suas perspectivas profissionais estudando alvenaria, carpintaria ou hidráulica.

TECNÓLOGO EM CONSTRUÇÃO CIVIL
A atuação do tecnólogo em construção civil é ampla, abrangendo desde a execução da obra em si até sua fiscalização e supervisão.

HABILIDADES REQUERIDAS

Habilidade com números para realizar medições precisas e calcular relatórios financeiros.

Capacidade de trabalho em equipe, para colaborar com a equipe de construção.

Flexibilidade para se adaptar a novos projetos e viajar para trabalhar em diferentes locais de construção.

Aptidão física e resistência para realizar trabalho manual em todo tipo de condição climática.

Destreza manual para o uso de ferramentas e máquinas com segurança e eficiência.

EMPREITEIRO Supervisiona uma construção, contratando, gerenciando e coordenando os trabalhadores e equipamentos de construção necessários para concluir o trabalho.

SUPERVISOR DE OBRAS Gerencia as atividades diárias de pedreiros, eletricistas, carpinteiros e outros prestadores de serviços no local da construção.

MARMORISTA Faz acabamentos, polimentos, corta e instala as pedras no local.

ESPECIALISTA EM TERRAPLENAGEM Atua na medição de terrenos. Também acompanha a escavação, a drenagem e a compactação de terras.

RESUMO

INTERESSES Construção • Tecnologia de projetos • Desenho técnico • Matemática • Educação física

QUALIFICAÇÕES NECESSÁRIAS Ensino médio e curso de tecnologia em construção civil, dependendo da atribuição na obra.

ESTILO DE VIDA A maioria trabalha horas regulares, mas pode ser preciso trabalhar à noite e aos finais de semana para concluir projetos ou para aproveitar as condições favoráveis.

LOCAL Os profissionais da área geralmente trabalham em canteiros de obras ou edifícios. Pode ser preciso viajar e dormir fora de casa.

REALIDADE A atividade é fisicamente exigente e requer força, agilidade e resistência para trabalhar em mau tempo ou em condições desafiadoras.

▼ ATIVIDADES RELACIONADAS

▶ **ENGENHEIRO ESTRUTURAL** ver pp. 196-197

▶ **CARPINTEIRO** ver pp. 206-207

▶ **ELETRICISTA** ver pp. 208-209

▶ **ENCANADOR** ver pp. 210-211

▶ **AGRIMENSOR** Pesquisa propriedades, inspeciona danos e faz recomendações para reparos. Também trabalha no projeto e no desenvolvimento de novos edifícios e usa seu conhecimento jurídico para aconselhar os clientes sobre legislações imobiliárias e regulamentos de construção.

▶ **MONTADOR DE ANDAIMES** Constrói andaimes, plataformas e escadas para permitir que os trabalhadores possam ter acesso ao exterior de um edifício.

MESTRE DE OBRAS

DESCRIÇÃO DO TRABALHO

Os mestres de obras coordenam projetos de construção. Garantem que o trabalho seja concluído de acordo com as especificações do cliente e são responsáveis por orçamentos, cronogramas, padrões de saúde e segurança, bem como pela contratação da equipe de obras.

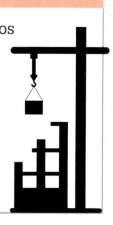

RENDA
Mestre de obras iniciante ★★★★★
Mestre de obras experiente ★★★★★

PERFIL DO SETOR
Setor amplo, com empregadores de todos os portes no mundo todo • Alta demanda por mestres de obras • Crescimento em edifícios sustentáveis ("verdes")

RESUMO

INTERESSES Engenharia • Design e construção • Gerenciamento de projetos • Matemática • Física • Economia

QUALIFICAÇÕES NECESSÁRIAS Não é necessário curso superior, a experiência profissional pode ser suficiente. É preciso saber interpretar as orientações dos engenheiros e arquitetos.

ESTILO DE VIDA Os mestres de obra trabalham em horário convencional, mas podem ter de trabalhar à noite ou aos finais de semana para cumprir prazos.

LOCAL É preciso fazer visitas frequentes a construções para supervisionar projetos e verificar a qualidade e o progresso.

REALIDADE Podem ser necessários alguns anos para que você consiga experiência suficiente para se destacar na profissão.

PLANO DE CARREIRA

Não há um caminho determinado para se tornar um mestre de obras, mas é preciso ter experiência aprofundada no setor. Há várias oportunidades de trabalho em grandes ou pequenas empresas de construção, empreiteiras especializadas, serviços públicos, departamentos governamentais e associações de habitação.

AUXILIAR Você pode adquirir experiência trabalhando "com a mão na massa" em uma obra ou em funções técnicas em escritórios de engenharia.

FORMAÇÃO Um curso técnico ou capacitações específicas podem ajudá-lo a ampliar conhecimento para exercer a profissão.

▼ **ATIVIDADES RELACIONADAS**

▶ **ARQUITETO PAISAGISTA** *ver pp. 170-171*

▶ **ENGENHEIRO CIVIL** *ver pp. 176-177*

▶ **TECNÓLOGO EM CONSTRUÇÃO CIVIL** *ver pp. 202-203*

▶ **ÁRBITRO DE CONSTRUÇÃO** Investiga e ajuda a resolver quaisquer disputas que surjam durante a obra. Essa é uma função que requer muita experiência no setor de construção civil.

▶ **GERENTE DE INSTALAÇÕES** Garante que as instalações e os serviços no local da construção – como limpeza, estacionamento, climatização e segurança – atendam às necessidades dos trabalhadores.

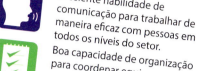

HABILIDADES REQUERIDAS

 Excelente habilidade de comunicação para trabalhar de maneira eficaz com pessoas em todos os níveis do setor.

 Boa capacidade de organização para coordenar equipes a fim de concluir projetos no prazo e dentro do orçamento.

 Atenção a detalhes, para compreender dados técnicos complexos, bem como para garantir que os objetivos sejam atingidos.

Habilidade em resolução de problemas, liderança e gestão para motivar e inspirar as equipes.

Saber lidar com diferentes pessoas de diferentes habilidades para concluir projetos dentro do prazo e do orçamento é importante.

CONTROLE DO SERVIÇO O mestre de obras é responsável por controlar o fluxo de serviços de pedreiros, carpinteiros e outros profissionais envolvidos no empreendimento.

CONTROLE DE MATERIAIS Calcular a quantidade de material utilizado na construção é uma das funções do mestre de obras, gerando relatórios ao cliente.

VERIFICAÇÃO DE MATERIAIS Cabe ao mestre de obras fazer o recebimento e a checagem dos materiais utilizados na construção.

COMUNICAÇÃO COM A EQUIPE Uma das atribuições da profissão é manter informados engenheiros e arquitetos sobre o andamento da obra.

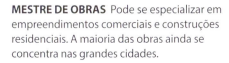

MESTRE DE OBRAS Pode se especializar em empreendimentos comerciais e construções residenciais. A maioria das obras ainda se concentra nas grandes cidades.

CONSTRUÇÃO E ARQUITETURA

CARPINTEIRO

DESCRIÇÃO DO TRABALHO

Os carpinteiros produzem e instalam elementos de madeira em construções, desde grandes peças estruturais, como vigas de telhado, suportes de chão e divisórias de parede, até acessórios internos, como escadas, armários de cozinha, portas e rodapés. Seguem desenhos e modelos e garantem que seu trabalho atenda aos padrões de segurança e qualidade.

RENDA
Aprendiz ★★★★★
Carpinteiro experiente ★★★★★

PERFIL DO SETOR
Trabalho autônomo é comum • A demanda deve aumentar com o crescimento da população • Muitos carpinteiros experientes assumem cargos de empreiteiros

PLANO DE CARREIRA

Há oportunidades para o carpinteiro na indústria da construção. Enquanto trabalha, você pode estudar para outras qualificações profissionais, se quiser se especializar em áreas como marcenaria ou conservação de edifícios.

FORMAÇÃO Você pode realizar cursos de capacitação para desenvolver a habilidade de lidar com madeira e continuar a se especializar ao longo da carreira.

APRENDIZ Empresas maiores de construção ou de instalação de cozinhas podem oferecer vagas de aprendiz. Você pode conseguir uma vaga após concluir o ensino médio e aprender sobre o ofício.

FABRICANTE DE MÓVEIS Fabrica móveis de madeira, como cadeiras, mesas e armários. Alguns também realizam trabalho de restauração em objetos e propriedades antigas.

CARPINTEIRO Você pode se concentrar em uma área da construção, como fazer estruturas para edificações, mas a maioria dos carpinteiros fornece uma ampla gama de serviços.

HABILIDADES REQUERIDAS

 Capacidade de trabalhar em equipe com o gerente local e colegas de trabalho, bem como de executar diferentes tarefas.

 Criatividade para fazer elementos de decoração de mobiliário, acabamentos únicos e acessórios.

 Boa habilidade com números, para fazer medições precisas e cálculos.

 Habilidade manual, para usar uma ampla gama de ferramentas para cortar, moldar e unir materiais.

 Força física para levantar e segurar objetos pesados enquanto estes são afixados em alguma posição.

TRABALHADOR DE FÁBRICA
Fabrica objetos de madeira, como escadas, armários, portas, vigas de telhado e roupeiros, em uma oficina ou fábrica.

MONTADOR DE MÓVEIS
Instala armários, bancadas e acabamentos. Obedece desenhos elaborados por um designer, visando conseguir o visual esperado pelos clientes.

CARPINTEIRO DE CONSTRUÇÃO Fabrica as partes de madeira de uma propriedade em um canteiro de obras. Também fabrica andaimes e moldes de madeira para concreto.

▼ ATIVIDADES RELACIONADAS

▶ **DESIGNER DE PRODUTO** ver pp. 18-19

▶ **CONSTRUTOR DE BARCOS** Constrói novos barcos ou realiza reparos em embarcações existentes, utilizando habilidades de carpintaria, engenharia e encanamento.

▶ **CENÓGRAFO TEATRAL** Cria móveis que são usados em espetáculos de palco. Usa habilidades artísticas e conhecimentos de iluminação e figurinos para criar a configuração visual certa para a produção.

▶ **PINTOR E DECORADOR** Aplica pintura, papel de parede e outros revestimentos às superfícies de um edifício para melhorar sua aparência.

▶ **TELHADOR** Conserta e constrói telhados de casas e propriedades comerciais, utilizando materiais como telhas, azulejos e madeira.

RESUMO

INTERESSES Artigos de madeira • Engenharia • Tecnologia de projeto • Construção • Matemática • Arte e design • Saúde e fitness

QUALIFICAÇÕES NECESSÁRIAS Ter formação em carpintaria ou marcenaria não é essencial, mas vai ajudá-lo a encontrar trabalho. Estágios são importantes.

ESTILO DE VIDA O trabalho é realizado em horário convencional, mas frequentemente precisa começar bem cedo. Pode ser necessário trabalhar horas extras em alguns projetos.

LOCAL Alguns empregos exigem trabalho no local em duras condições meteorológicas. Pode ser necessário trabalhar longe de casa por longos períodos.

REALIDADE Pode ser fisicamente exigente. A construção civil pode sofrer períodos de baixa demanda, levando a uma escassez de trabalho.

ELETRICISTA

DESCRIÇÃO DO TRABALHO

Eletricistas instalam e reparam equipamentos elétricos, como circuitos de potência, iluminação, interruptores e outros acessórios. A maioria trabalha em casas, lojas, escritórios e fábricas. Outros se especializam em áreas como iluminação pública, sistemas de alta tensão usados para transmitir eletricidade por longas distâncias ou cabeamento elétrico para a indústria pesada.

RENDA
Aprendiz ★★☆☆☆
Eletricista experiente ★★★☆☆

PERFIL DO SETOR
Grande variedade de opções de emprego • Trabalho autônomo é comum • A renda pode variar consideravelmente, dependendo da especialidade e da experiência

RESUMO

INTERESSES Eletrônica • Matemática • Física • Engenharia • Tecnologia da informação • Edifícios e manutenção

QUALIFICAÇÕES NECESSÁRIAS Não há pré-requisitos, mas os empregadores que oferecem treinamento de aprendiz muitas vezes preferem candidatos com ensino médio completo.

ESTILO DE VIDA A maioria dos eletricistas tem horários regulares, mas pode ser preciso trabalhar à noite ou aos finais de semana, ou trabalhar em plantão para consertos de emergência.

LOCAL Os eletricistas trabalham em uma variedade de locais, como casas, fábricas ou lojas.

REALIDADE O trabalho pode ocorrer em locais apertados ou sujos. Pode ser desafiador se manter atualizado em relação a regulamentos de construção.

▼ ATIVIDADES RELACIONADAS

▶ **ENGENHEIRO ELETRICISTA** ver pp. 186-187

▶ **TÉCNICO EM ELETRODOMÉSTICOS** Instala e conserta eletrodomésticos, como máquinas de lavar.

▶ **ENGENHEIRO DE ENERGIA** Desenvolve novos métodos de obtenção de energia a partir de métodos existentes, como usinas nucleares e turbinas eólicas.

▶ **MONTADOR DE MÓVEIS DE COZINHA** Instala móveis de cozinha, incluindo bancadas, armários e acabamentos.

▶ **TÉCNICO DE FERROVIA** Instala e mantém painéis de controle, trilhos e linhas de energia usadas em ferrovias.

▶ **TÉCNICO DE TURBINAS EÓLICAS** Testa e mantém turbinas eólicas para garantir que estão funcionando bem.

A demanda por eletricistas aumentará conforme o crescimento da indústria de energias renováveis.

PLANO DE CARREIRA

É preciso obter qualificação para se adequar à norma regulamentadora de segurança em instalações e serviços de eletricidade. Muitos eletricistas trabalham por conta própria ou como prestadores de serviço para empresas de construção. Outros são empregados por fabricantes, empresas de engenharia ou órgãos governamentais.

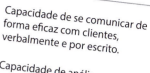

HABILIDADES REQUERIDAS

Capacidade de se comunicar de forma eficaz com clientes, verbalmente e por escrito.

Capacidade de análise para diagnosticar falhas e encontrar soluções de baixo custo para problemas elétricos.

Habilidade com números, para calcular cargas elétricas e tirar medidas precisas.

Habilidade manual para executar tarefas complexas de fiação e lidar com ferramentas elétricas e outros dispositivos.

Aptidão física e capacidade de trabalhar em espaços confinados. Daltônicos não podem exercer a função.

APRENDIZ O treinamento de aprendiz é parte vital na carreira do eletricista, porque combina formação técnica com experiência prática, oferecendo uma visão geral das atribuições deste profissional.

ELETRICISTA Depois da qualificação, você pode continuar se aperfeiçoando por meio de novos cursos para expandir suas habilidades, ou se especializar em uma área específica para ser mais bem remunerado.

ELETRICISTA DE OBRAS Lida com a instalação elétrica em canteiros de obras, empresas e casas.

ELETRICISTA INSTALADOR Instala iluminação, tomadas, cabos de rede e outros equipamentos elétricos em comércios e residências.

ELETRICISTA DE MANUTENÇÃO Conserta, testa e certifica equipamentos utilizados pelas empresas para garantir que cumpram as normas de segurança.

ELETRICISTA AUTOMOTIVO Especialista em sistemas elétricos de veículos. Realiza instalação e manutenção desses sistemas e verifica necessidades de troca e regulagem.

ELETRICISTA INDUSTRIAL Trabalha com equipamento industrial, como geradores, linhas de produção e sistemas de controle. Esta função exige uma formação complementar.

ENCANADOR

DESCRIÇÃO DO TRABALHO

Encanadores instalam e consertam sistemas de aquecimento, caldeiras, canos, sistemas de drenagem e climatização, além de equipamentos domésticos, como máquinas de lavar roupa. Trabalham em casas, escritórios ou indústrias, como autônomos ou funcionários de uma empresa. Usam uma ampla gama de equipamentos, de ferramentas de energia a solda, muitas vezes em locais estreitos e úmidos.

RENDA
Aprendiz ★☆☆☆☆
Encanador experiente ★★★★☆

PERFIL DO SETOR
Inúmeras oportunidades de trabalho, inclusive com o crescimento dos sistemas de energias renováveis • Demanda por encanadores qualificados em vários países do mundo.

▼ ATIVIDADES RELACIONADAS

▶ **ENGENHEIRO DE SERVIÇOS** Projeta e constrói uma ampla variedade de sistemas dentro de edifícios, desde iluminação, aquecimento, proteção contra fogo e energia até instalações internas, como elevadores e escadas rolantes. Trabalha em projetos grandes e pequenos de construção.

▶ **TÉCNICO EM ELETRODOMÉSTICOS** Instala e conserta aparelhos, como máquinas de lavar, fogões elétricos e geladeiras, em residências.

▶ **ENGENHEIRO DE ENERGIA** Desenvolve novas formas de produção de energia, como eletricidade, a partir de diversas tecnologias, como turbinas eólicas.

▶ **INSTALADOR DE COZINHAS** Instala e ajusta bancadas de cozinha, armários e acabamentos decorativos. Segue planos detalhados para executar o layout e a aparência exigidos pelo cliente.

▶ **ENGENHEIRO DE REFRIGERAÇÃO** Projeta e instala sistemas de ar-condicionado para casas, escritórios, escolas e outros ambientes.

RESUMO

INTERESSES Engenharia • Matemática • Física • Tecnologia de projetos • Tecnologia da informação

QUALIFICAÇÕES NECESSÁRIAS O profissional se aperfeiçoa com cursos e capacitações para lidar com equipamentos diversos, como tubulações de gás e de esgoto.

ESTILO DE VIDA O trabalho é realizado em horário convencional, mas pode ser necessário trabalhar à noite, aos finais de semana ou em plantão para consertos de emergência.

LOCAL É preciso viajar para visitar clientes – os encanadores trabalham em diversos tipos de local, como escritórios, casas, fábricas e lojas.

REALIDADE Ser um profissional autônomo requer trabalho duro e determinação. Algumas tarefas são realizadas em horários extremos, ou em ambientes molhados ou frios.

PLANO DE CARREIRA

É preciso ter qualificação para conseguir se desenvolver na profissão. Encanamento residencial é a área de trabalho mais comum, mas existem várias opções de especialização.

HABILIDADES REQUERIDAS

 Capacidade de se comunicar de forma eficaz com clientes e colegas.

 Habilidade de interpretação e análise para executar projetos técnicos e planos de construção.

 Firmeza no uso de ferramentas manuais, incluindo ferramentas de energia e monitoramento.

 Resistência física e capacidade de trabalhar em espaços estreitos, como sótãos e poços de ventilação.

 Atenção a detalhes, especialmente no trabalho com gás e óleo, devido a riscos de incêndio.

APRENDIZ Você pode conseguir trabalho como aprendiz logo após concluir o ensino médio, treinando enquanto trabalha e aprendendo com os colegas.

FORMAÇÃO Embora não seja necessário ter um diploma, pode ser mais fácil conseguir uma vaga de aprendiz se você fizer um curso técnico.

ENCANADOR Durante toda a sua carreira, será preciso estar atualizado em relação a normas de segurança e avanços tecnológicos. Depois de formar uma boa reputação, você pode criar e manter seu próprio negócio para clientes individuais.

TÉCNICO DE CLIMATIZAÇÃO Você pode fazer cursos de capacitação para trabalhar com sistemas de climatização domésticos ou de grandes ambientes.

TÉCNICO DE GÁS Instala, repara e faz manutenção em aparelhos e sistemas a gás, como fogões e caldeiras de aquecimento de água.

ENCANADOR INDUSTRIAL Atua em grandes projetos de encanamento em fábricas, hospitais e escritórios, garantindo que os sistemas de aquecimento, água e drenagem funcionem bem.

ENCANADOR DOMÉSTICO Faz instalações de encanamentos em aparelhos sanitários e caixas de descargas, testando e consertando a rede hidráulica.

ENGENHEIRO DE ENERGIAS RENOVÁVEIS Projeta, instala e mantém sistemas domésticos e industriais ecológicos, como painéis solares ou sistemas de aquecimento de biomassa, que utilizam combustíveis orgânicos em vez de gás, petróleo ou eletricidade.

TRANSPORTES

Com o aumento das viagens e do comércio internacionais, o setor de transportes está crescendo no mundo todo. Há cada vez mais oportunidades nessa área, por via aérea, rodoviária, ferroviária e marítima, tanto em cargos de planejamento como para membros de tripulação, motoristas, pilotos ou comandantes.

PILOTO DE AVIÃO
Página 214

Responsável pelo bem-estar dos passageiros e por controlar aeronaves com segurança, o piloto de avião usa habilidades e experiência de voo para transportar viajantes com conforto.

CONTROLADOR DE TRÁFEGO AÉREO
Página 216

O crescente volume de viagens de avião pelo mundo requer planejamento para garantir a segurança no espaço aéreo. O controlador desempenha um papel-chave nesse processo.

ESPECIALISTA EM TRANSPORTES
Página 218

Trabalhando com políticas voltadas à mobilidade, esse especialista lida com planejamento e manutenção de sistemas de transporte eficientes e adequados.

COMANDANTE DE NAVIO
Página 220

Comandando grandes cargueiros, navios de cruzeiro e diversos outros veículos marítimos, esse profissional é responsável pela operação segura da embarcação.

MAQUINISTA DE TREM
Página 222

Conduzindo locomotivas, o engenheiro ferroviário transporta passageiros ou mercadorias com segurança em redes ferroviárias.

MOTORISTA DE CAMINHÃO
Página 224

Transportando todo tipo de cargas, como alimentos, contêineres, móveis ou produtos químicos, o motorista de caminhão é a espinha dorsal da rede de transporte rodoviário.

GERENTE DE LOGÍSTICA
Página 226

Coordenando o trabalho de motoristas de caminhão, equipes de galpões de armazenamento e fornecedores, o gerente de logística garante que a mercadoria chegue ao destino certo em excelente estado e dentro do prazo.

PILOTO DE AVIÃO

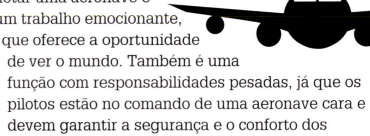

DESCRIÇÃO DO TRABALHO

Pilotar uma aeronave é um trabalho emocionante, que oferece a oportunidade de ver o mundo. Também é uma função com responsabilidades pesadas, já que os pilotos estão no comando de uma aeronave cara e devem garantir a segurança e o conforto dos passageiros. Obedecem a horários e normas restritas, devem passar por um treinamento intenso e uma verificação rigorosa de antecedentes e segurança antes de obter a habilitação.

RENDA
Piloto de avião iniciante ★★★★★
Piloto de avião experiente ★★★★★

PERFIL DO SETOR
Setor liderado por algumas grandes companhias • Profissão dominada por homens • Falta de pilotos, com uma demanda de mais de 1,2 milhão de profissionais até 2036

RESUMO

INTERESSES Aviação • Matemática • Física • Engenharia • Viagens e turismo • Computadores • Meteorologia

QUALIFICAÇÕES NECESSÁRIAS É preciso ter licença de piloto. Os pilotos precisam passar por escolas de aviação.

ESTILO DE VIDA Os pilotos trabalham em horários incomuns, geralmente em turnos. Muitas vezes, passam longos períodos longe de casa.

LOCAL Em voos de longa distância, os pilotos normalmente obtêm um descanso no local de destino antes de voltar para casa.

REALIDADE O curso para obter uma licença de piloto é caro e há muita concorrência por bons empregos. Os pilotos passam a maior parte do seu tempo na cabine da aeronave.

PLANO DE CARREIRA

Conquistar uma licença é o primeiro passo. Com experiência suficiente e horas de voo, você pode trabalhar para se tornar um piloto. Pode trabalhar para companhias aéreas, táxi aéreo e clientes particulares, entre outras atividades.

CURSO DE PILOTO PRIVADO Após concluir a etapa teórica, o aluno faz o exame da Agência Nacional de Aviação Civil (Anac) e o treinamento prático. Essa formação se conclui com um voo de verificação.

VOO DE CHEQUE Etapa acompanhada por um examinador da Anac para obter a licença de piloto privado de avião. Para exercer atividade remunerada é preciso fazer o curso de piloto comercial.

CURSO DE PILOTO COMERCIAL Feito em escolas homologadas pela Anac. É preciso realizar exames teóricos e práticos para obter a licença.

▼ ATIVIDADES RELACIONADAS

▶ **ENGENHEIRO AEROESPACIAL** ver pp. 190-191

▶ **CONTROLADOR DE TRÁFEGO AÉREO** ver pp. 216-217

▶ **MILITAR DA FORÇA AÉREA** ver pp. 232-233

▶ **COMISSÁRIO DE BORDO** ver pp. 308-309

▶ **PILOTO DE HELICÓPTERO** Para ingressar no curso é preciso ter mais de 18 anos e ensino médio completo. Responsabilidade, concentração e capacidade de trabalhar sob pressão são fundamentais. Do aprendizado teórico ao comando de um helicóptero, um piloto leva, em média, de um ano e meio a dois.

Sempre que um piloto vai comandar um novo avião, precisa fazer cursos. A carreira é repleta de exames.

HABILIDADES REQUERIDAS

 Capacidade de compreender e memorizar informação técnica e processual.

 Excelentes habilidades para falar e escrever em inglês, a língua internacional da indústria da aviação.

 Capacidade de manter o foco sob pressão e pensar rapidamente para resolver problemas.

 Habilidade manual, visão afiada, bom nível de aptidão física e excelente coordenação.

 Confiança e capacidade de comunicação para interagir com a tripulação de forma calma e eficiente.

PILOTO DE COMPANHIA AÉREA Pilotos experientes guiam aviões maiores; os regionais guiam aviões menores em rotas mais curtas.

PILOTO DE AVIAÇÃO EXECUTIVA Pilota aviões de clientes privados, como empresas e profissionais liberais.

PILOTO DE CARGA Pilota aviões de carga, muitas vezes durante a noite. Em geral, os turnos de trabalho são bastante previsíveis, permitindo maior estabilidade na vida doméstica.

INSTRUTOR DE VOO Treina novos pilotos em simuladores e trabalha de acordo com as orientações das companhias aéreas.

COPILOTO Compartilha responsabilidades com o piloto. Comunica-se com os órgãos de controle e faz leitura do check-list em cada etapa do voo, entre outras atribuições de auxílio ao comandante.

COMANDANTE É a autoridade máxima a bordo. Nem sempre o comandante pilota o avião; muitas vezes, a aeronave é conduzida pelo copiloto, sob supervisão do comandante.

PILOTO DE TÁXI AÉREO Segmento de transporte aéreo fora das grandes companhias. O piloto leva passageiros e/ou pequenas cargas.

CONTROLADOR DE TRÁFEGO AÉREO

DESCRIÇÃO DO TRABALHO

Responsável pela gestão do tráfego de aeronaves, garante que os voos sejam concluídos de forma segura e que as pistas e locais de estacionamento dos aviões sejam utilizados de forma eficiente. Deve se manter calmo sob pressão, ao rastrear aeronaves em voo e orientá-las durante a decolagem, o desembarque e também no solo.

RENDA
Cont. de tráfego aéreo iniciante ★★★★★
Cont. de tráfego aéreo experiente ★★★★★

PERFIL DO SETOR
Setor altamente competitivo • Setor em crescimento, acompanhando o aumento do tráfego aéreo mundial • Alto nível de estresse

PLANO DE CARREIRA

No Brasil, os controladores se formam em duas escolas específicas, nas quais se entra por concurso de nível médio. A seleção inclui exames de aptidão física e psicológica. Quanto mais tempo e experiência você tiver, maiores são suas chances de promoção. É raro ver controladores mudando de área.

CONTROLE DE ÁREA Na "terceira etapa", ao sair da área do APP, o avião passa a ser monitorado pelo Controle de Área. No Brasil, esse controle é feito pelos Cindactas, centros formados por vários radares.

FORMAÇÃO CIVIL O Instituto de Controle do Espaço Aéreo (Icea), localizado em São José dos Campos, no interior de São Paulo, forma controladores civis.

FORMAÇÃO MILITAR Os militares são formados na Escola de Especialistas da Aeronáutica (EEAR), localizada em Guaratinguetá, também no interior paulista.

CONTROLADOR DE VOO A atuação do controlador se organiza em três níveis que cobrem todo o voo de uma aeronave. Com experiência, você pode assumir um cargo de gestão.

HABILIDADES REQUERIDAS

 Boa habilidade de fala e escuta para se comunicar com pilotos e outros profissionais da equipe.

 Excelente capacidade de organização para coordenar as chegadas e partidas dos voos simultâneos.

 Boa habilidade matemática, para assegurar o cálculo preciso da velocidade da aeronave e da distância percorrida.

 Capacidade de resolver problemas complexos e urgentes com soluções rápidas, seguras e inovadoras.

 Concentração, precisão e atenção aos detalhes para garantir que a segurança da aeronave seja mantida.

▼ **ATIVIDADES RELACIONADAS**

▶ **PILOTO DE AVIÃO** *ver pp. 214-215*

▶ **COMISSÁRIO DE BORDO** *ver pp. 308-309*

▶ **TÉCNICO DE MANUTENÇÃO DE AERONAVES** Inspeciona a aeronave em busca de defeitos e realiza reparos.

▶ **GERENTE DE OPERAÇÕES AÉREAS** Coordena a operação diária de uma companhia aérea, monitora voos e negocia com serviços de solo.

> Um controlador informa diversos aviões ao mesmo tempo, alternando a comunicação entre português, inglês e outros idiomas.

CONTROLE DE APROXIMAÇÃO Na "segunda etapa", os radares do Controle de Aproximação (APP, na sigla em inglês) monitoram o avião já no ar, transmitindo informações ao piloto sobre outras aeronaves, para evitar que colidam.

TORRE DE CONTROLE Nesse nível os controladores monitoram o avião dentro da zona de tráfego do aeroporto.

RESUMO

 INTERESSES Aviação • Matemática • Física • Engenharia • Tecnologia da informação • Eletrônica • Transportes

 QUALIFICAÇÕES NECESSÁRIAS Para começar o treinamento, é preciso ter o ensino médio completo, incluindo inglês e matemática. Formação universitária relevante é útil.

 ESTILO DE VIDA O horário de trabalho costuma ser organizado em turnos. A atividade precisa ser exercida 24 horas por dia, sete dias por semana.

 LOCAL Os controladores geralmente trabalham em escritório, utilizando computadores e equipamentos de rastreamento, ou dentro da torre de controle do aeroporto.

 REALIDADE A responsabilidade pela segurança de aeronaves e passageiros exige intensa concentração, o que pode ser estressante e desgastante. A remuneração é baixa.

ESPECIALISTA EM TRANSPORTES

DESCRIÇÃO DO TRABALHO

Esses especialistas estudam e prestam consultoria sobre manutenção e crescimento de redes de transporte aéreo, rodoviário e ferroviário, bem como sobre o impacto dessas redes local e nacionalmente. Também examinam padrões de transporte e recomendam melhorias nos sistemas para cumprir metas governamentais.

RENDA
Especialista em transportes iniciante ★★★★★
Diretor de consultoria ★★★★★

PERFIL DO SETOR
Variedade de empregadores • Crescimento em áreas como transporte sustentável, condução autônoma e conservação ambiental • Demanda crescente por profissionais experientes

ATIVIDADES RELACIONADAS

▶ **ENGENHEIRO CIVIL** ver pp. 176-177

▶ **URBANISTA** ver pp. 200-201

▶ **GERENTE DE LOGÍSTICA** ver pp. 226-227

▶ **GERENTE DE FROTA DE CARROS** Administra a frota de veículos de uma empresa. Supervisiona a manutenção, revisão e a substituição de veículos.

▶ **GERENTE DE CONTROLE DE ESTRADAS** Planeja e gerencia a manutenção de estradas, além de coordenar reparos com concessionárias de serviços.

O setor de transportes brasileiro criou, em 2023, 86.640 postos de trabalho, um aumento de 4% em relação ao ano anterior.

RESUMO

INTERESSES Transportes • Urbanismo • Geografia • Engenharia • Matemática • Economia • Ciência ambiental

QUALIFICAÇÕES NECESSÁRIAS A maioria tem formação em um assunto relacionado. Pessoas sem formação podem treinar e estudar para conquistar um diploma enquanto trabalham.

ESTILO DE VIDA O trabalho é realizado em horário convencional, mas pode ser necessário trabalhar à noite e aos finais de semana para cumprir os prazos.

LOCAL Trabalham em escritório, mas é comum terem de viajar para visitar projetos e locais de pesquisa e para atender clientes.

REALIDADE Orientar um projeto e acompanhá-lo até o fim pode demorar bastante tempo. A falta de profissionais experientes pode significar um aumento nos salários.

PLANO DE CARREIRA

Pode atuar em órgãos públicos, consultorias do setor privado, transportadoras ferroviárias e rodoviárias e empresas de logística. Um credenciamento profissional ou uma qualificação em planejamento de transporte pode aumentar as chances de trabalho.

ASSISTENTE Com ensino médio ou formação profissionalizante, você pode conseguir emprego como assistente e depois estudar para conquistar um diploma enquanto trabalha.

FORMAÇÃO Você pode se especializar na consultoria em transportes tendo formação universitária em qualquer área, mas é recomendável formação em áreas como urbanismo, engenharia civil e geografia.

HABILIDADES REQUERIDAS

 Boa habilidade escrita e verbal, para fazer relatórios e recomendações.

 Capacidade de trabalhar bem com pessoas diferentes, de diretores de empresas a trabalhadores da construção civil.

 Forte capacidade analítica para estudar dados e elaborar novas estratégias de transporte.

 Excelente habilidade com números para recolher, analisar e interpretar dados e fornecer estatísticas.

 Experiência em programas de modelagem de transporte para criar relatórios e apresentações.

 Boa consciência comercial e política para conquistar o apoio necessário às propostas.

ESPECIALISTA EM TRANSPORTES
A atividade pode abranger temas diversos, desde melhorar a segurança rodoviária até reduzir a poluição em uma área urbana. Você pode avançar na carreira atuando no setor público ou privado.

ENGENHEIRO DE TRÁFEGO Realiza pesquisas sobre fluxo de tráfego e segurança e projeta novas estradas ou reconfigura as já existentes visando atingir o movimento mais eficiente de veículos e pedestres.

ANALISTA DE TRANSPORTES Usa softwares para criar e analisar diferentes cenários de transportes a fim de identificar os melhores modelos.

ESPECIALISTA EM TRANSPORTES SUSTENTÁVEIS
Especializa-se em políticas e planejamento para formas sustentáveis de transporte, como veículos menos poluentes.

CONSULTOR DE PLANEJAMENTO DE TRANSPORTES Presta aconselhamento a uma ampla gama de clientes, como entidades locais e nacionais, hospitais e empresas de construção. Também desenvolve planos, realiza avaliações e escreve propostas.

220 TRANSPORTES

COMANDANTE DE NAVIO

DESCRIÇÃO DO TRABALHO

O comandante é o responsável pelo controle geral de um navio, supervisionando a navegação, gerenciando a equipe e garantindo a segurança da viagem. Cada classe de navio requer habilidades específicas, e cada comandante tem o dever legal de manter um registro exato das viagens.

RENDA
Oficial recém-qualificado ★★★★★
Comandante de navio ★★★★★

PERFIL DO SETOR
Oportunidades em diferentes setores
• A redução da demanda por viagens e mercadorias em períodos econômicos ruins pode afetar perspectivas de emprego

RESUMO

INTERESSES Mares e oceanos • Navios e navegação • Geografia • Matemática • Engenharia • Física • Tecnologia da informação

QUALIFICAÇÕES NECESSÁRIAS É preciso ter ensino médio completo para iniciar o treinamento.

ESTILO DE VIDA Os períodos de descanso variam caso a caso, mas muitas vezes o tempo de descanso é o mesmo do tempo de viagem.

LOCAL Os comandantes ficam no comando do navio e passam longos períodos longe de casa.

REALIDADE A responsabilidade pela tripulação e pela segurança de passageiros e cargas valiosas faz com que este seja um ofício estressante.

PLANO DE CARREIRA

Os comandantes dos navios da Marinha são formados nas escolas da instituição e fazem carreira militar. Os que atuam em embarcações não militares são formados pelas escolas da Marinha Mercante e podem comandar diferentes tipos de navios.

ESCOLA DE FORMAÇÃO O futuro comandante precisa ter diploma de bacharel em ciências náuticas nas escolas da Marinha Mercante. São duas no Brasil: a Ciaga, no Rio de Janeiro, e a Ciaba, em Belém. O processo de seleção acontece todos os anos.

EXPERIÊNCIA PRÁTICA Além da formação na escola da Marinha Mercante, são necessários vários anos de atividade a bordo para subir na hierarquia.

ATIVIDADES RELACIONADAS

▶ **MARINHEIRO** *ver pp. 234-235*

▶ **OFICIAL DA MARINHA MERCANTE** *ver pp. 238-239*

▶ **ESTIVADOR** Trabalha em portos, carregando e descarregando cargas com empilhadeiras e guindastes.

▶ **COMANDANTE DE BARCO PESQUEIRO** Gerencia o funcionamento de um navio de pesca comercial. Suas funções incluem pilotagem, navegação, uso de sonar de localização de peixes, além de pesca, armazenamento e organização da venda dos peixes capturados.

▶ **GERENTE DE MARINA** Coordena a equipe e os serviços em uma marina, desde alocar ancoradouros até garantir que as instalações de manutenção e reabastecimento estejam disponíveis.

HABILIDADES REQUERIDAS

 Boa habilidade de comunicação para fazer transmissões de rádio claras, muitas vezes em águas internacionais.

 Capacidade de formar e motivar equipes de tripulantes com diferentes níveis de experiência.

 Forte capacidade de liderar, motivar, instruir e inspirar confiança na tripulação.

 Habilidades para resolver problemas ou emergências de forma calma e controlada.

 Excelente habilidade com números para realizar cálculos de navegação precisos.

COMANDANTE DE NAVIO DE CRUZEIRO Comanda uma equipe variada, de engenheiros a artistas; supervisiona funções operacionais, como planejamento de rotas e ancoragem, e realiza atividades sociais com os passageiros.

COMANDANTE DE NAVIO CARGUEIRO É responsável por carregar e descarregar as cargas em segurança, bem como navegar e definir o curso de viagem.

COMANDANTE DE VEÍCULO DE APOIO Comanda uma série de embarcações com funções específicas, como navios de pesquisa.

COMANDANTE DE NAVIO Para se tornar comandante, você passará vários anos trabalhando em diferentes cargos de oficial.

COMANDANTE DE NAVIO TANQUE OU DE GRANELEIRO Supervisiona o transporte de líquidos ou de cargas a granel, como grãos. Tem formação especializada para lidar com materiais perigosos com segurança.

MAQUINISTA DE TREM

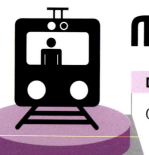

DESCRIÇÃO DO TRABALHO

Opera trens em linhas ferroviárias, parando em estações ou depósitos para recolher e entregar cargas ou passageiros. A função exige alta concentração durante longos períodos e capacidade de reagir com calma e rapidez a situações inesperadas.

RENDA
Maquinista de trem iniciante ★☆☆☆☆
Maquinista de trem experiente ★★☆☆☆

PERFIL DO SETOR
Perspectiva de crescimento ligada ao avanço tecnológico • Demanda ligada ao desempenho do comércio exterior

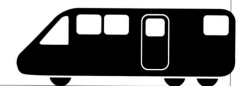

RESUMO

INTERESSES Trens e equipamentos ferroviários • Viagens e transportes • Mecânica de veículos • Matemática • Física • Engenharia • Geografia

QUALIFICAÇÕES NECESSÁRIAS Geralmente, ensino médio. Há cursos técnicos profissionalizantes para a função.

ESTILO DE VIDA Trabalham em turnos, durante a semana e aos finais de semana e feriados.

LOCAL A bordo do trem.

REALIDADE Como é preciso trabalhar sozinho por longos períodos, o maquinista deve ser automotivado. A remuneração é baixa.

▼ ATIVIDADES RELACIONADAS

▶ **MOTORISTA DE CAMINHÃO** *ver pp. 224-225*

▶ **MOTORISTA DE ÔNIBUS** Dirige esse veículo tanto nas cidades como em rodovias, sendo responsável pela segurança dos passageiros.

▶ **MOTORISTA DE ÔNIBUS FRETADO** Dirige um ônibus particular, seja contratado por uma empresa, seja por um serviço público. Os destinos incluem aeroportos, atrações turísticas e grandes cidades. Os motoristas embarcam e desembarcam a bagagem, cobram tarifas e verificam a lista de passageiros.

▶ **TÉCNICO DE ENGENHARIA FERROVIÁRIA** Constrói, mantém e conserta motores, carros e vagões de trem. Faz a manutenção dos sistemas mecânicos e elétricos.

▶ **MANOBRADOR FERROVIÁRIO** Coordena o movimento de vagões dentro do terminal.

▶ **CONDUTOR DE BONDE** Opera bondes elétricos em trajetos fixos dentro de uma cidade, transportando passageiros entre estações.

PLANO DE CARREIRA

Companhias de transporte urbano selecionam os maquinistas por concurso público. Já as empresas que possuem trens para operar suas cargas treinam seus profissionais.

ENSINO MÉDIO Tanto os concursos públicos quanto as vagas no setor privado requerem ensino médio dos candidatos.

TREINAMENTO O maquinista pode começar trabalhando como manobrista, lidando com os trens dentro de pátios fechados. O treinamento inclui aulas teóricas.

MAQUINISTA DE TREM
Além de controlar o trem, o maquinista verifica o motor e os sistemas antes da partida. Com experiência, pode progredir para cargos de treinamento, segurança ou gestão.

HABILIDADES REQUERIDAS

 Atenção a detalhes, para interpretar corretamente a sinalização e seguir regras e procedimentos.

 Boa capacidade de comunicação para responder a chamados.

 Forte capacidade de resolver problemas como atrasos no serviço.

 Resistência física e mental para se manter concentrado por longos períodos.

 Flexibilidade de horário para poder suprir a ausência de colegas ou para quando os serviços são interrompidos.

CONDUTOR DE TREM TURÍSTICO Opera trens em ferrovias temáticas e tradicionais, incluindo veículos antigos ou movidos a vapor, que requerem habilidades específicas.

INSTRUTOR Treina profissionais iniciantes, instruindo-os sobre regulamentos da linha férrea, sinalização, princípios da circulação e operação de trens.

ESPECIALISTA EM PRODUTIVIDADE DE VAGÕES Conforme adquire experiência, o maquinista pode assumir cargos estratégicos, como os que envolvem a produtividade de vagões e locomotivas.

CONDUTOR DE VEÍCULOS LEVES SOBRE TRILHOS Opera trens que geralmente carregam passageiros nas cidades. A função envolve o embarque e o desembarque rápido de pessoas e paradas frequentes.

GERENTE DE TRÁFEGO Controla o fluxo dos trens em uma empresa.

MOTORISTA DE CAMINHÃO

DESCRIÇÃO DO TRABALHO

Os motoristas de caminhão transportam mercadorias em estradas locais, nacionais ou internacionais. Conferem mercadorias, checam documentação e auxiliam os processos de carregamento e descarregamento da carga. Também zelam pela manutenção do veículo, cuidando da limpeza e controlando o consumo de combustível e a quilometragem.

RENDA
Motorista de caminhão iniciante ★☆☆☆☆
Motorista de caminhão experiente ★★★☆☆

PERFIL DO SETOR
Os empregadores vão de pequenas empresas de transporte a empresas de logística multinacionais • Alta demanda por motoristas de caminhão

RESUMO

INTERESSES Dirigir • Transportes • Viagens e distribuição • Engenharia de veículos motorizados • Mecânica de veículos • Saúde e segurança

QUALIFICAÇÕES NECESSÁRIAS Não há educação formal, mas é preciso ter habilitação para dirigir o caminhão.

ESTILO DE VIDA Dirigir por longas distâncias é fisicamente desgastante. Os motoristas passam bastante tempo longe de casa.

LOCAL Os motoristas passam a maior parte do tempo dentro da cabine do caminhão. É comum passar longos períodos longe de casa.

REALIDADE A remuneração não é alta e a profissão envolve alto risco, em decorrência da condição das estradas e dos assaltos.

PLANO DE CARREIRA

É preciso ter uma carteira de motorista adequada, além de fazer testes especializados e exames médicos. Depois de qualificado, o motorista pode ter vários empregadores, em diversos setores.

FORMAÇÃO Você pode se tornar um motorista de caminhão após adquirir sua carteira de motorista correspondente. Cursos nas áreas de mecânica ou transportes podem aumentar suas perspectivas de trabalho.

MUDANÇA DE CARREIRA Você pode fazer os testes para se tornar motorista de caminhão enquanto trabalha em outro emprego. Em seguida, já qualificado, poderá mudar de carreira.

ATIVIDADES RELACIONADAS

▶ **MAQUINISTA DE TREM** ver pp. 222-223

▶ **GERENTE DE FROTA DE CARROS** Administra a frota de veículos de uma empresa. Supervisiona a manutenção, substitui veículos quando atingem certa quilometragem e garante que eles sejam armazenados com segurança quando não estão em uso.

▶ **MOTORISTA ENTREGADOR** Transporta itens que requerem entrega urgente, segura e confidencial.

▶ **OPERADOR DE EMPILHADEIRA** Usa empilhadeiras para transportar mercadorias pesadas em armazéns, fábricas e indústrias ou para carregar e descarregar mercadorias em caminhões, contêineres ou em depósitos industriais.

HABILIDADES REQUERIDAS

Boa habilidade de escrita para manter registros precisos de viagens, carga e manutenção.

Flexibilidade para lidar com mudanças de rota, mau tempo, más condições de tráfego e avarias.

Boa capacidade de organização para planejar rotas e horários de entrega com eficiência.

Habilidade manual para carregar, proteger e manipular mercadorias com segurança.

Resistência física e mental para se concentrar por longos períodos enquanto dirige, muitas vezes, pelas mesmas rotas.

Atenção a detalhes para seguir instruções de rota e entrega, além de eventuais verificações em fronteiras.

MOTORISTA DE CARGAS PERIGOSAS Transporta produtos químicos, combustíveis, resíduos e outras cargas perigosas. Precisa de treinamento especializado e deve ter uma carteira de motorista adequada.

GESTOR DE TRANSPORTES Gerencia o trabalho dos motoristas, planejando rotas e horários, lida com clientes e organiza contratos com funcionários e clientes.

OPERADOR DE MÁQUINAS DE CONSTRUÇÃO CIVIL E MINERAÇÃO Especializa-se em operar veículos industriais – como caminhões basculantes, escavadeiras e veículos de terraplenagem – em diversos setores, de mineração e construção civil a gestão de resíduos.

MOTORISTA DE CAMINHÃO Para manter sua licença em dia, é preciso renová-la de acordo com seu vencimento. Você pode dirigir diferentes tipos de caminhão, como petroleiros e cargas perigosas.

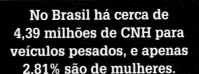

No Brasil há cerca de 4,39 milhões de CNH para veículos pesados, e apenas 2,81% são de mulheres.

GERENTE DE LOGÍSTICA

DESCRIÇÃO DO TRABALHO

Os gerentes de logística coordenam o transporte e o armazenamento de produtos e matérias-primas. Lidam com fornecedores, fabricantes e varejistas para garantir que os clientes recebam as mercadorias encomendadas. A ascensão do comércio eletrônico aumentou a demanda por serviços de entrega e de controle de estoque. Por isso, os gerentes de logística são cruciais para a economia atual.

RENDA
Gerente de logística júnior ★☆☆☆☆
Gerente de logística sênior ★★★★☆

PERFIL DO SETOR
Demanda crescente por profissionais devido à rápida expansão do setor • A cadeia de abastecimento está mudando graças aos drones e aos veículos sem motorista

PLANO DE CARREIRA

As carreiras nesse setor foram transformadas pelas novas tecnologias, com a possibilidade de fazer pedidos on-line e acompanhar em tempo real as mercadorias. Um profissional iniciante pode ter de gerenciar distribuição e armazenagem, sistemas de TI ou contratos individuais com clientes. Esse tipo de experiência conduz a altos cargos na gestão e no planejamento de redes de distribuição.

APRENDIZ Você pode ganhar experiência de trabalho participando de programas de aprendiz, que são oferecidos por muitos empregadores.

FORMAÇÃO Tendo realizado cursos técnicos ou de graduação, você pode se candidatar a um cargo iniciante. Cursos relacionados a administração e gestão aumentam suas chances de obter um emprego.

GERENTE DE DESENVOLVIMENTO DE NEGÓCIOS Cuida do desenvolvimento comercial da empresa de logística, negocia novos contratos, busca novas oportunidades de negócios e intensifica a relação com clientes atuais.

GERENTE DE LOGÍSTICA Garante que a empresa seja administrada de forma eficiente, utilizando sistemas informatizados para monitorar níveis de estoque, custo de combustível e tempo de entrega. Com experiência, você pode trabalhar em várias indústrias, como mineração e petróleo.

HABILIDADES REQUERIDAS

Excelente habilidade de comunicação para manter fornecedores e clientes plenamente informados.

Trabalho em equipe para coordenar as atividades de todos os membros da cadeia.

Forte capacidade de liderança para motivar diversos tipos de profissionais – de motoristas de caminhão a gestores.

Capacidade de análise afiada e abordagem lógica para manter uma programação eficaz e controlar o estoque.

Habilidade com sistemas informatizados para rastrear produtos, níveis de estoque e custos.

CONSULTOR DE LOGÍSTICA Fornece serviços especializados, muitas vezes como profissional autônomo, ajudando empresas a planejar e estabelecer cadeias de abastecimento. Oferece aconselhamento sobre redes de transporte global.

GERENTE DE QUALIDADE Seu foco é minimizar problemas com erros de envio, atrasos e mercadorias danificadas em trânsito. Também examina a cadeia de abastecimento para identificar áreas que podem ser melhoradas.

No mundo, 42 bilhões de toneladas de mercadorias são transportadas a cada ano por via aérea – quatro vezes mais do que por navio.

▼ ATIVIDADES RELACIONADAS

▶ **ESPECIALISTA EM TRANSPORTES** *ver pp. 218-219*

▶ **OPERADOR DE GUINDASTE** Usa guindastes para carregar e descarregar cargas e contêineres de navios, caminhões e trens.

▶ **TRABALHADOR DE AJUDA HUMANITÁRIA** Gerencia a coleta, o transporte e a entrega de alimentos, roupas, remédios e outros suprimentos vitais em situações de catástrofe natural ou de conflito.

▶ **GERENTE DE COMPRAS** Encarregado de comprar qualquer tipo de produto ou serviço necessário para que uma empresa realize sua atividade principal.

RESUMO

INTERESSES Matemática • Tecnologia da informação • Planejamento • Eficiência em negócios • Gestão • Geografia • Idiomas

QUALIFICAÇÕES NECESSÁRIAS A maioria dos cargos de gerente de logística exige diploma, mas é possível começar a carreira como assistente e progredir.

ESTILO DE VIDA Grandes empresas de logística operam 24 horas por dia, por isso os gerentes de logística podem ter de trabalhar em regime de plantão.

LOCAL Os gerentes de logística trabalham principalmente em escritório, mas também podem ter de visitar armazéns e fornecedores durante a semana de trabalho.

REALIDADE É comum ter de viajar para fora do país. Pode ser necessário trabalhar durante longos períodos, mas o retorno é compensador.

SERVIÇOS DE SEGURANÇA E EMERGÊNCIA

Se você quiser ter um papel ativo ajudando as pessoas e a sociedade, talvez a carreira em serviços de segurança e de emergência seja para você. Alguns postos de trabalho envolvem viagens nacionais e internacionais, mas todos requerem uma abordagem ativa e vontade de se envolver com as pessoas.

MILITAR DO EXÉRCITO
Página 230

Com o objetivo principal de defender a nação, o militar do Exército tem como princípios a lealdade, o dever, o respeito, o serviço abnegado, a honra, a integridade e a coragem.

MILITAR DA FORÇA AÉREA
Página 232

Protege o espaço aéreo do país, utilizando conhecimento técnico e habilidades especializadas para realizar missões importantes – e potencialmente perigosas.

MARINHEIRO
Página 234

Exerce funções básicas na estrutura militar da Marinha, a força responsável pela defesa das áreas litorâneas e das plataformas continentais brasileiras, pelo policiamento das costas e pela fiscalização do tráfego marítimo e dos portos.

OFICIAL DA MARINHA
Página 236

Atua em funções de planejamento e comando da Marinha e também em operações de alta complexidade (como os fuzileiros navais, por exemplo).

OFICIAL DA MARINHA MERCANTE
Página 238

Atua na operação de navios não militares, desde as funções náuticas até as relativas às máquinas da embarcação.

POLICIAL FEDERAL
Página 240

Atua em casos de dano à União e de repercussão interestadual e integra operações como combate ao terrorismo e ao tráfico de drogas, além de fazer a fiscalização de fronteiras.

POLICIAL MILITAR
Página 242

Cuida da segurança da população, no policiamento ostensivo de combate ao crime.

POLICIAL CIVIL
Página 244

Atua nas delegacias, com foco na investigação de crimes.

PROFISSIONAL DE INTELIGÊNCIA
Página 246

Trabalha em funções de perfil analítico, para identificar riscos e desenhar cenários que embasam a tomada de decisão de governantes.

BOMBEIRO MILITAR
Página 248

Protege pessoas e propriedades de incêndios, desastres naturais e acidentes, arriscando a própria segurança em situações perigosas.

SOCORRISTA
Página 250

Usa sua formação médica ou de enfermagem para prestar atendimento de emergência a pessoas com diferentes tipos de ferimentos e doenças.

MILITAR DO EXÉRCITO

DESCRIÇÃO DO TRABALHO

O Exército é uma das três Forças Armadas do Brasil. No plano externo, os militares respondem pela defesa do país em operações terrestres. No plano interno, trabalham para garantir a lei, a ordem e os poderes constitucionais.

RENDA
Praça ou graduado ★☆☆☆☆
Oficial-general ★★★★★

PERFIL DO SETOR
Existe um ciclo contínuo de contratações por concursos públicos para várias áreas de atuação • Pode contratar menos, dependendo da conjuntura econômica e da verba disponível

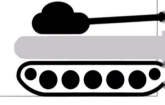

RESUMO

INTERESSES Servir o país • Segurança • Ciência • Tecnologia • Mecânica • Matemática • Aviação

QUALIFICAÇÕES NECESSÁRIAS É preciso cumprir exigências de idade e escolaridade, além de exames físicos e escritos. Homens devem ter no mínimo 1,60 m, e mulheres, 1,55 m.

ESTILO DE VIDA Trabalha sem descanso e pode ser enviado em missão para qualquer lugar do mundo, a qualquer momento. Precisa usar uniforme.

LOCAL A maioria dos militares brasileiros da ativa vive e trabalha dentro ou perto de bases militares.

REALIDADE Podem ter que mudar de residência com frequência e ficam longe da família por longos períodos de tempo. O trabalho pode ser de alto risco e fisicamente exigente.

▼ ATIVIDADES RELACIONADAS

▶ **MARINHEIRO** ver pp. 234-235

▶ **POLICIAL FEDERAL** ver pp. 240-241

▶ **GUARDA-COSTAS** Fornece proteção pessoal a figuras públicas e celebridades, seja como parte de uma equipe de proteção 24 horas, seja em eventos de alto risco, como aparições públicas.

▶ **TÉCNICO EXPLOSIVISTA** Identifica, desativa e destrói dispositivos perigosos e muitas vezes explosivos.

▶ **AGENTE DE FORÇA DE FRONTEIRA** Protege pontos de entrada em fronteiras, garantindo o cumprimento de regras migratórias e alfandegárias.

O Exército tem unidades de elite para ambientes como o pantanal e a selva.

PLANO DE CARREIRA

O soldado pode subir na hierarquia até o posto de subtenente. No quadro de oficiais, é possível ascender a general. As promoções ocorrem de acordo com o tempo de atividade e a realização de cursos, treinamentos e especializações.

ENSINO MÉDIO OU SUPERIOR O militar ingressa no Exército por concurso público para uma escola de formação. Dependendo da atuação, é preciso ter ensino médio ou curso superior.

ESCOLA PREPARATÓRIA Escola Preparatória de Cadetes do Exército (EsPCEx), Instituto Militar de Engenharia (IME), Escola de Saúde e Formação Complementar do Exército (ESFCEx), Escola de Saúde do Exército (EsSEx), Escola de Sargentos das Armas (ESA).

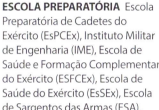

HABILIDADES REQUERIDAS

 Boa capacidade de comunicação com colegas, oficiais e civis, dentro e fora do país.

 Capacidade de trabalhar em uma equipe unida, de seguir regras e de respeitar autoridade.

 Flexibilidade para se adaptar a mudanças frequentes no ambiente de trabalho, em qualquer lugar do mundo.

 Aptidão física e mental para participar de missões.

 Perseverança para resolver problemas de forma eficiente, por vezes em situações estressantes e perigosas.

MILITAR DO EXÉRCITO
O militar sai das escolas como sargento ou oficial. A partir daí, atua dentro das regras do Exército em áreas diversas, de acordo com a escola preparatória que frequentou, como alguns dos exemplos abaixo.

SARGENTO DE AVIAÇÃO
Realiza atividades de manutenção (mecânica de aeronaves, de armamento e de eletrônicos) e de apoio ao voo (controle de tráfego, meteorologia, resgate, transporte aéreo).

PSICÓLOGO MILITAR
Atua com os membros do Exército de todos os postos, incluindo familiares, com vistas a preparar os militares para as missões e reduzir o estresse.

ENGENHEIRO MILITAR Pode trabalhar na construção de pontes e estradas. Também é responsável por destruir essas montagens para evitar a entrada do inimigo. Ou seja, busca aprimorar as estruturas de defesa do Exército.

MÉDICO MILITAR
Conforme progride na carreira, o médico do Exército assume cargos que o tornam mais próximo da administração (por exemplo, gerando documentos e relatórios e analisando dados) e menos próximo da parte técnica da medicina.

232 SERVIÇOS DE SEGURANÇA E EMERGÊNCIA

MILITAR DA FORÇA AÉREA

DESCRIÇÃO DO TRABALHO

Na Força Aérea Brasileira (FAB) não atuam apenas oficiais aviadores: há funções para profissionais de saúde, comunicação, direito, engenharia, tecnologia da informação, etc., que ingressam por concurso público. Mas a carreira no ar é a mais atraente, já que os militares pilotam aviões avançados, defendem o espaço aéreo nacional e realizam missões de busca, salvamento e ajuda humanitária.

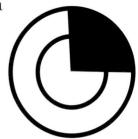

RENDA
Praça ou graduado ★★★★
Oficial-general ★★★★★

PERFIL DO SETOR
Entrada muito concorrida • Oportunidades crescentes como operador de drone para vigilância e reconhecimento

▼ ATIVIDADES RELACIONADAS

▶ **PILOTO DE AVIÃO** ver pp. 214-215

▶ **CONTROLADOR DE TRÁFEGO AÉREO** ver pp. 216-217

▶ **PILOTO DE HELICÓPTERO** Para ingressar no curso, é preciso ter mais de 18 anos e ensino médio completo. Responsabilidade, concentração e capacidade de trabalhar sob pressão são fundamentais. Do treinamento teórico ao prático, um piloto leva, em média, de um ano e meio a dois anos.

▶ **INSTRUTOR DE VOO** Trabalha em escolas de aviação comercial ou como treinador nas Forças Armadas, ensinando novos pilotos. Instrutores de voo são pilotos muito experientes.

Ao entrar para a FAB, o militar faz um juramento perante a bandeira nacional, em que coloca sua vida a serviço da pátria.

RESUMO

INTERESSES Aviação • Servir o país • Matemática • Engenharia • Tecnologia • Combate a incêndios

QUALIFICAÇÕES NECESSÁRIAS Idade, escolaridade e residência no país são pré-requisitos, além de exames físicos e escritos.

ESTILO DE VIDA O trabalho é variado e exigente, física e intelectualmente. Quando está em missão, trabalha em longas jornadas.

LOCAL Mora, trabalha e treina dentro ou perto de bases militares. Pode ter de viajar para qualquer lugar do mundo.

REALIDADE Participar de missões da Força Aérea é estressante e envolve risco. Trabalha longas horas e muitas vezes fica longe de casa e da família.

PLANO DE CARREIRA

Os concursos para ingressar na FAB variam de acordo com a escolaridade. Os interessados que possuem nível médio ou técnico podem ingressar por exames para o corpo de graduados e se tornarem militares de carreira. Quem tem curso superior pode prestar concurso para oficial temporário ou de carreira.

ENSINO MÉDIO A Escola Preparatória de Cadetes do Ar (Epcar) oferece formação de nível médio e prepara para a Academia da Força Aérea. Para se tornar sargento é preciso cursar a Escola de Especialistas de Aeronáutica (EEAR), ter até 24 anos e ensino médio completo.

ACADEMIA DA FORÇA AÉREA A AFA forma os oficiais, e o cadete recebe os títulos de bacharel em ciências aeronáuticas, com habilitação em aviação militar, e de bacharel em administração, com ênfase em administração pública.

HABILIDADES REQUERIDAS

 Capacidade de repassar informações críticas e altamente técnicas de maneira clara e rápida.

 Capacidade de trabalhar em equipe, servindo sempre ao bem coletivo.

 Flexibilidade e disponibilidade para realizar treinamentos e missões, muitas vezes sem aviso prévio.

 Abordagem analítica, capacidade de resolver problemas de forma rápida e pensar com clareza sob estresse.

 Capacidade de superar os muitos desafios físicos e mentais comuns em operações aéreas.

 Atenção a detalhes e raciocínio preciso para pilotar aeronaves avançadas e cumprir ordens corretamente.

MILITAR DA FORÇA AÉREA
O militar da FAB tem a missão de defender o espaço aéreo nacional. Para isso, passa por treinamento e missões operacionais realizadas pela Força Aérea e participa de ajudas humanitárias dentro e fora do Brasil. Veja algumas das atuações abaixo.

SARGENTO DA FAB
Militar com formação técnica que atua em áreas como controle de tráfego, eletricidade, meteorologia, cartografia, etc. É possível ter acesso ao oficialato.

PILOTO DE CAÇA O cargo exige grandes habilidades psicomotoras e cognitivas, já que pilotam sozinhos a aeronave. São gerentes de missões complexas.

PILOTO DE HELICÓPTERO A opção envolve habilidades como transporte de feridos e de carga, emprego de armamento e busca e salvamento em terra e no mar.

PILOTO DE TRANSPORTES O piloto desenvolve habilidades como voar com outras aeronaves e navegar em baixas alturas (necessário para o lançamento de cargas ou de paraquedistas).

MARINHEIRO

DESCRIÇÃO DO TRABALHO

O marinheiro é um militar formado pela Marinha que compõe o Corpo de Praças da Armada. Os praças apoiam a operação de navios e aeronaves da Marinha, executando tarefas de manutenção de equipamentos e sistemas, de conservação de compartimentos e de atendimento em serviços de bordo. Também atuam em organizações em terra. Na hierarquia da Marinha, o praça chega até o posto de suboficial.

RENDA
Aprendiz de marinheiro ★☆☆☆☆
Capitão ou almirante ★★★★☆

PERFIL DO SETOR
Abertura de vagas pela Marinha geralmente no início do ano • Plano de carreira definido, com possibilidade de promoção • Estabilidade após certo tempo de serviço

RESUMO

INTERESSES Embarcações • Atividade física • Tecnologia • Disciplina militar • Mecânica • Eletricidade • Eletrônica • Aviação • Servir ao país

QUALIFICAÇÕES NECESSÁRIAS
Ensino médio completo.

ESTILO DE VIDA O trabalho exige longos períodos de tempo longe de casa e necessidade de treinamento constante para subir na hierarquia.

LOCAL Em terra, nas bases da Marinha, ou embarcados, inclusive em submarinos.

REALIDADE A remuneração inicial é considerada baixa, e trabalhar distante da cidade de origem pode ser estressante.

PLANO DE CARREIRA

Os interessados entram na Marinha com ensino médio completo e fazem o curso de formação militar naval. Ao longo da carreira, podem realizar cursos de especialização e de qualificação para subir na hierarquia até as mais altas patentes, como capitãode mar e guerra. O primeiro passo é se tornar um aprendiz de marinheiro.

CONCURSO PÚBLICO
A admissão nas Escolas de Aprendizes-Marinheiros é por concurso público. Os interessados precisam ser brasileiros natos do sexo masculino e ter entre 18 e 21 anos. Na inscrição, indicam a preferência de atuação: eletricidade/eletrônica, apoio e mecânica.

ESCOLA DE APRENDIZES-MARINHEIROS
Você recebe remuneração, usa uniforme e estuda em regime de internato. O curso de ensino básico e militar naval dura 48 semanas.

HABILIDADES REQUERIDAS

 Capacidade de funcionar como membro de uma grande equipe, inclusive em missões complexas.

 Habilidade para se adaptar a diversos trabalhos, no mar e em terra.

 Boa capacidade de comunicação.

 Determinação para enfrentar desafios e resolver problemas, especialmente diante de perigo.

 Aptidão para atividade física e capacidade de trabalhar em condições diversas por longos períodos de tempo.

▼ ATIVIDADES RELACIONADAS

▶ **COMANDANTE DE NAVIO** ver pp. 220-221

▶ **MILITAR DO EXÉRCITO** ver pp. 230-231

▶ **OFICIAL DA MARINHA** ver pp. 236-237

▶ **OFICIAL DA MARINHA MERCANTE** Trabalha embarcado em cruzeiros comerciais, navios porta-contêineres, balsas de passageiros, navios petroleiros e embarcações de apoio, incluindo rebocadores.

▶ **ESPECIALISTA EM SISTEMAS DE COMUNICAÇÃO E INFORMAÇÃO DA MARINHA** Utiliza sistemas de rádio e satélite para enviar e receber comunicações cruciais entre navio e terra.

AVIAÇÃO O interessado em lidar com os aviões que servem a Marinha tem cursos em duas das áreas de especialização: eletricidade/eletrônica e mecânica.

ARMAMENTO NAVAL Especialidade ligada à área de mecânica.

SUBMARINO Em grande número das especialidades, os cabos têm a opção de se voluntariar para integrar as tripulações de submarinos.

CONTROLADOR DE AERONAVE Mantém e controla aeronaves navais para garantir a segurança durante operações de voo.

MARINHEIRO Ao se formar, o aprendiz é declarado praça da Marinha, na graduação de marinheiro. Pode fazer cursos e ser promovido a cabo, especializando-se em atuações diversas.

ENFERMAGEM Especialidade ligada à área de apoio.

OPERAÇÃO DE RADAR OU DE SONAR Especialidade ligada à área de eletricidade/eletrônica.

236 SERVIÇOS DE SEGURANÇA E EMERGÊNCIA

OFICIAL DA MARINHA

DESCRIÇÃO DO TRABALHO

A atuação dos oficiais da Marinha se divide entre o Corpo da Armada (que conduz e opera navios), o Corpo de Fuzileiros Navais (que realiza combates em terra a partir do mar) e o Corpo de Intendentes (que lida com questões administrativas).

RENDA
Aspirante ★★★★★
Oficial-general ★★★★★

PERFIL DO SETOR
Entrada na carreira por meio de processos seletivos concorridos • Atuação em terra e a bordo de navios e aviões • Estabilidade após determinado tempo de serviço

RESUMO

INTERESSES Servir o país • Matemática • Engenharia • Tecnologia • Navios • Segurança • Aviação

QUALIFICAÇÕES NECESSÁRIAS Idade e escolaridade são pré-requisitos de acordo com o processo de seleção escolhido.

ESTILO DE VIDA Deve estar pronto para entrar em ação imediatamente. Pode atuar embarcado ou em terra, em pontos diversos do país.

LOCAL Pode morar, trabalhar e fazer cursos em cidades diversas. As missões podem levar o oficial para locais em condições extremas em todo o mundo.

REALIDADE É um trabalho que pode ser extenuante, por envolver necessidade de treinamento constante e participação em missões complexas.

▼ ATIVIDADES RELACIONADAS

▶ **MILITAR DO EXÉRCITO** ver pp. 230-231

▶ **MILITAR DA FORÇA AÉREA** ver pp. 232-233

▶ **OFICIAL DA MARINHA MERCANTE** ver pp. 238-239

▶ **COMANDANTE DE NAVIO** ver pp. 220-221

▶ **PILOTO DE HELICÓPTERO** Pilota esse tipo de aeronave e sua atuação envolve atividades relacionadas a segurança, transporte comercial, emergências médicas e resgate, entre outras. O treinamento para obter a habilitação pode ser caro, e o horário de trabalho muitas vezes é irregular.

As mulheres são admitidas apenas na Intendência. O Corpo da Armada e o de Fuzileiros Navais são exclusivos para oficiais do sexo masculino.

PLANO DE CARREIRA

Além da formação na Escola Naval, é possível se tornar oficial por concurso público de nível superior para o quadro complementar, em áreas como engenharia e ciências contábeis. O militar deve se aperfeiçoar para subir na hierarquia, podendo chegar a oficial-general.

HABILIDADES REQUERIDAS

 Níveis elevados de condicionamento físico, coragem, resistência, energia e determinação.

 Capacidade de trabalhar efetivamente como parte de uma equipe disciplinada e responder rapidamente a ordens.

 Excelente noção espacial e coordenação, para usar armas com precisão em todas as condições.

 Boa habilidade de comunicação para interagir, morar e trabalhar com os outros integrantes do oficialato.

 Perseverança e autodisciplina para resistir a treinamentos rigorosos e condições desafiadoras.

COLÉGIO NAVAL Exclusivo para o sexo masculino, entre 15 e 18 anos. O curso, de três anos, equivale ao ensino médio com instrução naval.

ESCOLA NAVAL O ingresso é por processo seletivo nacional. O curso, de nível superior, dura quatro anos, em regime de internato, e há um ciclo pós-escola de um ano.

OFICIAL DA MARINHA
A atuação do oficial da Marinha – tanto o oriundo da Escola Naval como o oficial do quadro complementar – é organizada entre o Corpo da Armada, o de Fuzileiros Navais e o de Intendentes, como alguns dos exemplos abaixo.

OPERAÇÕES NO MAR
Os oficiais do Corpo da Armada podem atuar não só no departamento de combate dos navios mas também nos de apoio, que realizam missões de socorro, levantamento hidrográfico, pesquisas, patrulha costeira e assistência médica a populações ribeirinhas.

BATALHÃO DE INFANTARIA
O oficial do Corpo de Fuzileiros Navais serve por cinco anos em uma unidade operativa, como os batalhões. Após esse período, continua a se aperfeiçoar. Pode participar de missões no exterior.

CONTROLE INTERNO
É uma das atribuições dos oficiais do Corpo de Intendentes. O oficial tem a opção de realizar mestrado e doutorado em instituições que possuem convênio com a Marinha.

OPERAÇÃO COM EXPLOSIVOS Essa perigosa atividade é uma das habilidades desenvolvidas no curso de especialização em guerra anfíbia, realizado pelos oficiais do Corpo de Fuzileiros Navais. Além da operação com explosivos, os oficiais se aprimoram em táticas de combate, comando de pelotão, emprego de blindados e uso da artilharia, entre outras atividades.

OFICIAL DA MARINHA MERCANTE

DESCRIÇÃO DO TRABALHO

Um navio pode ser considerado uma empresa flutuante, com departamentos técnicos e administrativos. Os sistemas precisam funcionar em harmonia para que a atividade da embarcação seja cumprida com eficiência. A formação dos profissionais da Marinha Mercante busca atender a essas diversas necessidades em um navio, mas pode ser útil também para profissões em terra.

RENDA
Ofic. da Marinha Mercante iniciante ★★★★★
Ofic. da Marinha Mercante experiente ★★★★★

PERFIL DO SETOR
Remuneração atraente • Possibilidade de trabalhar em diversas áreas, além das náuticas

PLANO DE CARREIRA

É preciso cursar a Escola de Formação de Oficiais da Marinha Mercante (EFOMM). Durante o curso, o aluno é considerado militar. Mas, ao concluí-lo, torna-se bacharel em ciências náuticas e é desligado do serviço ativo da Marinha, passando a integrar o quadro de oficiais da reserva não remunerada. Ele atua em embarcações não militares e pode também trabalhar em companhias de navegação, estaleiros e indústrias de máquinas.

▼ ATIVIDADES RELACIONADAS

▶ **COMANDANTE DE NAVIO** ver pp. 220-221

▶ **MARINHEIRO** ver pp. 234-235

▶ **OPERADOR DE SERVIÇOS EMERGENCIAIS**
Atende chamadas de emergência e avalia sua urgência, direcionando-as para a polícia, os serviços de ambulância ou os bombeiros.

ESCOLA DE FORMAÇÃO
A EFOMM forma oficiais nas opções de náutica e máquinas, em regime de internato e duração de três anos. É preciso ser aprovado em processo seletivo nacional.

ESTÁGIO DE PRATICANTE
No fim do terceiro ano, o aluno realiza o programa de estágio – estágio de praticante – a bordo de embarcações de empresas indicadas pelos centros de instrução.

OFICIAL DA MARINHA MERCANTE O aluno, que ao se formar se tornou militar da reserva (considerado civil), conclui a praticagem e assume o posto de segundo oficial de náutica (que pode chegar a comandante) ou segundo oficial de máquinas (chegando a chefe de máquinas) em um navio.

HABILIDADES REQUERIDAS

Excelente habilidade de comunicação para dar instruções claras.

Capacidade de trabalhar em equipe em condições que podem ser de pressão.

Capacidade de liderança ao orientar equipes.

Habilidade para resolver problemas complexos e assegurar que o navio cumpra sua atividade.

Excelente habilidade com números, para manter registros precisos e utilizar equipamentos de navegação.

RESUMO

INTERESSES Matemática • Administração • Mecânica • Tecnologia • Geografia • Navios • Navegação

QUALIFICAÇÕES NECESSÁRIAS Para entrar na EFOMM é preciso ser brasileiro (ambos os sexos) com idade entre 17 e 23 anos e ter concluído o ensino médio.

ESTILO DE VIDA O oficial mercante geralmente trabalha em escalas. As mais comuns são 14×14 (14 dias embarcado e 14 dias em casa), 28×28, 35×35, 60×60, 60×30 ou até 90×45.

LOCAL Navios ou empresas (geralmente do setor marítimo).

REALIDADE Ficar longos períodos fora de casa pode ser estressante. Os navios não têm conforto e o dia a dia é exigente.

IMEDIATO É o segundo no comando de um navio, assumindo o controle em caso de incapacidade do comandante (ver pp. 220-221). Responde pela parte administrativa da embarcação, prezando pela disciplina e pelo bom funcionamento de todos os setores.

PRIMEIRO OFICIAL DE MÁQUINAS Tem como atribuição fundamental registrar todos os serviços e manutenções feitas em um navio. Também treina praticantes e estagiários. Em caso de necessidade, pode substituir o chefe de máquinas.

PRIMEIRO OFICIAL DE NÁUTICA É o profissional responsável pela parte burocrática na operação portuária, nos processos de carga/descarga e atracação/desatracação. Também informa ao comandante e ao imediato qualquer ocorrência de problemas.

PROFISSIONAL DE OPERAÇÃO PORTUÁRIA É possível atuar, por exemplo, com armadores (proprietários dos navios) e com empresas de operação portuária (prestadoras de serviços como carga e descarga de mercadorias).

POLICIAL FEDERAL

DESCRIÇÃO DO TRABALHO

A Polícia Federal exerce a função de polícia judiciária, marítima, aeroportuária e de fronteiras. Além disso, apura infrações penais de repercussão interestadual ou internacional que causem dano a bens, serviços e interesses da União. Também atua na prevenção e na repressão ao tráfico de drogas. O trabalho exige dedicação exclusiva. A sede da PF fica em Brasília, mas há superintendências e delegacias em todos os estados do país.

RENDA
Agente 3ª classe ★★★☆☆
Delegado e perito classe especial ★★★★★

PERFIL DO SETOR
Profissional com status na sociedade • Salários atraentes • Concurso público muito disputado • Trabalho sob pressão

ATIVIDADES RELACIONADAS

▶ **POLICIAL CIVIL** ver pp. 244-245

▶ **GUARDA-COSTAS** Acompanha indivíduos ou grupos de pessoas e adota as ações necessárias para protegê-los de situações violentas ou nocivas.

▶ **ANALISTA DE INTELIGÊNCIA CRIMINAL** Protege a segurança do país, detectando e prevenindo ocorrências graves de crime organizado.

▶ **OFICIAL DE ALFÂNDEGA** Monitora, investiga e evita comércio ilegal entre fronteiras internacionais. Entre as atividades estão obtenção de informações e inspeção de cargas suspeitas em portos.

▶ **SEGURANÇA DE LOJA** Por meio de circuito fechado de câmeras, observa clientes e funcionários dentro de estabelecimentos, para prevenir furtos ou danos à propriedade em lojas e shopping centers.

O mais recente concurso para agente exigiu desempenho em barra, impulsão horizontal, corrida e natação.

RESUMO

INTERESSES Direito • Ciências • Investigação criminal • Educação física • Tecnologia

QUALIFICAÇÕES NECESSÁRIAS Curso superior (dependendo da função, em áreas específicas). Pode haver exigência de experiência anterior e bom condicionamento físico.

ESTILO DE VIDA A jornada de trabalho é de quarenta horas semanais em regime de tempo integral e com dedicação exclusiva. É preciso fazer treinamentos constantes.

LOCAL De acordo com a área de atuação, o policial pode trabalhar em locais diversos, nas operações, ou em ambientes internos, em uma rotina mais estruturada.

REALIDADE É uma atividade exigente e estressante, física e psicologicamente. O policial entra em contato com os detalhes cruéis dos crimes, como depoimentos e a análise de corpos.

PLANO DE CARREIRA

Organizado em classes: 3ª classe, 2ª classe, 1ª classe e classe especial. Quem é aprovado no concurso inicia na 3ª classe. É possível subir para a 2ª classe apenas após três anos. As promoções para a 1ª classe e para a classe especial acontecem aproximadamente a cada cinco anos. Os salários mais altos são os de delegado e de perito.

CONCURSO PÚBLICO E FORMAÇÃO
O concurso tem provas objetivas e discursivas, análise de títulos, testes de aptidão física, exame médico e avaliação psicológica. Para escrivão, agente e papiloscopista é necessário ter curso superior, sem especificação. Para delegado exige-se graduação em direito. A função de perito requer cursos específicos. Após ser aprovado, o policial pode passar por cursos de formação da Academia Nacional de Polícia.

POLICIAL FEDERAL
As atividades se organizam em delegado de polícia federal, perito criminal federal, escrivão de polícia federal, agente de polícia federal e papiloscopista policial federal.

HABILIDADES REQUERIDAS

 Habilidade de se comunicar claramente em situações perigosas.

 Espírito de equipe, para cumprir com sucesso as operações e as forças-tarefas.

 Capacidade de manter a calma em situações de extremo perigo, como negociações em crimes que envolvam reféns.

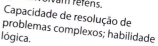 Capacidade de resolução de problemas complexos; habilidade lógica.

 Aptidão para atividade física; força e resistência são requeridas, pois as operações podem ser extenuantes.

PERITO CRIMINAL
Responsável por realizar exames no local do crime. O perito tem formação altamente especializada, dividida em 18 áreas. Uma delas, por exemplo, precisa de engenheiros cartográficos.

PAPILOSCOPISTA Atua com coleta, análise e arquivamento de impressões digitais e qualquer indício orgânico deixado pelo autor de um crime. Também pode coletar impressões em institutos de identificação.

AGENTE A atividade é uma das mais diversificadas na PF, abrangendo, por exemplo, emissão de passaportes, controle e registro de porte de armas, fiscalização ambiental e de fronteiras, etc.

COMANDO DE OPERAÇÕES TÁTICAS
A missão do Comando de Operações Táticas (COT) é combater o terrorismo. Os policiais passam por treinamento exaustivo para atuar em situações como prisão de traficantes internacionais, desarme de bombas, resgate de reféns e assalto a bancos.

POLICIAL MILITAR

DESCRIÇÃO DO TRABALHO

A Polícia Militar está ligada à Secretaria de Segurança Pública de cada um dos estados, e o seu trabalho se concentra no policiamento ostensivo. O policial militar atua nas cidades, no meio rural, nas estradas e nas florestas, fazendo patrulha aérea e terrestre. O trabalho envolve garantir a segurança dos cidadãos e efetuar prisões em flagrante, busca e apreensão com mandado judicial, autuações, revistas, *blitze* e controle em aglomerações públicas.

RENDA
Soldado ★
Comandante ★★★★

PERFIL DO SETOR
Salário pouco atraente • Plano de carreira definido • Muita participação em aglomerações e manifestações públicas

PLANO DE CARREIRA

Existem duas "portas de entrada": a carreira de praças (de soldado a subtenente) e a de oficiais (de tenente a coronel). Os praças ingressam na PM por concurso público. Os oficiais se formam nas academias, que funcionam como estabelecimentos de ensino superior. Tanto na carreira de praças como no quadro de oficiais é necessário fazer provas, exames e especializações para subir na hierarquia.

FORMAÇÃO Cada estado pode ter regras específicas, mas geralmente os cursos de formação dos praças duram cerca de um ano, e o candidato se torna soldado. Já os cursos para oficiais, nas academias, têm duração média de três anos, em regimes que mesclam internato e semi-internato.

SARGENTO É um posto de liderança dentro da carreira dos praças, atuando diretamente com os soldados e com os cabos. Exerce tanto funções de operação como internas.

POLICIAL MILITAR Os praças atuam basicamente na operação e podem executar tarefas administrativas. Os oficiais ocupam funções táticas e estratégicas, a depender do posto em que se encontram.

▼ ATIVIDADES RELACIONADAS

▶ **MILITAR DO EXÉRCITO** ver pp. 230-231

▶ **POLICIAL FEDERAL** ver pp. 240-241

▶ **POLICIAL CIVIL** ver pp. 244-245

RESUMO

INTERESSES Cumprimento da lei
• Direito • Psicologia • Sociologia
• Educação física • Português
• Matemática

QUALIFICAÇÕES NECESSÁRIAS
Existem requisitos de idade, escolaridade e altura para participar dos processos de seleção. Mulheres são admitidas.

ESTILO DE VIDA Um PM pode trabalhar nos mais diversificados ambientes, horários e condições.

LOCAL Em ambientes externos, fazendo o policiamento terrestre e a patrulha aérea, ou nas unidades da PM, executando funções administrativas e relações públicas.

REALIDADE O policial trabalha com situações de alto risco e em longas jornadas. Servir a comunidade pode ser gratificante.

HABILIDADES REQUERIDAS

Boa capacidade de comunicação e de mediação para ajudar a neutralizar situações potencialmente perigosas.

Trabalho em equipe, para colaborar com outros policiais durante as operações.

Capacidade de manter a calma em circunstâncias estressantes e desafiadoras.

Resistência física para atuar nas operações ostensivas.

Poder de observação para detectar comportamentos incomuns durante as rondas.

TENENTE Faz parte do quadro de oficiais, exercendo funções de administrador do policiamento operacional.

CAPITÃO Ao atingir este grau, o oficial pode se tornar comandante de companhia, liderando todo um efetivo de tenentes e praças, com a perspectiva de continuar ascendendo na hierarquia.

Policiais militares têm de trabalhar fardados.

POLICIAL CIVIL

DESCRIÇÃO DO TRABALHO

A Polícia Civil é a polícia judiciária dos estados, e cada estado tem a sua. Enquanto a Polícia Militar atua na prevenção do crime, a Civil atua após a ocorrência do delito, quando é aberto o inquérito policial. Os diversos profissionais que compõem a PC – investigadores, peritos criminais, fotógrafos técnico-periciais – trabalham para elucidar o fato. A Polícia Civil também controla e fiscaliza armas e munições e faz a expedição da carteira de identidade (RG).

RENDA
Agente 3ª classe ★★★★★
Delegado de classe especial ★★★★★

PERFIL DO SETOR
Remuneração baixa para muitos cargos • Dia a dia movimentado, sem rotina definida em muitas funções • Trabalho sujeito a exposição na mídia e críticas da sociedade

PLANO DE CARREIRA

Policiais civis ingressam na instituição por concurso público, que em geral são formados por prova escrita e oral. A maioria dos cargos também exige aprovação em teste de aptidão física. Diferentemente do que ocorre na estrutura militar, em que é possível um soldado chegar a subtenente, na Polícia Civil as promoções acontecem na mesma carreira, dividida em classes (geralmente, 3ª classe, 2ª classe, 1ª classe e classe especial), tal qual ocorre na Polícia Federal.

CONCURSO DE NÍVEL MÉDIO Dentre os cargos para quem tem ensino médio estão os de agente policial, atendente de necrotério, auxiliar de papiloscopista, papiloscopista policial, agente de telecomunicações, auxiliar de necropsia, fotógrafo técnico-pericial e desenhista técnico-pericial.

CONCURSO DE NÍVEL SUPERIOR Os cargos de nível superior envolvem os mais conhecidos da polícia: escrivão, delegado, investigador, médico legista e perito criminal (ver pp. 146-147). Geralmente, no caso da função de delegado, é aplicada prova dissertativa além da prova escrita e da prova oral.

ESCRIVÃO É o principal auxiliar do delegado e trabalha a maior parte do tempo na delegacia. Entre suas atribuições estão fazer anotações nos livros oficiais, dar andamento aos inquéritos, realizar oitivas (ato de ouvir a parte) e efetuar indiciamentos.

POLICIAL CIVIL Ao ser aprovado no concurso, o candidato é nomeado, mas antes de começar a atuar realiza um curso de formação da Academia de Polícia Civil. Em geral, o curso tem duração entre seis e onze meses, com aulas de temas como criminalística e processo penal, entre outras. Depois de formado, o policial inicia carreira na área escolhida.

HABILIDADES REQUERIDAS

 Habilidade para reunir os diversos aspectos que envolvem a atividade voltada à investigação criminal.

 Espírito de equipe, para obter a melhor contribuição de cada profissional em um inquérito.

 Capacidade de manter a calma em situações de estresse e perigo.

 Capacidade de absorver informações e de fazer o registro delas.

 Curiosidade, persistência e raciocínio lógico, para buscar a elucidação de um crime.

 INVESTIGADOR É a carreira que costuma reunir o maior número de integrantes da Polícia Civil. O investigador levanta provas e indícios da autoria de um crime. Para isso, busca testemunhas e informações sobre a vítima (e sobre as pessoas com quem ela se relacionava) e acompanha o trabalho dos peritos.

 DELEGADO Dirige as delegacias, comanda as equipes, registra boletins de ocorrência e preside os inquéritos. A atividade envolve a administração de conflitos carcerários, além do atendimento ao público.

▼ ATIVIDADES RELACIONADAS

▶ **ADVOGADO** ver pp. 110-111

▶ **ANALISTA DE CIBERSEGURANÇA** ver pp. 132-133

▶ **PERITO CRIMINAL** ver p. 146-147

▶ **POLICIAL FEDERAL** ver pp. 240-241

▶ **PROFISSIONAL DE INTELIGÊNCIA** ver pp. 246-247

▶ **PSICÓLOGO FORENSE** Analisa o comportamento do jovem e do adulto infrator, considerando fatores do contexto social no qual as pessoas envolvidas estão inseridas. Alguns dos lugares de atuação: presídios/centros de socioeducação, delegacias, comunidades terapêuticas, clínicas-escolas e clínicas particulares, programas de liberdade assistida, abrigos, etc.

RESUMO

 INTERESSES Investigação • Perícia criminal • Direito • Psicologia • Raciocínio lógico • Atividade física • Tecnologia da informação

 QUALIFICAÇÕES NECESSÁRIAS Ser brasileiro com idade entre 21 e 45 anos, não possuir antecedentes criminais, estar em boa forma física e mental e ter a escolaridade obrigatória.

 ESTILO DE VIDA Em geral, os policiais civis usam fardas para cumprir mandados de busca ou de prisão, entre outros. O horário de trabalho pode exceder o expediente, e há plantões.

 LOCAL Nas delegacias e nos locais dos crimes.

 REALIDADE A profissão é estressante, pode exigir longas jornadas de trabalho e colocar o policial em situações de risco.

PROFISSIONAL DE INTELIGÊNCIA

DESCRIÇÃO DO TRABALHO

A atividade de inteligência consiste em produção e proteção de conhecimento, e obtenção e análise de dados, para assessorar ações do governo. Pode ser estratégica (formulação de políticas públicas e elaboração de leis), ter um caráter mais tático (planejamento de ações policiais) e também operacional (apoio a ações de perseguição e busca por criminosos).

RENDA
Agente ★★★☆☆
Oficial ★★★★☆

PERFIL DO SETOR
Abertura de vagas em ritmo lento • Concurso muito disputado • Busca por profissionais altamente qualificados

PLANO DE CARREIRA

A atividade é ligada à Agência Brasileira de Inteligência (Abin), que organiza as carreiras entre oficial de inteligência (nível superior), oficial técnico de inteligência (nível superior), agente de inteligência (nível médio) e agente técnico de inteligência (nível médio). Pode-se atuar em diversas áreas conforme a colocação no concurso e as competências técnicas.

CONCURSO PÚBLICO
O ingresso na Abin ocorre por concurso. O processo envolve avaliação escrita, investigação social, avaliação médica e psicológica, prova de capacidade física e aprovação no Curso de Formação em Inteligência (CFI).

▼ ATIVIDADES RELACIONADAS

▶ **ANALISTA DE CIBERSEGURANÇA** *ver pp. 132-133*

▶ **PERITO CRIMINAL** *ver pp. 146-147*

▶ **ANALISTA DE INTELIGÊNCIA CRIMINAL** Examina dados criminais para investigar padrões de atividades criminosas, visar criminosos individuais ou gangues e planejar iniciativas para redução do crime.

▶ **CRIPTÓGRAFO** Decifra e cria mensagens codificadas para organizações, incluindo militares, que precisam criptografar informações essenciais. Em geral, os criptógrafos têm formação em matemática e/ou linguística.

PROFISSIONAL DE INTELIGÊNCIA
Os profissionais se organizam nas áreas de Produção e proteção, de Apoio e de Suporte.

RESUMO

INTERESSES Psicologia • Atualidades • Idiomas • Matemática • Ciências • Tecnologia da informação • História • Economia • Direito • Investigação

QUALIFICAÇÕES NECESSÁRIAS Ensino médio ou curso superior, dependendo do cargo, que são desempenhados por homens e mulheres.

ESTILO DE VIDA A carga horária costuma ser fixa, com expediente em escritório.

LOCAL A sede da Abin se localiza em Brasília, e há superintendências nos estados do país.

REALIDADE A rotina pode se tornar cansativa e pouco movimentada, já que boa parte da atividade consiste em trabalho de análise (receber informações, analisar se são ou não importantes, encaminhar as pertinentes).

HABILIDADES REQUERIDAS

Excelente habilidade escrita e verbal para organizar e redigir relatórios.

Capacidade de trabalhar com especialistas de outras organizações.

Excelente habilidade de observação, análise e pesquisa, bem como aptidão para resolver problemas de maneira criativa. Pensamento crítico.

Proficiência em software, para identificar, analisar e gravar dados significativos.

Capacidade de organização para conduzir processos que podem durar vários anos, além de habilidade para priorizar.

PRODUÇÃO E PROTEÇÃO Esta área processa informações sobre temas estratégicos, como questões geopolíticas, ameaças terroristas, espionagem estrangeira e avaliações de risco. O profissional produz relatórios para orientar as tomadas de decisão. As tarefas são geralmente atribuição dos oficiais e dos agentes de inteligência.

SUPORTE Consiste na gestão administrativa e no apoio às ações de inteligência. O trabalho é desenvolvido por profissionais de áreas como direito e tecnologia da informação. O suporte geralmente é atribuição dos oficiais e agentes técnicos.

OPERAÇÕES Refere-se à busca e à obtenção de dados não disponíveis em fontes ostensivas de informação. O profissional atua em campo buscando dados. Geralmente é atribuição dos oficiais e dos agentes de inteligência.

A famosa Agência de Inteligência dos Estados Unidos (CIA) monitora milhões de tuítes na internet por dia.

248   SERVIÇOS DE SEGURANÇA E EMERGÊNCIA

BOMBEIRO MILITAR

DESCRIÇÃO DO TRABALHO

O bombeiro salva e protege pessoas, animais e propriedades em situações como incêndios, acidentes de trânsito, enchentes, ameaças de bomba e desastres ambientais. Educa as pessoas sobre como prevenir queimadas e atende chamados de emergência, prestando os primeiros socorros às vítimas antes que a equipe médica chegue.

RENDA
Soldado ★★★★★
Comandante ★★★★★

PERFIL DO SETOR
Plano de carreira definido • Renda e benefícios variados de acordo com o estado da Federação • Atividade admirada na sociedade

RESUMO

INTERESSES Saúde e segurança • Bem-estar e serviço comunitário • Educação física • Ciências • Matemática

QUALIFICAÇÕES NECESSÁRIAS Variam de acordo com o estado, mas em geral é preciso ser brasileiro e ter ensino médio completo. Para algumas funções é necessário saber dirigir ou nadar.

ESTILO DE VIDA Em regime de plantão, incluindo finais de semana e feriados, para cobrir as necessidades da comunidade 24 horas por dia.

LOCAL Trabalha nos batalhões, que possuem os equipamentos de resgate e combate a incêndios, e precisa se locomover para atender às emergências.

REALIDADE O dia a dia pode ser estressante e fisicamente exigente. O bombeiro vive exposto a situações perigosas e precisa estar disposto a dar sua vida para salvar outra.

▼ ATIVIDADES RELACIONADAS

▶ **MILITAR DO EXÉRCITO** ver pp. 230-231

▶ **POLICIAL MILITAR** ver pp. 242-243

▶ **SOCORRISTA** ver pp. 250-251

▶ **ADESTRADOR DE CÃES POLICIAIS** Adestra cães para detectar e prevenir crimes e proteger a propriedade, bem como encontrar pessoas desaparecidas. Pode trabalhar para a polícia, os bombeiros, as Forças Armadas, no setor de segurança privada, em alfândegas e fronteiras.

Em São Paulo, o número de ligações para a emergência do Corpo de Bombeiros é de 12 mil por dia.

PLANO DE CARREIRA

Pode apresentar variações de acordo com o estado da Federação, mas em geral a carreira se inicia com concurso público, seguido por um curso de formação. No quadro de praças, inicia-se como soldado, podendo ascender a subtenente. No quadro de oficiais pode-se chegar a coronel.

CURSO DE FORMAÇÃO O curso de formação de praças costuma durar até um ano, com disciplinas militares e técnico-profissionais. No curso de formação de oficiais o aluno já entra como cadete. O modelo "clássico" em geral tem duração de três anos e emite um diploma de nível superior.

BOMBEIRO MILITAR Embora a profissão tenha se iniciado na atividade de apagar incêndios, a atuação do bombeiro se ampliou e hoje abrange diversas situações de emergência, como alguns dos exemplos a seguir.

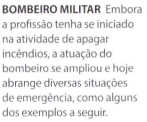

HABILIDADES REQUERIDAS

 Força física e resistência para transportar equipamentos pesados e vítimas feridas ou inconscientes.

 Boa habilidade verbal e escrita para se comunicar com clareza e redigir relatórios precisos.

Forte capacidade de trabalho em equipe, para colaborar de forma eficaz e rápida durante emergências.

 Bom relacionamento interpessoal, para agir com sensibilidade e tranquilizar pessoas em perigo.

Excelente capacidade para resolver problemas, tomando decisões eficazes em situações de vida ou morte.

VISTORIA Os bombeiros realizam vistorias técnicas para avaliar as condições de segurança de imóveis, como sistemas de hidrantes, extintores e saídas de emergência, entre outros aspectos.

PERÍCIA As causas de um incêndio podem ser reveladas pelo trabalho de perícia feito pelos bombeiros, ajudando a evitar que problema semelhante aconteça novamente no futuro.

COMBATE A INCÊNDIO Os bombeiros são treinados para exercer sua atividade mais conhecida – apagar incêndios – em qualquer situação ou ambiente, como aeroportos.

SALVAMENTO EM ALTURA Para realizar resgates em locais elevados, o bombeiro enfrenta forte pressão psicológica, pois precisa manter a própria segurança para conseguir socorrer a vítima com êxito.

250 SERVIÇOS DE SEGURANÇA E EMERGÊNCIA

SOCORRISTA

DESCRIÇÃO DO TRABALHO

Profissional da área de saúde (ou de apoio a ela) que trabalha em atendimentos de urgência. Quando chamado para a cena de um acidente ou para uma emergência, o socorrista avalia a condição do paciente e fornece cuidados essenciais, que podem salvar vidas. São treinados para lidar com ferimentos leves, como cortes e fraturas, e também condições críticas de saúde, como paradas cardíacas ou derrames.

RENDA
Socorrista de nível técnico ★★★★★
Socorrista de nível superior ★★★★★

PERFIL DO SETOR
Vagas para profissionais de níveis diversos, em serviços de emergência em hospitais até organizações de resposta rápida, como o Samu • Salários de acordo com a formação

PLANO DE CARREIRA

A atuação do socorrista envolve profissionais de diversas áreas de formação. Para alcançar cargos de maior responsabilidade e com melhor remuneração, é necessário realizar cursos a fim de passar de um nível técnico para o superior, por exemplo, ou realizar especializações e aperfeiçoamentos depois de formado.

NÍVEL MÉDIO E/OU TÉCNICO Alguns exemplos são condutor-socorrista e técnico em enfermagem.

NÍVEL SUPERIOR Alguns exemplos são médico, enfermeiro e fisioterapeuta.

TÉCNICO EM ENFERMAGEM Esse auxiliar precisa ter conhecimento de todos os equipamentos, materiais e medicamentos em uma ambulância e realizar sua manutenção básica. Para isso, faz uma verificação diária desses recursos de acordo com padrões preestabelecidos e deve manter a unidade de atendimento em condições adequadas de limpeza e conservação.

SOCORRISTA Geralmente atua em hospitais e no Serviço de Atendimento Móvel de Urgência (Samu). A responsabilidade é definida de acordo com o nível de formação, e as tarefas, pelo perfil do cargo (intervencionista ou de regulação).

HABILIDADES REQUERIDAS

Capacidade de trabalho em equipe para colaborar com outros profissionais de saúde em situações de emergência.

Forte liderança e capacidade de organização para orientar membros da equipe em situações de crise.

Compaixão e empatia, oferecendo apoio emocional aos pacientes e a suas famílias.

Raciocínio rápido e capacidade de tomar decisões, a fim de atender emergências com eficácia.

Confiança para realizar procedimentos de emergência com rapidez, em condições muitas vezes difíceis.

Alto nível de aptidão física, para utilizar dispositivos de elevação de pacientes e outros equipamentos de segurança.

ENFERMEIRO INTERVENCIONISTA Suas principais atribuições são supervisionar as ações da equipe no atendimento, fazer prescrições médicas e prestar cuidados de enfermagem mais complexos a pacientes graves e com risco de vida.

MÉDICO REGULADOR Decide o tipo de ajuda a ser prestado com base em um interrogatório sistematizado para avaliar a gravidade da situação. Ele decide, por exemplo, se é preciso enviar uma ambulância ou encaminhar a vítima a um hospital.

RESUMO

INTERESSES Saúde e medicina
• Biologia • Química • Física
• Matemática • Ajudar e cuidar de pessoas

QUALIFICAÇÕES NECESSÁRIAS
Ensino médio ou superior.

ESTILO DE VIDA Precisa ter disponibilidade para atender a emergências durante a noite, bem como em finais de semana e feriados.

LOCAL Geralmente, em hospitais, nas equipes do Samu, em serviços de atendimento emergencial em rodovias e em empresas privadas de remoção de pacientes.

REALIDADE O trabalho é fisicamente difícil e pode ser emocionalmente desgastante. Pode ser angustiante permanecer em locais de acidentes. É preciso manter a calma e o foco.

▼ **ATIVIDADES RELACIONADAS**

▶ **BOMBEIRO MILITAR** *ver pp. 248-249*

▶ **MÉDICO** *ver pp. 276-277*

▶ **ENFERMEIRO** *ver pp. 278-279*

▶ **OBSTETRIZ** *ver pp. 280-281*

SERVIÇO SOCIAL E ENSINO

O foco desse setor é melhorar a vida de pessoas, famílias, grupos e da sociedade em geral, oferecendo formação, desenvolvimento e apoio. Se você gosta desse perfil de atividade e tem boas habilidades interpessoais, esta pode ser a área certa.

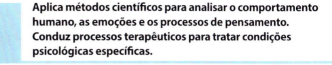

PSICÓLOGO
Página 254

Aplica métodos científicos para analisar o comportamento humano, as emoções e os processos de pensamento. Conduz processos terapêuticos para tratar condições psicológicas específicas.

COACH
Página 256

Usando conhecimento especializado e habilidades interpessoais, o coach auxilia seus clientes a estabelecerem um foco e, assim, alcançarem objetivos pessoais e profissionais.

ASSISTENTE SOCIAL
Página 258

Trabalhando diretamente com hospitais, escolas e prisões, o assistente social oferece ajuda, apoio e aconselhamento durante tempos difíceis.

ASSISTENTE SOCIAL PARA JOVENS
Página 260

Ajuda jovens a alcançarem seu potencial. Promove atividades diversas para crianças e adolescentes e oferece conselhos e apoio.

GESTOR DE LAR PARA IDOSOS
Página 262

Trabalha para que os residentes da terceira idade recebam os cuidados necessários em um ambiente sadio e acolhedor.

CUIDADOR DE CRECHE
Página 264

Cuida de bebês e crianças pequenas, proporcionando bem-estar e ajudando-os a desenvolverem habilidades fundamentais.

PROFESSOR DE ENSINO FUNDAMENTAL
Página 266

A fim de oferecer às crianças uma boa educação inicial e incentivar seu desenvolvimento social, o professor de ensino fundamental trabalha para tornar o aprendizado divertido e envolvente.

PROFESSOR DE ENSINO MÉDIO
Página 268

Com excelente habilidade de comunicação, compreensão e bom senso de humor, o professor de ensino médio usa seu conhecimento dos assuntos para educar e inspirar os alunos.

PROFESSOR UNIVERSITÁRIO
Página 270

Trabalhando em faculdades, universidades e centros universitários, este profissional dá aulas em cursos de graduação e pós-graduação, além de realizar pesquisa acadêmica na especialização escolhida.

BIBLIOTECÁRIO
Página 272

Apaixonado pelo conhecimento, o bibliotecário cataloga, armazena e recupera informações em bibliotecas públicas, escolas e universidades, lidando cada vez mais com acervos on-line.

PSICÓLOGO

DESCRIÇÃO DO TRABALHO

Os psicólogos aplicam métodos científicos para analisar e explicar o comportamento humano. Usam essa compreensão para ajudar pessoas a superar problemas de saúde mental ou para moldar a forma como organizamos áreas da sociedade – por exemplo, as maneiras de ensinar e a forma como as pessoas são tratadas em hospitais e prisões. Algumas áreas requerem formação especial.

RENDA
Psicólogo iniciante ★★★★★
Psicólogo experiente ★★★★★

PERFIL DO SETOR
Setor amplo • Demanda crescente com o aumento de áreas de especialização • A maioria dos postos de trabalho está disponível em recursos humanos, saúde, educação e serviço social

RESUMO

INTERESSES Psicologia • Biologia • Matemática (especialmente estatística) • Ajuda e cuidado de pessoas

QUALIFICAÇÕES NECESSÁRIAS
É preciso ter formação superior, além de uma licença para exercer a profissão.

ESTILO DE VIDA Dependendo da especialidade, os psicólogos trabalham em horário convencional. Se atuarem em um hospital, podem trabalhar em turnos.

LOCAL Psicólogos costumam atender pessoalmente, em consultório, mas alguns trabalham de casa, em clínicas ou outras instituições.

REALIDADE O trabalho pode ser emocionalmente estressante. Em algumas áreas, o psicólogo pode ter que ficar de plantão por longos períodos.

PLANO E CARREIRA

É preciso ter formação superior e registro no Conselho Regional de Psicologia. Com experiência profissional relevante, você poderá se especializar em uma área, de psicologia clínica a psicologia organizacional.

GRADUAÇÃO Com o diploma de psicologia, você poderá trabalhar em muitos ambientes nas áreas de educação, reabilitação ou saúde.

PÓS-GRADUAÇÃO Muitas vezes, os psicólogos que possuem mestrado e doutorado seguem carreiras acadêmicas.

HABILIDADES REQUERIDAS

 Excelente comunicação verbal e escrita, bem como capacidade de ouvir os pacientes com atenção.

 Capacidade de trabalhar com outros profissionais de saúde para garantir o bem-estar dos pacientes.

 Interesse em ciências e compromisso com a formação continuada.

 Capacidade de se relacionar com pessoas e manter a calma com pacientes que podem estar em dificuldades.

 Capacidade de resolver problemas e tomar decisões, bem como disciplina para seguir diretrizes preestabelecidas.

▼ ATIVIDADES RELACIONADAS

▶ **COACH** ver pp. 256-257

▶ **ASSISTENTE SOCIAL** ver pp. 258-259

▶ **FONOAUDIÓLOGO** ver pp. 290-291

▶ **ORIENTADOR VOCACIONAL** Trabalha com adultos e crianças, ajudando a fazer escolhas sobre suas futuras carreiras. Fornece informações e orientação sobre as oportunidades de aprendizagem e de trabalho disponíveis.

Há uma demanda crescente por terapia on-line por meio de aplicativos de mensagens, chamadas de voz e vídeo.

PSICÓLOGO Depois de formado, você pode buscar uma especialização em uma área específica, o que pode levar a uma série de trabalhos diferentes.

PSICÓLOGO ESCOLAR Lida com famílias e escolas, ajudando a superar dificuldades comportamentais e de aprendizagem em crianças e jovens.

PSICÓLOGO ESPECIALIZADO EM PERDAS E LUTO Ajuda pessoas a lidar com a perda de entes queridos.

PSICÓLOGO ORGANIZACIONAL Analisa o ambiente de trabalho e sugere formas de melhorar o bem-estar pessoal e a produtividade.

PSICÓLOGO FORENSE Entrevista e observa infratores, identificando padrões comportamentais e determinando a responsabilidade do indivíduo sobre seus atos, de modo que a melhor decisão em um julgamento seja tomada.

PSICÓLOGO CLÍNICO Avalia e trata transtornos mentais, emocionais e comportamentais em pacientes.

PSICÓLOGO ESPORTIVO Ajuda atletas e equipes esportivas a superar barreiras psicológicas que influem em seu desempenho.

COACH

DESCRIÇÃO DO TRABALHO

As pessoas podem procurar a ajuda de um coach, ou conselheiro, quando enfrentam acontecimentos difíceis na vida ou têm dificuldade de lidar com tarefas diárias. Por meio de ações para aumentar a confiança dos clientes, os coachs criam um lugar seguro, ajudando-os a fazer escolhas que levem a mudanças positivas em suas vidas. Um coach deve ser ético e sigiloso com as informações dos clientes. Além disso, pode usar diferentes estilos de aconselhamento.

RENDA
Coach iniciante ★★☆☆☆
Coach renomado ★★★☆☆

PERFIL DO SETOR
Oportunidades de emprego em vários cenários, de empresas a escolas • Demanda crescente por atendimento a dependentes químicos • Concorrência forte por empregos

PLANO DE CARREIRA

A maturidade e a experiência são úteis, por isso muitas pessoas escolhem esta atividade quando já estão mais velhas. É importante ter formação superior e vivência no mundo corporativo.

COACH FINANCEIRO Tem como foco a obtenção de bons resultados em finanças empresariais e pessoais.

VIVÊNCIA PROFISSIONAL
O coach não precisa ter uma formação específica, mas muitos dos profissionais que se destacam são os que possuem uma experiência prévia e consistente na área corporativa, o que muitas vezes significa ter passado por cargos seniores e cursos de pós-graduação na área em que vai atuar.

TREINAMENTO Existem empresas que oferecem cursos de coaching para desenvolver a capacidade de identificar na pessoa atendida os pontos a serem aperfeiçoados.

COACH A atuação do coach em geral pode ser dividida em dois nichos: executive/business coaching e life coaching. O primeiro tem foco no desenvolvimento profissional, e o segundo, no pessoal. As duas áreas podem ter desdobramentos mais específicos, como os apresentados a seguir.

HABILIDADES REQUERIDAS

Excelente habilidade verbal, escrita e de compreensão para se comunicar bem com os clientes.

Capacidade de trabalhar com pessoas em ambientes diversos para deixá-las à vontade e o coaching obter maior eficiência.

Interesse em trabalhar com diversas organizações e com diferentes tipos de pessoas.

Alto nível de empatia e paciência e capacidade de manter uma atitude de não julgamento em relação aos outros.

Boa capacidade de organização para gerenciar um grande número de clientes simultaneamente.

Capacidade de ajudar clientes a resolver seus problemas e a encontrar maneiras de melhorar suas vidas.

RESUMO

INTERESSES Administração
- Negócios • Psicologia • Sociologia
- Biologia • Cuidados com a saúde
- Ajuda e apoio a pessoas

QUALIFICAÇÕES NECESSÁRIAS
Experiência relevante e qualidades pessoais são tão importantes quanto uma qualificação acadêmica para ser um coach.

ESTILO DE VIDA O horário de trabalho pode variar, dependendo das agendas dos clientes.

LOCAL Em escritório próprio ou no local em que o cliente mora ou trabalha. Também pode trabalhar on-line.

REALIDADE O trabalho pode ser emocionalmente exigente, porque envolve ouvir o cliente falar de situações angustiantes. A remuneração varia de acordo com a experiência.

▼ ATIVIDADES RELACIONADAS

▶ **PSICÓLOGO** ver pp. 254-255

▶ **ASSISTENTE SOCIAL** ver pp. 258-259

▶ **ORIENTADOR VOCACIONAL** Auxilia jovens e adultos na escolha de sua carreira profissional.

▶ **COACH DE VIDA** Ajuda as pessoas a alcançarem sucesso em suas vidas ao entender seus objetivos e discutir maneiras de atingir os resultados desejados.

COACH EXECUTIVO Tem como meta auxiliar executivos e empresas a aumentar a eficiência e a produtividade.

COACH DE PERFORMANCE O foco é identificar bloqueios internos da pessoa e ajudá-la a superá-los. Também conhecido como coach de desempenho.

COACH PESSOAL O coach auxilia a pessoa a identificar seus objetivos e a traçar metas para alcançá-los, o que pode envolver questões de relacionamento interpessoal e de saúde.

ASSISTENTE SOCIAL

DESCRIÇÃO DO TRABALHO

Trabalhar como assistente social pode ser gratificante para quem quer gerar mudanças positivas na vida das pessoas. Os assistentes sociais oferecem ajuda, apoio e aconselhamento a pessoas em situação de vulnerabilidade. Trabalham diretamente com escolas, hospitais e serviços de liberdade condicional, propondo maneiras pelas quais membros marginalizados da sociedade possam melhorar suas vidas.

RENDA
Assistente social iniciante ★★☆☆☆
Assistente social experiente ★★★☆☆

PERFIL DO SETOR
Demanda crescente por assistentes sociais em decorrência do envelhecimento da população • Maior parte das vagas está no setor público

RESUMO

INTERESSES Sociologia • Saúde e serviço social • Psicologia • Assistência e desenvolvimento de crianças • Ajuda e cuidado de pessoas

QUALIFICAÇÕES NECESSÁRIAS É preciso ter formação em serviço social ou área relacionada. Alguns cargos exigem mestrado e credenciamento por um órgão de regulamentação profissional.

ESTILO DE VIDA Muitos assistentes sociais trabalham em horário convencional, mas outros podem ter uma agenda não tradicional. É possível encontrar empregos de meio período.

LOCAL Embora os assistentes sociais trabalhem a maior parte do tempo em um local específico, precisam fazer visitas regulares a clientes em casa, em escolas e outros ambientes comunitários.

REALIDADE Lidar com grupos desfavorecidos da população e tomar decisões que afetarão o futuro de uma pessoa pode ser emocionalmente desafiador.

▼ ATIVIDADES RELACIONADAS

▶ **PSICÓLOGO** ver pp. 254-255

▶ **COACH** ver pp. 256-257

▶ **ASSISTENTE SOCIAL PARA JOVENS** ver pp. 260-261

▶ **TERAPEUTA OCUPACIONAL** ver pp. 292-293

▶ **ASSISTENTE SOCIAL PARA FAMÍLIAS** Trabalha com famílias em situação de risco, oferecendo apoio prático e emocional, como cuidar de crianças cujos pais estão se divorciando ou de famílias que têm algum integrante preso.

▶ **CONSELHEIRO DE DEPENDENTES QUÍMICOS** Ajuda pessoas a superar a dependência de álcool e drogas legais ou ilegais, dando conselhos práticos e encaminhando pacientes a organizações especializadas que planejam programas de recuperação e tratamento.

PLANO DE CARREIRA

Os assistentes sociais podem se especializar em muitas áreas, como falta de moradia ou educação, ou trabalhar com gestão e formação. Podem pesquisar, desenvolver e implementar programas para tratar de questões sociais.

ASSISTENTE SOCIAL AUXILIAR Para atuar como conselheiro residencial, assistente de saúde mental ou coordenador de programa, é preciso ter formação superior.

FORMAÇÃO A graduação em serviço social pode auxiliar o interessado a formular ações que promovam o bem-estar coletivo.

HABILIDADES REQUERIDAS

 Capacidade de ouvir, entender e falar com pessoas, oferecendo soluções práticas.

 Capacidade de trabalho em equipe e com organizações como polícias e escolas.

 Empatia para compreender os desafios que as pessoas enfrentam em suas vidas e para desenvolver um bom relacionamento com elas.

 Excelente capacidade de organização para manter registros precisos de vários casos e clientes.

 Capacidade para resolver problemas de forma eficiente, ajudando pessoas a terem vidas melhores e mais gratificantes.

 Tato e perseverança com pessoas que relutam em aceitar ajuda.

ASSISTENTE SOCIAL Depois de contratado por um órgão ou uma empresa, você vai lidar com um grupo de casos enquanto continua a se desenvolver como profissional. A partir daí, poderá escolher uma área para se especializar.

ASSISTENTE SOCIAL DE SAÚDE MENTAL Trabalha com profissionais de saúde e agências de serviço social, fornecendo terapia e serviços relacionados à comunidade para pessoas com deficiência mental.

ASSISTENTE SOCIAL NO SISTEMA DE SAÚDE Oferece apoio a pacientes internados por muito tempo. Também ajuda aposentados por invalidez e pessoas que estão lidando com alguma deficiência.

ASSISTENTE SOCIAL DE CRIANÇAS Oferece apoio a crianças e famílias em situação de risco ou que têm problemas com a lei. Pode trabalhar com adoção ou em orfanatos.

ASSISTENTE SOCIAL EM ESCOLA Oferece apoio a famílias, garantindo que as crianças frequentem a escola e atinjam seu pleno potencial.

ASSISTENTE SOCIAL PARA JOVENS

DESCRIÇÃO DO TRABALHO

Esses assistentes ajudam e amparam jovens – muitas vezes em situação de vulnerabilidade ou com histórico de risco – a fim de melhorar seu desenvolvimento pessoal e social. Agem como mentores ou conselheiros, organizam atividades ou comandam centros de acolhimento. Podem se especializar no trabalho com jovens de uma região ou com necessidades específicas e são contratados por instituições religiosas ou governamentais.

RENDA
Assist. social para jovens iniciante ★★★★★
Assist. social para jovens experiente ★★★★★

PERFIL DO SETOR
Aumento nas oportunidades de emprego • A maioria dos empregos está no setor público, mas também há trabalho em organizações sem fins lucrativos e de voluntariado

RESUMO

INTERESSES Serviço social • Sociologia • Psicologia • Educação física • Idiomas • Esportes coletivos • Artes • Música

QUALIFICAÇÕES NECESSÁRIAS É preciso ter formação superior em serviço social.

ESTILO DE VIDA O horário de trabalho pode variar, incluindo noites e finais de semana. Existem vagas de meio período e é possível trabalhar como autônomo.

LOCAL A maioria dos assistentes trabalha em escritório, mas muitos visitam pessoas em suas casas, na escola, na comunidade ou na prisão.

REALIDADE Trabalhar com jovens desfavorecidos exige resistência e pode envolver conflitos ou ameaças à segurança pessoal.

PLANO DE CARREIRA

A maioria dos assistentes tem formação, e há muitos cursos disponíveis, tanto na educação formal como no ensino profissionalizante, que permitem ao estudante ganhar experiência prática enquanto aprende. Com experiência, você pode se especializar em diversas áreas e se candidatar a vagas de sênior e de gestão.

ASSISTENTE SOCIAL AUXILIAR PARA JOVENS Você pode trabalhar como voluntário em um órgão governamental ou sem fins lucrativos. A partir daí, pode estudar para conseguir formação superior.

FORMAÇÃO É preciso ter formação em serviço social ou uma área correlata.

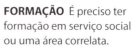

▼ ATIVIDADES RELACIONADAS

▶ **ASSISTENTE SOCIAL** ver pp. 258-259

▶ **COACH** Ajuda as pessoas a descobrir e atingir seus objetivos.

▶ **ASSISTENTE SOCIAL PARA FAMÍLIAS** Trabalha com famílias em situação de risco, oferecendo apoio prático e emocional, como cuidar de crianças cujos pais estão se divorciando ou de famílias que têm algum integrante preso.

▶ **GERENTE DE ABRIGO** Trabalha em associações de habitação social e em projetos de centros de reabilitação, prestando aconselhamento e apoio aos residentes e grupos vulneráveis, como pessoas sem-teto, refugiados, pessoas pertecentes a minorias, ex-presidiários ou pessoas com deficiência.

HABILIDADES REQUERIDAS

 Excelentes habilidades interpessoais e maturidade emocional para se relacionar com jovens e seus problemas.

 Capacidade de trabalhar com outros profissionais, como policiais, professores e funcionários da Justiça.

 Criatividade para organizar atividades que desenvolvam autoestima e habilidades pessoais.

 Boa habilidade escrita e verbal a fim de produzir relatórios para grupos de financiamento, de regulamentação ou da comunidade.

Forte capacidade de autogestão para lidar com uma série de casos diferentes ao mesmo tempo.

ASSISTENTE DE DEPENDENTES QUÍMICOS Oferece apoio a pessoas que querem superar a dependência química em álcool e drogas legais ou ilegais. Também encaminha pacientes para outros profissionais, como assistentes sociais, a fim de planejar um programa de recuperação e tratamento.

ASSISTENTE SOCIAL PARA JOVENS Você pode trabalhar com adolescentes e jovens adultos em áreas onde há poucas oportunidades e altos índices de desemprego. Com experiência, pode ser promovido a um cargo de gestão.

CONSELHEIRO DE ESTUDANTES Oferece apoio e terapia estruturada para ajudar jovens a superar problemas emocionais e sociais que possam afetar seus estudos. Normalmente trabalha em um departamento de apoio a estudantes dentro de uma escola ou faculdade.

LÍDER DE CENTRO COMUNITÁRIO PARA JOVENS Organiza atividades como esportes, artes e teatro, entre outras, em centros comunitários ou religiosos. Também desenvolve projetos que ajudam os jovens a lidar com questões como bullying ou abuso de drogas.

GESTOR DE LAR PARA IDOSOS

DESCRIÇÃO DO TRABALHO

Os gestores supervisionam o dia a dia de um lar para idosos para garantir a qualidade e a eficiência do atendimento. Lideram a equipe e trabalham pelo sucesso do negócio, além de planejarem ações, coordenarem a assistência médica e prestarem apoio aos residentes.

RENDA
Gestor de lar para idosos iniciante ★★★★★
Gestor de lar para idosos experiente ★★★★★

PERFIL DO SETOR
Alta demanda por gestores qualificados em muitos países, em razão do envelhecimento populacional
• Empregos nos setores público, privado, sem fins lucrativos e de voluntariado

▼ ATIVIDADES RELACIONADAS

▶ **ASSISTENTE SOCIAL** ver pp. 258-259

▶ **ENFERMEIRO** ver pp. 278-279

▶ **ZELADOR DE ALOJAMENTO** Gerencia a rotina diária de alojamentos, albergues e residências estudantis.

▶ **CUIDADOR ASSISTENTE** Presta apoio a profissionais de saúde em hospitais, asilos, abrigos e outros locais.

▶ **ENFERMEIRO DOMICILIAR** Visita a casa de pacientes que requerem cuidados como monitoramento contínuo de saúde, administração de medicamentos e cuidados pós-cirúrgicos.

O IBGE estima que a população brasileira acima de 60 anos vai triplicar nos próximos vinte anos.

RESUMO

INTERESSES Cuidados com a saúde • Sociologia • Psicologia • Biologia • Física • Química • Estudos empresariais • Finanças

QUALIFICAÇÕES NECESSÁRIAS É preciso ter formação reconhecida em área correlata, como enfermagem e assistência social.

ESTILO DE VIDA O trabalho pode ser realizado em turnos para que os pacientes recebam cuidados 24 horas por dia.

LOCAL Nas dependências do lar para idosos e em escritórios.

REALIDADE O trabalho é emocional e fisicamente exigente. Órgãos reguladores fazem inspeções, o que pode ser estressante.

PLANO DE CARREIRA

O setor de cuidados residenciais oferece boas chances de progresso na carreira. É possível se especializar no cuidado com grupos. O profissional pode trabalhar como consultor autônomo ou em cargos de gerência regional.

ASSISTENTE Após concluir o ensino médio, você pode ganhar experiência trabalhando, remuneradamente ou como voluntário, enquanto estuda.

CUIDADOR QUALIFICADO É preciso ter formação superior em serviço social, enfermagem ou área semelhante, bem como registro profissional e experiência em gestão, para se candidatar a cargos de gerência.

HABILIDADES REQUERIDAS

 Empatia, paciência e sensibilidade para trabalhar com pacientes com todo tipo de necessidades médicas.

 Resistência física e mental para gerenciar situações exigentes e angustiantes.

 Capacidade de liderança para gerenciar e motivar equipes.

 Forte capacidade de organização para supervisionar e coordenar as diversas atividades de um asilo.

 Habilidades de gerenciamento para recrutar funcionários, fazer orçamentos, realizar tarefas de marketing e angariar fundos.

GESTOR DE LAR PARA IDOSOS Cuida dos residentes, satisfazendo suas necessidades físicas, emocionais e médicas. Você pode se especializar em um tipo específico de cuidados ou assumir um cargo de gerência sênior.

GESTOR DE ABRIGO PARA CRIANÇAS Atende crianças que estão sob proteção do Estado. É preciso ter formação em serviço social.

GESTOR DE CASA DE SAÚDE Especializa-se na gestão de unidades voltadas para idosos, os quais podem ter problemas de saúde mental e física e necessidades médicas complexas.

GESTOR DE HOME CARE Trabalha para uma agência ou empresa de cuidados de saúde e bem-estar, gerenciando uma equipe de profissionais que atendem o paciente em sua própria casa.

GESTOR DE UNIDADE DE CUIDADOS PALIATIVOS Trabalha em unidades de cuidado e apoio a pacientes em estado grave ou terminal e seus familiares.

CUIDADOR DE CRECHE

DESCRIÇÃO DO TRABALHO

Este profissional é responsável por cuidar de bebês e crianças de até 6 anos de idade enquanto brincam, ajudando no desenvolvimento e no aprendizado. É responsável por proteger os pequenos e incentivar o desenvolvimento de habilidades e a socialização por meio de jogos, atividades e excursões.

RENDA
Auxiliar ★★★★★
Gestor ★★★★★

PERFIL DO SETOR
Setor com demanda em decorrência da expansão populacional • Opções de trabalho incluem trabalho autônomo

PLANO DE CARREIRA

Os cuidadores de creche podem encontrar trabalho em muitos cenários – de creches públicas e privadas a centros infantis. É preciso ter capacitação para conseguir trabalho em áreas especializadas, como o cuidado de crianças com deficiência.

CUIDADOR DE CRECHE EM HOSPITAL Trabalha com crianças hospitalizadas e usa jogos e brincadeiras para ajudá-las a lidar com doenças e tratamentos.

AUXILIAR DE CRECHE Após concluir o ensino médio, você pode encontrar emprego em creches, ampliando sua experiência enquanto continua a estudar.

FORMAÇÃO Você pode precisar de uma certificação relacionada ao cuidado infantil. Dependendo da atuação, formação em pedagogia é obrigatório.

CUIDADOR DE CRECHE É útil manter uma formação continuada, fazendo cursos em áreas como cuidado infantil. Com experiência, você pode se especializar em diferentes setores.

HABILIDADES REQUERIDAS

Perseverança e paciência para motivar crianças durante atividades lúdicas.

Excelente habilidade de comunicação para interagir com crianças, pais, outros cuidadores e funcionários da creche.

Criatividade e imaginação para planejar atividades que estimulem as crianças a aprender e brincar.

Atenção, empatia e intuição para entender as necessidades sociais e emocionais das crianças.

Boa capacidade de observação para avaliar as crianças e manter relatórios sobre seu desenvolvimento.

Boa capacidade de organização para seguir normas de saúde e segurança para garantir o bem-estar das crianças.

MONITOR DE COLÔNIA DE FÉRIAS Planeja atividades recreativas para as crianças.

CUIDADOR INFANTIL Cuida de crianças pequenas em um ambiente residencial. Geralmente trabalha na casa do cliente, cuidando de uma ou mais crianças enquanto os pais trabalham.

GESTOR DE CRECHE Supervisiona o funcionamento diário de uma creche e cuida para que seja um negócio bem-sucedido. Recruta profissionais e planeja todas as atividades educacionais.

▼ ATIVIDADES RELACIONADAS

▶ **AU PAIR** Trabalha em residências fornecendo apoio nos cuidados cotidianos com crianças. Em geral, mora com a família anfitriã.

▶ **CUIDADOR** Fornece apoio a profissionais da saúde em hospitais, lares para idosos e outros ambientes de cuidados.

▶ **ENFERMEIRO INFANTIL** Fornece cuidados e tratamentos para crianças até 18 anos, trabalhando com médicos, assistentes sociais e auxiliares de saúde.

▶ **PROFESSOR DE PRÉ-ESCOLA** Ensina crianças entre 3 e 5 anos de idade, em escolas públicas ou privadas.

▶ **AUXILIAR DE CLASSE** Auxilia em atividades de sala de aula e programas de aprendizado.

RESUMO

INTERESSES Educação • Cuidados com crianças • Psicologia • Sociologia • Artes e artesanato • Contação de histórias • Educação física

QUALIFICAÇÕES NECESSÁRIAS Ensino médio. Cursos de capacitação são úteis.

ESTILO DE VIDA Pode trabalhar em turnos, pois alguns estabelecimentos funcionam entre 6h30 e 19h30 para se encaixar à rotina de trabalho dos pais.

LOCAL Além de creches, centros de recreação e escolas de educação infantil, os cuidadores de creche podem encontrar trabalho como babás, atuando na casa da criança.

REALIDADE Trabalhar com crianças requer paciência e resistência. A remuneração inicial costuma ser baixa.

SERVIÇO SOCIAL E ENSINO

PROFESSOR DE ENSINO FUNDAMENTAL

DESCRIÇÃO DO TRABALHO

Dar aulas em escolas primárias é ideal para quem gosta de trabalhar com crianças e tem interesse em educação. É preciso ter criatividade e entusiasmo para criar atividades que ajudem os alunos a aprenderem novas habilidades e desenvolverem seus interesses. É gratificante ajudar a moldar o crescimento emocional, educacional e social de uma criança.

RENDA
Prof. de ens. fund. iniciante ★★★★★
Diretor ★★★★★

PERFIL DO SETOR
Disponibilidade em escolas públicas e privadas • Muitos empregos disponíveis em todo o mundo • O salário inicial geralmente é baixo, mas aumenta com a experiência

RESUMO

INTERESSES Trabalho com crianças • Matemática • Ciências • Artes e artesanato • Tecnologia da informação (TI) • Leitura • Escrita

QUALIFICAÇÕES NECESSÁRIAS Formação em pedagogia e, para aulas do sexto ao nono ano, licenciatura.

ESTILO DE VIDA Os professores trabalham durante longas jornadas. Eles usam o tempo fora da sala de aula para planejar atividades, conversar com pais e realizar formação complementar.

LOCAL A maioria das oportunidades está nas escolas. Alguns professores oferecem aulas particulares ou à distância, no caso da Educação para Jovens e Adultos (EJA).

REALIDADE As turmas podem ser muito grandes. O professor deve estar pronto para instruir crianças com diferentes níveis de habilidade e histórias de vida.

PLANO DE CARREIRA

Com experiência, os professores podem assumir funções de coordenação. Também podem continuar estudando e se aperfeiçoando para ocupar cargos como assistente de diretor ou diretor.

AUXILIAR DE CLASSE Você pode ganhar experiência trabalhando como auxiliar de classe. Essa é uma ótima forma de aprender a comandar uma sala de aula.

FORMAÇÃO Para o professor do ensino fundamental I é exigida formação em pedagogia. Para o do ensino fundamental II é necessária a licenciatura em áreas específicas, como matemática, por exemplo.

▼ ATIVIDADES RELACIONADAS

▶ **ASSISTENTE SOCIAL** ver pp. 258-259

▶ **CUIDADOR DE CRECHE** ver pp. 264-265

▶ **PROFESSOR DE ENSINO MÉDIO** ver pp. 268-269

▶ **APOIO TERAPÊUTICO** Realiza intervenções comportamentais individuais junto a crianças e fornece apoio às famílias.

> Pesquisas apontam que bons professores, nos primeiros anos de uma criança, podem fazer uma diferença enorme no sucesso que elas têm na vida.

HABILIDADES REQUERIDAS

 Boa capacidade de comunicação, a fim de transmitir informações com clareza e simplicidade.

 Criatividade e inovação, desenvolvendo atividades que inspirem e eduquem.

 Flexibilidade e adaptabilidade para responder a diferentes necessidades e situações.

 Boa capacidade de trabalho em equipe e socialização, para interagir diariamente com colegas e pais.

 Capacidade de resolver vários tipos de problemas, acadêmicos e sociais.

 Bom senso de humor e paciência com crianças em sala de aula.

DIRETOR Dirige a escola, liderando e gerenciando o trabalho de professores e utilizando os recursos da escola de forma eficaz.

PROFESSOR DE ENSINO FUNDAMENTAL Cuida das aulas que lhe são designadas. Pode se especializar em uma disciplina específica e supervisionar o ensino dessa disciplina em toda a escola.

PROFESSOR DE ALUNOS COM DEFICIÊNCIA Trabalha com crianças com necessidades educativas especiais. É preciso ter formação adicional.

PROFESSOR DE IDIOMAS Ensina diferentes idiomas aos alunos. Precisa ter formação especializada no idioma em questão.

PROFESSOR PARTICULAR Oferece aulas individuais aos alunos para melhorar seu desempenho em uma disciplina específica ou durante a preparação para uma prova.

PROFESSOR DE ENSINO MÉDIO

DESCRIÇÃO DO TRABALHO

Os professores de ensino médio preparam e ensinam jovens e ajudam a moldar seus interesses e a desenvolver suas opções de carreira no futuro. Muitas vezes se especializam em uma ou duas disciplinas do currículo. Também podem trabalhar como mentores, oferecendo apoio à aprendizagem dos estudantes.

$E = mc^2$

RENDA
Prof. de ensino médio iniciante ★★★★★
Diretor ★★★★★

PERFIL DO SETOR
Mais oportunidades com a aposentadoria dos mais velhos • Professores em cargos de liderança ganham mais • Vagas para trabalhar meio período • Demanda para aulas particulares

PLANO DE CARREIRA

Professores usam a grade curricular para preparar os alunos em diversas habilidades que serão necessárias depois do ensino médio e no mercado de trabalho. Também têm contato com pais e com os administradores da escola. Com experiência e treinamento, podem assumir cargos de coordenação ou de direção.

AUXILIAR PEDAGÓGICO
A opção de trabalhar como auxiliar pedagógico ajuda a ganhar experiência no dia a dia com os alunos.

FORMAÇÃO Os cursos de licenciatura habilitam o profissional a atuar no ensino médio, em disciplinas como química e física, por exemplo.

COORDENADOR PEDAGÓGICO Atende individualmente os professores e acompanha a evolução das produções dos alunos, considerando as especificidades do ensino médio.

PROFESSOR DE ENSINO MÉDIO
Ensina alunos entre 15 e 18 anos de idade, em uma ou duas disciplinas. Capacita os alunos em habilidades diversas.

HABILIDADES REQUERIDAS

Excelentes habilidades de comunicação e domínio completo do conteúdo da disciplina que ensina.

Criatividade para planejar aulas estimulantes e para inspirar e motivar alunos.

Capacidade de lidar com comportamento indisciplinado.

Grande habilidade de organização e gestão do tempo, para preparar e ministrar aulas.

Flexibilidade no estilo de ensino e capacidade de se adaptar às necessidades individuais dos alunos.

ANALISTA PEDAGÓGICO Elabora propostas de atividades interdisciplinares para projetos educativos.

DIRETOR Supervisiona a gestão da escola. Gerencia a equipe e toma decisões estratégicas sobre as necessidades da escola e as restrições orçamentárias.

PROFESSOR PARTICULAR Dá aulas particulares para alunos que precisam de apoio extra ou durante a preparação para provas. Os horários são flexíveis.

RESUMO

INTERESSES Ensino • Trabalho com jovens • Resolução de problemas • Psicologia

QUALIFICAÇÕES NECESSÁRIAS É preciso ter licenciatura.

ESTILO DE VIDA O trabalho é realizado durante o ano letivo. Fora do horário escolar, o professor pode planejar aulas e provas e cuidar da própria formação.

LOCAL A maioria das oportunidades está nas escolas. Alguns professores oferecem aulas particulares ou à distância.

REALIDADE Pode ser preciso lidar com longas jornadas, alunos indisciplinados, pais e responsáveis, e trabalhar à noite.

▼ ATIVIDADES RELACIONADAS

▶ **PROFESSOR DE ENSINO FUNDAMENTAL** *ver pp. 266-267*

▶ **PROFESSOR UNIVERSITÁRIO** *ver pp. 270-271*

▶ **PROFESSOR DE JOVENS E ADULTOS** Trabalha com alunos que não tiveram a oportunidade de iniciar ou concluir os ensinos fundamental ou médio na idade adequada.

▶ **ORIENTADOR VOCACIONAL** Ajuda crianças e adultos a fazerem escolhas a respeito de suas carreiras profissionais.

▶ **ASSISTENTE EDUCACIONAL EM MUSEU** Acompanha grupos de crianças e jovens em visitas a museus ou galerias de arte e fornece informações sobre as exposições.

▶ **MENTOR DE ESTUDOS** Fornece apoio a estudantes que precisam de ajuda extra para superar barreiras de aprendizado.

PROFESSOR UNIVERSITÁRIO

DESCRIÇÃO DO TRABALHO

Se você é apaixonado por uma determinada disciplina e está interessado em ensinar, pode ser bem-sucedido como professor universitário. Esses professores ministram cursos de formação, em graduação e pós-graduação. Podem combinar o ensino com a realização de pesquisas na área.

RENDA
Professor assistente ★★★★★
Reitor ★★★★★

PERFIL DO SETOR
Oportunidade crescente de empregos em educação a distância • Alta no número de vagas temporárias

RESUMO

INTERESSES Ensino • Artigos acadêmicos • Planejamento e resolução de problemas • Leitura e pesquisa na área escolhida

QUALIFICAÇÕES NECESSÁRIAS Geralmente é preciso ter formação avançada, embora um mestrado possa ser suficiente para algumas posições em algumas faculdades.

ESTILO DE VIDA As jornadas são longas, mas os horários são flexíveis. Pode ser necessário estender o horário de trabalho para realizar pesquisas ou dar palestras. Há vagas de meio período.

LOCAL Em geral, faculdades e universidades. Pesquisas e trabalho de campo podem envolver viagens ao exterior. O profissional pode tirar períodos sabáticos.

REALIDADE Tarefas administrativas podem tomar muito tempo. A concorrência por cargos acadêmicos mais elevados é grande. Há pressão para publicação constante de artigos.

▼ ATIVIDADES RELACIONADAS

▶ **PROFESSOR DE ENSINO MÉDIO** ver pp. 268-269

▶ **BIBLIOTECÁRIO** ver pp. 272-273

▶ **PROFESSOR DE ENSINO À DISTÂNCIA** Ensina e oferece apoio remoto a estudantes (ocasionalmente, realiza seminários em centros de estudos universitários e cursos de férias). Comenta trabalhos feitos pelos estudantes, ajuda-os a entender o material e prepara provas e avaliações de fim de módulo.

▶ **PESQUISADOR INDEPENDENTE** Ocupa um cargo de pesquisador ou recebe bolsa de um conselho nacional ou internacional de pesquisa, uma instituição sem fins lucrativos ou uma empresa. Em geral, é preciso ter vários anos de experiência em pesquisa acadêmica.

> Muitos professores têm grande facilidade para falar em público, além de conhecimento aprofundado em uma disciplina e desejo de ensinar.

PLANO DE CARREIRA

Os professores universitários precisam ser especialistas em seu campo. O progresso na carreira depende de seu perfil acadêmico – formado em parte pela qualidade dos artigos publicados em seu nome – e de sua habilidade de desenvolver uma rede de contatos.

FORMAÇÃO Um caminho possível é fazer pós-graduação em uma disciplina pela qual você tenha paixão. Você provavelmente vai obter alguma experiência de ensino ao longo do curso.

PROFISSIONAL DO SETOR Com experiência acadêmica e profissional, você pode dar aulas de finanças ou gestão de negócios, por exemplo.

HABILIDADES REQUERIDAS

 Conhecimento aprofundado e proficiência em uma área de especialização escolhida.

 Excelente habilidade de comunicação para dar aulas e palestras presenciais ou on-line.

 Boa capacidade de liderança e gestão para dirigir equipes de pesquisa.

 Boa capacidade de organização a fim de conciliar responsabilidades de ensino, tarefas administrativas e pesquisa.

 Alto nível de perseverança e dedicação para completar projetos de pesquisa dentro do padrão exigido para publicações.

MESTRADO E DOUTORADO Um programa de mestrado dura cerca de dois anos e meio e envolve elaborar uma dissertação. O de doutorado pode durar cinco anos e inclui escrever uma tese.

PROFESSOR ASSISTENTE É preciso ter mestrado. Dá palestras e seminários enquanto realiza pesquisas e publica artigos. Pode assumir tarefas departamentais.

PROFESSOR ADJUNTO É preciso ter doutorado. Dá aulas, publica trabalhos em revistas acadêmicas e assume outras funções no departamento.

PROFESSOR ASSOCIADO Lidera a produção de pesquisa dentro do seu departamento e se concentra principalmente em atividades acadêmicas.

REITOR Dirige o ensino e a pesquisa de uma instituição, além de cuidar de questões de financiamento e gestão.

BIBLIOTECÁRIO

DESCRIÇÃO DO TRABALHO

Organiza e gerencia coleções de livros, jornais, revistas, documentos eletrônicos, entre outros. Algumas coleções estão disponíveis para o público, enquanto outras são de propriedade de faculdades, museus ou instituições como hospitais e escritórios de advocacia. Os bibliotecários selecionam, compram e catalogam livros e outros documentos para que possam ser localizados por pessoas que buscam informação.

RENDA
Assistente de biblioteca ★★★★★
Bibliotecário sênior ★★★★★

PERFIL DO SETOR
O uso crescente de recursos eletrônicos deve levar ao aumento na demanda por cargos em bibliotecas de pesquisa para auxiliar a busca em bancos de dados digitais.

PLANO DE CARREIRA

É preciso ter formação em biblioteconomia. As bibliotecas podem incluir coleções pequenas, locais, para crianças, ou vastas coleções de documentos médicos, técnicos ou históricos. Sua progressão na carreira depende de sua formação e da área em que você optar por se especializar.

ASSISTENTE DE BIBLIOTECA É um bom cargo para ganhar experiência. Seus deveres incluem receber e emprestar materiais para os clientes, organizar e reabastecer estantes com livros devolvidos e responder a dúvidas. Para progredir é preciso ter formação acadêmica.

FORMAÇÃO O ideal para ingressar nessa carreira é ter formação em biblioteconomia e continuar se aprimorando com cursos de pós-graduação, como ciência da informação.

BIBLIOTECÁRIO DE BIBLIOTECA PÚBLICA Ajuda usuários com pesquisas e organiza coleções que atendem às necessidades da comunidade local. Muitas vezes age como organizador de eventos locais e atividades culturais.

BIBLIOTECÁRIO Bibliotecários experientes têm um profundo conhecimento das coleções que gerenciam e são pesquisadores habilidosos. Podem trabalhar em bibliotecas locais ou regionais. Em cargos de alto escalão, podem gerenciar grandes bibliotecas universitárias ou coleções nacionais.

HABILIDADES REQUERIDAS

 Capacidade de interpretar as necessidades dos usuários e indicar os recursos desejados.

 Excelente capacidade de organização para fazer a manutenção de catálogos extensos e gerenciar equipes.

 Paciência para lidar com solicitações de usuários da biblioteca e rastrear itens de difícil classificação.

 Raciocínio analítico para desenvolver ou reformular sistemas, procedimentos e fluxos de trabalho.

 Bons conhecimentos de informática para ajudar com pesquisas on-line e continuar atualizado sobre novas tecnologias.

 Grande capacidade de trabalho em equipe para interagir com funcionários, voluntários e com a comunidade.

▼ ATIVIDADES RELACIONADAS

▶ **EDITOR** ver pp. 56-57

▶ **PROFESSOR DO ENSINO MÉDIO** ver pp. 268-269

▶ **ARQUIVISTA** Armazena e mantém materiais que registram a cultura, a história e as realizações de indivíduos ou grupos de pessoas. Esses materiais podem incluir cartas, fotografias, mapas, livros e objetos.

▶ **LIVREIRO** Compra livros de editoras ou distribuidoras e os revende para os clientes. Ajuda os clientes a encontrarem livros raros.

▶ **CIENTISTA DA INFORMAÇÃO** Coleta, armazena, cataloga e distribui informações impressas e digitais dentro de uma organização. A maioria trabalha em empresas científicas, técnicas ou de pesquisa.

 BIBLIOTECÁRIO ACADÊMICO Trabalha no ensino superior e em institutos de pesquisa, fornecendo suporte especializado a estudantes, professores e pesquisadores.

 BIBLIOTECÁRIO DE FONOTECA Gerencia uma coleção de partituras musicais, livros e gravações. Bibliotecas de áudio existem em universidades, arquivos nacionais e gravadoras.

 BIBLIOTECÁRIO DE INFORMAÇÕES MÉDICAS Atende médicos, enfermeiros e famílias, gerenciando documentos sobre ensaios clínicos, tratamentos e procedimentos médicos.

RESUMO

 INTERESSES Escrita • Literatura • Leitura • Pesquisa • Serviço público • Ciências • História • Tecnologia da informação (TI)

 QUALIFICAÇÕES NECESSÁRIAS É preciso ter mestrado em ciência da informação para ser um bibliotecário pleno.

 ESTILO DE VIDA Algumas bibliotecas ficam abertas até tarde e aos finais de semana ou abrigam projetos destinados à comunidade, exigindo trabalho além do horário convencional.

 LOCAL Os bibliotecários passam a maior parte do tempo dentro do prédio da biblioteca, que pode estar localizado em uma escola, faculdade, hospital ou instituição acadêmica.

 REALIDADE Usuários de biblioteca podem ser difíceis de lidar, mas ajudar as pessoas a encontrarem informações importantes pode ser gratificante.

SAÚDE E MEDICINA

O setor de cuidados com a saúde tem várias oportunidades de trabalho, dentro e fora dos hospitais. Se você tem interesse em promover a saúde e o bem-estar, além de aptidão para ciências e tecnologia, este pode ser o setor certo.

275

MÉDICO
Página 276

Usa sua competência e sua experiência para diagnosticar doenças e lesões, bem como prescrever tratamentos para proteger a nossa saúde.

ENFERMEIRO
Página 278

Prestando apoio a médicos e outros profissionais de saúde, o enfermeiro oferece cuidado prático e tratamento a pacientes em diversos cenários, de hospitais a centros de saúde.

OBSTETRIZ
Página 280

Cuida de mulheres grávidas e seus bebês, desempenhando o papel vital de trazer novas vidas ao mundo.

DENTISTA
Página 282

De promover a higiene dental a realizar cirurgias orais reconstrutivas, o dentista usa uma gama de tratamentos para dentes e gengivas, cuidando da saúde bucal.

FARMACÊUTICO
Página 284

Utiliza seus conhecimentos sobre a composição e a aplicação de medicamentos para garantir que o tratamento de pacientes seja feito de forma eficiente e segura.

RADIOLOGISTA
Página 286

Usando equipamentos de raios X, os radiologistas criam imagens internas detalhadas do corpo humano para fins de diagnóstico ou realizam tratamento com radiação para tumores ou problemas nos tecidos.

FISIOTERAPEUTA
Página 288

Especialista em técnicas de massagem, programas de exercícios e terapias complementares, ajuda pacientes durante a reabilitação física após lesões ou doenças.

FONOAUDIÓLOGO
Página 290

Trabalha com pacientes para ajudar a tratar ou superar problemas de fala causados por traumas ou presentes desde o nascimento.

TERAPEUTA OCUPACIONAL
Página 292

Trabalha em hospitais ou clínicas, oferecendo aconselhamento e ajuda prática em tarefas diárias a pessoas com necessidades especiais em decorrência de lesões, doenças, envelhecimento ou deficiência.

OFTALMOLOGISTA
Página 294

Médico especialista que cuida da saúde dos olhos. Utiliza equipamentos especializados para testar a visão dos pacientes, bem como prescrever óculos ou lentes de contato sempre que necessário.

MÉDICO

DESCRIÇÃO DO TRABALHO

Os médicos examinam pacientes para diagnosticar doenças, lesões e outros quadros médicos, prescrevendo tratamento apropriado. Também podem aconselhar pacientes sobre como levar uma vida saudável, encaminhando-os a especialistas. Trabalham em diversos cenários, incluindo hospitais e centros de saúde, bem como nas Forças Armadas.

RENDA
Médico residente ★★★★★
Médico especialista ★★★★★

PERFIL DO SETOR
A formação é extensa, mas as perspectivas de emprego são boas • É possível se especializar em um tipo de cuidado e trabalhar de forma flexível

RESUMO

INTERESSES Medicina • Cuidado de pessoas • Física • Química • Biologia • Matemática • Psicologia • Anatomia e fisiologia • Ética

QUALIFICAÇÕES NECESSÁRIAS É preciso ter formação em medicina, seguida de residência para quem quer se especializar.

ESTILO DE VIDA Os médicos trabalham durante longas jornadas e em plantões, especialmente nos primeiros anos da carreira. Eles nunca ficam totalmente de folga.

LOCAL Os médicos podem trabalhar em hospitais, consultórios ou junto à comunidade. Alguns médicos optam por trabalhar nas Forças Armadas.

REALIDADE A profissão é competitiva e o treinamento é longo e exigente. A responsabilidade pelos pacientes faz com que o médico seja um profissional muito visado, sob intensa avaliação.

PLANO DE CARREIRA

Depois de formado, quem quer se especializar deve fazer uma residência, combinando aprendizado acadêmico e experiência prática. A residência dura cerca de três anos, dependendo da especialidade.

FORMAÇÃO O vestibular para medicina está entre os mais concorridos do país, e a graduação geralmente tem seis anos de duração.

RESIDÊNCIA Funciona como uma pós-graduação, para o médico obter o título de especialista. Conseguir uma vaga de residente pode ser mais difícil do que passar no vestibular.

HABILIDADES REQUERIDAS

Empatia para entender os problemas das pessoas, sensibilidade e capacidade de fazer com que se sintam à vontade.

Excelente habilidade de comunicação para explicar diagnósticos e tratamentos com clareza para os pacientes.

Habilidades analíticas para identificar a melhor forma de tratamento, depois de diagnosticar doenças e lesões.

Precisão e destreza para realizar tanto procedimentos médicos comuns como cirurgias complexas.

Bons conhecimentos técnicos e de informática para manter registros dos pacientes e utilizar equipamentos especializados.

▼ ATIVIDADES RELACIONADAS

▶ **PSICÓLOGO** *ver pp. 254-255*

▶ **ENFERMEIRO** *ver pp. 278-279*

▶ **QUIROPRATA** Cuida de pacientes com problemas no sistema neuro-músculo-esquelético, que inclui nervos, ossos, músculos, ligamentos e tendões.

▶ **NUTRICIONISTA** Trabalha com pacientes que têm dificuldades em manter hábitos saudáveis de alimentação ou com alergias alimentares, elaborando programas de tratamento apropriados.

▶ **MÉDICO ASSISTENTE** Ajuda os médicos a diagnosticar e tratar pacientes, registrando históricos médicos, relatando resultados de testes e compilando planos para gerenciar o tratamento de um paciente.

DIRETOR CLÍNICO Nesta função, o médico é o representante e o coordenador do corpo clínico de um hospital.

DIRETOR TÉCNICO O diretor técnico tem sob sua responsabilidade a supervisão e a coordenação de todos os serviços técnicos de um hospital.

CIRURGIÃO Trabalha com outros médicos especialistas (e pode usar equipamentos de robótica) para tratar lesões e doenças. Há muitas áreas de especialização dentro da cirurgia.

PSIQUIATRA Trabalha com pacientes que sofrem de doenças mentais, faz diagnóstico de problemas e prescreve tratamentos que podem incluir medicação e aconselhamento.

MÉDICO Ao concluir a residência, o médico está apto a atuar na área de sua especialização. Ao longo da carreira, pode assumir funções mais ligadas à gestão ou relacionadas à pesquisa.

ESPECIALISTA CLÍNICO Exerce uma área específica da medicina, como pediatria, pneumologia e radiologia, entre diversas outras especialidades.

MÉDICO PESQUISADOR Atua como cientista, realizando pesquisas para promover o progresso da medicina.

ENFERMEIRO

DESCRIÇÃO DO TRABALHO

Os enfermeiros prestam cuidado e assistência a pessoas que estão doentes, feridas ou que sofrem de problemas de saúde. Eles administram tratamentos e terapias, planejam a rotina de cuidados e prestam aconselhamento e apoio prático. É possível se especializar e trabalhar em diferentes locais, incluindo hospitais, centros de saúde, escolas e asilos, assim como em clínicas particulares.

RENDA
Auxiliar de enfermagem ★★★★★
Enfermeiro-chefe ★★★★★

PERFIL DO SETOR
A demanda deve aumentar com o envelhecimento da população e os avanços na ciência médica • Plano de carreira bem estruturado

ATIVIDADES RELACIONADAS

▶ **MÉDICO** ver pp. 276-277

▶ **OBSTETRIZ** ver pp. 280-281

▶ **ENFERMEIRO DOMICILIAR** Trabalha na casa de pacientes que precisam de cuidados como monitoramento, aplicação de medicamentos e tratamento de ferimentos pós-cirúrgicos.

No Brasil, a enfermagem reúne mais de 2,7 milhões de trabalhadores da saúde.

RESUMO

INTERESSES Biologia • Saúde e serviço social • Cuidado de pessoas • Ciências • Psicologia • Sociologia • Remédios e produtos farmacêuticos

QUALIFICAÇÕES NECESSÁRIAS É preciso ter formação em enfermagem e registro no Conselho Regional de Enfermagem (Coren).

ESTILO DE VIDA Os enfermeiros normalmente têm uma agenda regular de trabalho, que inclui turnos à noite e aos finais de semana.

LOCAL Os enfermeiros trabalham em hospitais, creches, escolas e asilos. Também podem assistir pacientes em casa.

REALIDADE O trabalho pode ser física e emocionalmente exigente. A remuneração aumenta com mais formação e responsabilidades.

PLANO DE CARREIRA

Existem diversas áreas de atuação na enfermagem (por exemplo, de saúde pública e médico-cirúrgica, entre outras especialidades). Também é possível trabalhar com ensino e em cargos de gestão.

HABILIDADES REQUERIDAS

 Boa capacidade de comunicação, para trabalhar com pessoas de origens diferentes.

 Capacidade de trabalhar em equipe em uma profissão com rotina intensa e exigente.

 Compaixão e empatia naturais para ajudar pacientes e suas famílias.

 Senso de humor para animar pacientes que sofrem de doenças difíceis.

 Força física e boa resistência para mover pacientes e equipamentos.

AUXILIAR É possível ingressar na área como auxiliar de enfermagem, após fazer um curso técnico.

FORMAÇÃO Você deve ter graduação em enfermagem. O curso tem quatro anos de duração, em média.

ENFERMEIRO Cuida do paciente, faz curativos, administra medicamentos e realiza exames de saúde. O médico depende muito do trabalho do enfermeiro.

ENFERMEIRO PEDIÁTRICO Trabalha com crianças, fornecendo cuidados de saúde em casa, em hospitais e em clínicas infantis.

ENFERMEIRO GERAL Comanda equipes de auxiliares de enfermagem no atendimento a pacientes.

ENFERMEIRO GERIÁTRICO Tem como foco o atendimento a idosos, não só em hospitais como também em clínicas, casas de repouso e hospitais.

ENFERMEIRO PSIQUIÁTRICO Ajuda pacientes em tratamento para problemas de saúde mental. Administra medicação adequada e ajuda o paciente a levar uma vida mais plena e independente.

ENFERMEIRO DO TRABALHO Presta atendimento ambulatorial em empresas. Também trabalha em programas de promoção da saúde dos funcionários.

OBSTETRIZ

DESCRIÇÃO DO TRABALHO

As profissionais do parto apoiam e protegem a saúde da futura mãe e de seu bebê durante a gravidez e o nascimento da criança, bem como durante as primeiras semanas de vida. Também podem oferecer outros serviços de saúde para mulheres, como exames e orientação sobre prescrições. Aconselham e ajudam mulheres e suas famílias em relação a questões emocionais e práticas associadas à gravidez, ao parto e ao recém-nascido.

RENDA
Obstetriz iniciante ★★☆☆☆
Obstetriz experiente ★★★☆☆

PERFIL DO SETOR
A demanda por enfermeiras obstetras pode crescer em razão do movimento para reduzir o número de cesáreas • Profissão regulamentada com vagas em hospitais e na comunidade

RESUMO

INTERESSES Saúde e bem-estar das mulheres • Saúde e serviço social • Biologia • Ciências • Matemática • Ciências sociais

QUALIFICAÇÕES NECESSÁRIAS É preciso ter formação em enfermagem, obstetrícia ou em ambas as áreas.

ESTILO DE VIDA Em razão da natureza imprevisível do parto, as profissionais trabalham em turnos ou podem ser chamadas em caso de emergência.

LOCAL Trabalham em hospitais, postos de saúde e outros estabelecimentos dessa natureza. Podem atuar na casa da paciente.

REALIDADE A gravidez e o parto podem envolver complicações e emergências médicas, o que pode ser emocionalmente estressante. O trabalho em turnos pode ser cansativo.

▼ ATIVIDADES RELACIONADAS

▶ **MÉDICO** ver pp. 276-277

▶ **ENFERMEIRO** ver pp. 278-279

▶ **ENFERMEIRO NEONATAL** Fornece cuidados de enfermagem a recém-nascidos prematuros ou doentes. Trabalha em unidades especiais nos hospitais.

▶ **ESPECIALISTA EM MEDICINA FETAL** Médico que se especializa em fazer o acompanhamento detalhado da gestante, para poder estimar riscos, diagnosticar e tratar complicações da gravidez.

▶ **ULTRASSONOGRAFISTA** Médico especializado em exame de imagem. Usa a tecnologia de ultrassom para examinar bebês em gestação, verificando seu desenvolvimento e investigando doenças.

Em regiões menos assistidas, atuam parteiras tradicionais, que aprenderam o ofício na prática.

PLANO DE CARREIRA

A obstetrícia oferece oportunidades de trabalho em diversos cenários. As profissionais podem trabalhar em hospitais, maternidades, casas de parto, postos de saúde, laboratórios de diagnósticos ou na casa de pacientes.

ENFERMEIRA Você pode se formar em enfermagem e, em seguida, se especializar em obstetrícia.

FORMAÇÃO Com formação técnica e experiência de trabalho, você poderá buscar formação em obstetrícia.

OBSTETRIZ Com formação em obstetrícia ou em enfermagem obstétrica, você poderá trabalhar em diversos lugares ou mesmo se especializar em uma área (por exemplo, pré-natal, parto e neonatal).

HABILIDADES REQUERIDAS

 Boa capacidade de comunicação para interagir com pacientes de diferentes origens.

 Habilidade para trabalhar com outros profissionais de saúde, como médicos e enfermeiros visitantes.

 Compaixão e empatia, para oferecer cuidado e sensibilidade aos futuros pais.

 Persistência, bom senso de humor e capacidade de animar pacientes e funcionários.

Força física para levantar pacientes e equipamentos e resistência para suportar longas jornadas e estresse no trabalho.

PARTEIRA DE HOSPITAL Trabalha em enfermarias de pré-natal, parto e neonatal, prestando atendimento a mulheres grávidas e mães.

PARTEIRA COMUNITÁRIA Comanda clínicas, encaminha casos para médicos quando preciso e cuida de mulheres em trabalho de parto.

PESQUISADORA Realiza estudos clínicos a fim de melhorar o cuidado com mulheres grávidas, os procedimentos utilizados no parto e o tratamento de crianças em seus primeiros meses de vida.

CONSULTORA Presta atendimento especializado em partos complexos, como cesarianas. Também pode participar de programas de pesquisa para avaliar e melhorar métodos de obstetrícia.

ORIENTADORA Pode atuar no apoio e na orientação à comunidade, inclusive dando aulas.

DENTISTA

DESCRIÇÃO DO TRABALHO

Os dentistas fazem diagnósticos e tratam dentes, gengivas e a boca, além de realizarem tratamentos cosméticos para melhorar a aparência. Também educam e aconselham os pacientes sobre técnicas de limpeza, higiene bucal e dieta para manter a saúde dental e oral. Podem trabalhar em hospitais, realizando cirurgias reconstrutivas em pacientes com lesões faciais, ou oferecer atendimento odontológico de rotina em uma clínica.

RENDA
Dentista iniciante ★★☆☆☆
Dentista experiente ★★★★☆

PERFIL DO SETOR
Boas chances de trabalho e de progressão na carreira • Crescimento contínuo da demanda por serviços odontológicos • Forte concorrência em programas de formação e residências

RESUMO

INTERESSES Medicina • Biologia • Química • Física • Anatomia • Tecnologia da informação (TI) • Saúde pública

QUALIFICAÇÕES NECESSÁRIAS É preciso ter formação em odontologia.

ESTILO DE VIDA O horário de trabalho pode ser estendido para atender à demanda dos pacientes nas clínicas.

LOCAL A maioria dos dentistas trabalha em consultórios odontológicos particulares, hospitais ou clínicas. Alguns trabalham no Exército.

REALIDADE Os dentistas podem ter de trabalhar com pacientes sem higiene ou que sofrem de doenças orais. Alguns pacientes podem ficar estressados durante o tratamento.

PLANO DE CARREIRA

A graduação em odontologia dura no mínimo quatro anos, após os quais os estudantes podem optar por diferentes especialidades.
A maioria dos dentistas trabalha de forma autônoma, como proprietário ou sócio de uma clínica. É pouco comum trabalhar alternando entre clínica geral e odontologia hospitalar.

CURSO PRÉ-VESTIBULAR Se você não tiver notas boas o suficiente para entrar na faculdade, pode fazer um curso de um ano para reforçar seus conhecimentos e tentar de novo.

GRADUAÇÃO Após a graduação, que tem duração média de cinco anos, é obrigatório obter o registro do Conselho Regional de Odontologia (CRO) para exercer a profissão.

▼ ATIVIDADES RELACIONADAS

▶ **MÉDICO** ver pp. 276-277

▶ **ENFERMEIRO** ver pp. 278-279

▶ **FARMACÊUTICO** ver pp. 284-285

▶ **OFTALMOLOGISTA** ver pp. 294-295

▶ **PERIODONTISTA** Atua na prevenção, no diagnóstico e no tratamento de problemas e doenças que atingem a gengiva, o ligamento periodontal e o osso alveolar.

▶ **TÉCNICO EM PRÓTESE DENTÁRIA** Desenha e constrói instrumentos dentários diversos para tratar dentes, substituir dentes perdidos e melhorar a aparência geral dos dentes.

HABILIDADES REQUERIDAS

 Excelentes habilidades de comunicação, para interagir com pacientes e explicar tratamentos.

 Forte habilidade de liderança para recrutar, formar e gerenciar uma equipe de odontologia.

 Bom relacionamento interpessoal para compreender os problemas dos pacientes e fazer com que eles se sintam à vontade.

 Habilidade manual para realizar procedimentos complexos com a ajuda de instrumentos.

Atenção a detalhes e precisão para garantir que os tratamentos sejam administrados corretamente.

 **ORTODONTISTA** Corrige o alinhamento anormal dos dentes e maxilares, usando instrumentos como aparelhos dentários e espaçadores.

 CIRURGIÃO BUCOMAXILOFACIAL Realiza cirurgia reconstrutiva em pacientes que sofrem de problemas na boca, nos dentes, na mandíbula ou no rosto, como lábio leporino, ferimentos provenientes de acidentes ou câncer.

 ESPECIALISTA EM ODONTOLOGIA DO TRABALHO O dentista se especializa em atender pacientes cuja atividade profissional traga risco à saúde bucal.

 **DENTISTA** Na clínica geral, o dentista se concentra na restauração e na extração de dentes, bem como na implantação de próteses. Mas existem diversas áreas mais específicas de atuação, como as mostradas a seguir.

 DENTISTA DO SISTEMA DE SAÚDE PÚBLICA Avalia as necessidades odontológicas, aconselha sobre a prevenção de doenças dentárias e garante que os serviços atendam às necessidades do povo.

 ESPECIALISTA EM ODONTOGERIATRIA Profissional especializado em cuidar da saúde bucal do idoso.

284 SAÚDE E MEDICINA

FARMACÊUTICO

DESCRIÇÃO DO TRABALHO

Os farmacêuticos estudam a composição de medicamentos e orientam a sua fabricação. São responsáveis por fornecer esses produtos a pacientes, dentro e fora de hospitais. Também pesquisam e testam substâncias que compõem cosméticos, alimentos e produtos de higiene pessoal.

RENDA
Famacêutico iniciante ★★★★★
Famacêutico experiente ★★★★★

PERFIL DO SETOR
Boas oportunidades de emprego
• Setor em expansão devido a novos medicamentos e ao aumento da expectativa de vida, levando à maior demanda por produtos farmacêuticos

PLANO DE CARREIRA

Depois de fazer o curso superior, o farmacêutico pode escolher entre várias opções de carreira. É comum mudar de área, trabalhando na indústria, em hospitais ou em vendas. Com experiência, você pode conseguir oportunidades em gestão, consultoria, pesquisa ou treinamento.

FARMACÊUTICO CLÍNICO
Trabalha em hospitais ou clínicas, com outros médicos especialistas, assegurando que os pacientes recebam a medicação correta e que os regulamentos sobre prescrições sejam seguidos.

FARMACÊUTICO ASSISTENTE
Você pode se candidatar a uma vaga de assistente depois de um treinamento básico, mas precisará de formação para trabalhar como farmacêutico.

FORMAÇÃO Para poder exercer a profissão, você precisa fazer a graduação em farmácia – que dura em média cinco anos – e realizar estágio.

FARMACÊUTICO Você pode fazer uma pós-graduação para aumentar suas habilidades. É possível se especializar em uma área ou trabalhar com pesquisas.

HABILIDADES REQUERIDAS

 Boa capacidade de comunicação para ouvir as necessidades dos pacientes e dar instruções sobre medicamentos.

 Forte habilidade matemática para utilizar fórmulas científicas e fazer cálculos complexos.

 Habilidade de interagir de forma clara e simpática com clientes e profissionais de saúde.

 Boa habilidade analítica e compreensão científica para identificar o medicamento correto para o paciente.

 Atenção a detalhes e abordagem sistemática para garantir que os medicamentos sejam fornecidos de maneira precisa.

ESPECIALISTA EM COSMETOLOGIA Trabalha na formulação de produtos de higiene e cosméticos não só em indústrias como também em farmácias de manipulação.

ESPECIALISTA EM VENDAS E DIVULGAÇÃO O farmacêutico pode atuar na comercialização de medicamentos para hospitais e na divulgação dos produtos para clínicas e profissionais da saúde.

ESPECIALISTA EM VIGILÂNCIA SANITÁRIA Nesta área, o farmacêutico analisa e faz o controle de medicamentos. Também realiza essas funções para insumos de laboratórios e na fabricação de alimentos.

▼ ATIVIDADES RELACIONADAS

▶ **FARMACOLOGISTA** ver pp. 140-141

▶ **BIOQUÍMICO** Realiza pesquisas científicas de reações químicas que ocorrem em organismos vivos. Os bioquímicos analisam os efeitos de drogas, alimentos, alergias e doenças em células, proteínas e no DNA.

▶ **CIENTISTA DE PESQUISA BIOMÉDICA** Realiza pesquisas e testes de laboratório para investigar novos tratamentos para doenças e outros problemas de saúde.

▶ **MÉDICO HOMEOPATA** Trata problemas físicos e emocionais usando substâncias naturais para estimular processos de cura naturais do corpo.

▶ **TOXICOLOGISTA** Pesquisa o impacto de materiais tóxicos e radioativos em pessoas, animais e meio ambiente.

RESUMO

INTERESSES Medicina • Cuidados de saúde • Química • Biologia • Física • Matemática • Anatomia • Bem-estar social

QUALIFICAÇÕES NECESSÁRIAS É preciso ter formação em farmácia.

ESTILO DE VIDA O trabalho pode ser feito em tempo integral ou em meio período. Quem atua em hospitais ou em vendas pode ter de trabalhar aos finais de semana.

LOCAL Os farmacêuticos podem atuar na indústria, em laboratórios ou em contato direto com a comunidade.

REALIDADE Erros no fornecimento de medicamentos podem pôr em risco a saúde dos pacientes. Preparar e distribuir medicamentos pode ser uma tarefa repetitiva.

RADIOLOGISTA

DESCRIÇÃO DO TRABALHO

Parte vital de uma equipe hospitalar, o radiologista utiliza radiografias e ultrassom para o diagnóstico de distúrbios e lesões, como fraturas ósseas, ou o tratamento de doenças, como câncer. O radiologias combina conhecimentos em biologia humana com as habilidades técnicas para operar equipamentos sofisticados, incluindo inteligência artificial (em alguns lugares), que pode ajudar em diagnósticos precisos.

RENDA
Radiologista iniciante ★★☆☆☆
Radiologista experiente ★★★☆☆

PERFIL DO SETOR
Profissão em crescimento dentro do setor de saúde • Oportunidades nos setores público e privado • Tecnologias e técnicas em rápida mudança requerem treinamento constante

RESUMO

INTERESSES Biologia • Anatomia humana • Física • Tecnologia • Medicina • Assistência a pessoas • Resolução de problemas

QUALIFICAÇÕES NECESSÁRIAS Curso técnico em radiologia ou curso de tecnologia em radiologia.

ESTILO DE VIDA Podem atuar em turnos, dependendo do estabelecimento em que trabalham.

LOCAL Os radiologistas trabalham principalmente em hospitais ou clínicas, mas também podem atuar em indústrias.

REALIDADE Nem todos se adaptam a trabalhos em turnos, e o retorno financeiro pode ser baixo. O ambiente hospitalar é física e emocionalmente estressante.

PLANO DE CARREIRA

Na área de saúde, a profissão é dividida em duas linhas distintas: a de diagnósticos, em que o profissional utiliza tecnologias de imagem para detectar doenças e lesões, e a de terapia, na qual são utilizadas doses específicas de radiação para tratar pacientes com doenças como o câncer. O tecnólogo pode atuar no setor industrial e na área de gestão.

TÉCNICO EM RADIOLOGIA É possível ingressar na área como técnico. Neste nível de atuação, o profissional trabalha com foco na preparação dos ambientes para as atividades radiológicas.

FORMAÇÃO O curso de tecnologia em radiologia tem duração média de três anos. As opções de atuação vão além do ambiente clínico e hospitalar.

▼ ATIVIDADES RELACIONADAS

▶ **MÉDICO** *ver pp. 276-277*

▶ **PESQUISADOR** Pesquisa, desenvolve e testa equipamentos médicos e avanços em técnicas de diagnóstico.

▶ **RADIOTERAPEUTA** Trata câncer e outras doenças em pacientes por meio de tratamentos de radiação.

▶ **MÉDICO RADIOLOGISTA** Diagnostica doenças com base na interpretação de radiografias. São médicos qualificados.

HABILIDADES REQUERIDAS

 Comunicação clara e eficaz para lidar com pacientes de todas as idades e origens.

 Cuidado e consideração pelos outros, sendo gentil com os pacientes.

 Trabalho em equipe, para coordenar tratamentos de pacientes com outros profissionais de saúde.

 Talento natural para trabalhar com tecnologias complexas e equipamentos de digitalização sofisticados.

 Atenção a detalhes, para realizar bem os exames e manter um padrão elevado de assistência ao paciente.

ATUAÇÃO EM DIAGNÓSTICOS
O profissional utiliza equipamento de alta tecnologia para a etapa de diagnóstico de doenças e lesões.

ATUAÇÃO EM GESTÃO
Com experiência, o profissional pode gerenciar o processo de trabalho em todas as especialidades da radiologia e diagnóstico por imagem.

ATUAÇÃO EM TERAPIA O profissional realiza procedimentos de aplicação das radiações na radioterapia.

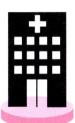

ATUAÇÃO EM INDÚSTRIA
O profissional pode atuar em empresas distribuidoras de equipamentos hospitalares.

FISIOTERAPEUTA

DESCRIÇÃO DO TRABALHO

Os fisioterapeutas têm um papel vital no tratamento de pessoas com dificuldades físicas resultantes de lesões, doenças, deficiências ou idade. A atividade envolve massagens, hidroterapia e exercícios para ajudar os pacientes a recuperarem ou controlarem sua condição. Podem trabalhar em consultórios particulares ou em hospitais, ao lado de outros especialistas, como médicos, enfermeiros, terapeutas ocupacionais e assistentes sociais.

RENDA
Fisioterapeuta iniciante ★★★★★
Fisioterapeuta experiente ★★★★★

PERFIL DO SETOR
Forte concorrência • Vagas em ambulatórios, hospitais e escolas • Demanda crescente por fisioterapeutas em virtude do envelhecimento da população

RESUMO

INTERESSES Fisioterapia • Massagem • Atividade física • Saúde e serviço social • Esportes • Biologia • Anatomia • Ciências da saúde • Psicologia

QUALIFICAÇÕES NECESSÁRIAS É preciso ter formação em fisioterapia e compromisso em continuar estudando durante toda a carreira.

ESTILO DE VIDA Os fisioterapeutas geralmente têm uma semana de trabalho convencional, embora algumas clínicas fiquem abertas à noite e aos finais de semana.

LOCAL A maioria dos fisioterapeutas trabalha em hospitais, casas de repouso, escolas e ambulatórios. Podem ter que visitar pacientes em casa.

REALIDADE Tratar pacientes ao longo de várias semanas ou meses pode ser física e mentalmente desgastante, mas é gratificante vê-los progredindo.

PLANO DE CARREIRA

Os fisioterapeutas têm várias opções de carreira. Podem trabalhar em um hospital ou escolher uma das áreas de especialidade dentro da profissão. A experiência clínica em fisioterapia pode abrir espaço para uma carreira na gestão de hospitais ou serviços de saúde, ou então no ensino. Muitos fisioterapeutas também oferecem atendimento particular.

ASSISTENTE Você pode trabalhar como assistente de um fisioterapeuta qualificado enquanto estuda para se formar.

FORMAÇÃO Antes de trabalhar, você deve fazer um curso universitário e obter o registro no Conselho Regional de Fisioterapia e Terapia Ocupacional (Crefito).

▼ **ATIVIDADES RELACIONADAS**

▶ **TERAPEUTA OCUPACIONAL** ver pp. 292-293

▶ **PERSONAL TRAINER** ver pp. 300-301

▶ **TREINADOR ESPORTIVO** Trabalha com atletas para garantir que eles treinem de maneira segura e inteligente, permitindo que atinjam seu potencial.

▶ **MASSOTERAPEUTA** Usa a massagem para aliviar dores de pacientes e clientes, tratar problemas musculares específicos, como espasmos e distensões, ou para melhorar o bem-estar geral.

▶ **CIENTISTA ESPORTIVO** Aplica conhecimento baseado na ciência dos esportes e na biologia humana para trabalhar com atletas, médicos e outros profissionais de saúde. Ajuda atletas a melhorarem seu desempenho e a cuidarem melhor do corpo.

HABILIDADES REQUERIDAS

 Comunicação eficaz para lidar com vários tipos de pacientes e profissionais de saúde.

 Capacidade de trabalho em equipe ao lado de vários outros profissionais de saúde.

 Empatia e sensibilidade na compreensão dos problemas dos pacientes, a fim de fornecer o tratamento correto.

 Habilidade de resolver problemas, visando diagnosticar e tratar doenças, o que pode exigir equipamento técnico.

 Força física e resistência para realizar massagens em pacientes.

FISIOTERAPEUTA ORTOPÉDICO Avalia e trata pacientes que estão se recuperando de cirurgias, acidentes ou outras lesões.

FISIOTERAPEUTA GERIATRA Especializa-se em ajudar idosos a melhorarem sua mobilidade ou se adaptarem à vida doméstica após uma cirurgia, ou a controlar a dor causada por doenças como a artrite.

FISIOTERAPEUTA PEDIATRA Trabalha com crianças para tratar problemas físicos, bem como em processos de reabilitação depois de cirurgias ou acidentes.

FISIOTERAPEUTA Depois de trabalhar como fisioterapeuta, você pode fazer cursos específicos para expandir suas habilidades e conhecimentos.

FISIOTERAPEUTA ESPORTIVO Trata uma variedade de lesões relacionadas a esportes. Também oferece orientação sobre prevenção de lesões, condicionamento físico e nutrição.

FISIOTERAPEUTA NEUROLÓGICO Avalia e trata pacientes que sofreram acidente vascular cerebral, lesão medular ou lesão cerebral traumática. Ajuda a retreinar o cérebro.

FONOAUDIÓLOGO

DESCRIÇÃO DO TRABALHO

Os fonoaudiólogos avaliam, fazem diagnósticos e ajudam pessoas com problemas de fala e comunicação. Também ajudam pessoas com dificuldade para comer, beber e engolir. Podem tratar crianças e adultos com doenças neurológicas ou atraso no desenvolvimento.

RENDA
Fonoaudiólogo iniciante ★★★★★
Fonoaudiólogo experiente ★★★★★

PERFIL DO SETOR
Oportunidades em organizações educacionais ou no setor público de saúde • Número cada vez maior de profissionais autônomos

PLANO DE CARREIRA

Um fonoaudiólogo recém-qualificado geralmente integra uma equipe de especialistas, que inclui professores, enfermeiros, médicos e psicólogos. Depois de qualificado, você pode ganhar experiência clínica geral ou se especializar em uma área, antes de se tornar gestor.

FONOAUDIÓLOGO INFANTIL Pode trabalhar com outros especialistas, como médicos otorrinolaringologistas, para avaliar e tratar crianças. Nas escolas, trabalha com professores, pais e responsáveis para dar apoio em atividades em sala de aula.

ASSISTENTE Você pode ganhar uma boa experiência ajudando um fonoaudiólogo qualificado enquanto estuda para concluir a faculdade.

FORMAÇÃO É preciso ter formação em fonoaudiologia e se credenciar no Conselho Regional de Fonoaudiologia (CRFa) para exercer a profissão.

FONOAUDIÓLOGO Avalia as necessidades do cliente e oferece um plano de tratamento com outros profissionais de saúde, e também junto a familiares do cliente ou professores.

HABILIDADES REQUERIDAS

 Capacidade de ouvir e se comunicar claramente com crianças e adultos.

 Boa capacidade de trabalho em equipe, para colaborar com professores, assistentes sociais e profissionais de saúde.

 Sensibilidade e compaixão para atender pacientes vulneráveis e ansiosos.

 Atenção a detalhes, para interpretar exames e garantir um diagnóstico correto.

 Persistência, bom senso de humor e capacidade de motivar pacientes.

 **FONOAUDIÓLOGO DE ADULTOS** Trabalha com adultos que sofrem de problemas de fala e de comunicação, que podem ser resultado de lesão, acidente vascular cerebral, câncer ou doenças relacionadas à idade.

 LÍDER DE EQUIPE Comanda o trabalho e a equipe de uma unidade ou integra a equipe de gestão de um hospital. É um cargo de liderança, por isso é preciso ter experiência.

 PESQUISADOR CLÍNICO Realiza ensaios clínicos em pacientes, com o objetivo de melhorar os procedimentos médicos e as práticas clínicas.

▼ ATIVIDADES RELACIONADAS

▶ **PSICÓLOGO** ver pp. 254-255

▶ **FISIOTERAPEUTA** ver pp. 288-289

▶ **TERAPEUTA OCUPACIONAL** ver pp. 292-293

▶ **AUDIOLOGISTA** Trabalha com adultos e crianças que sofrem perturbações auditivas ou perda de audição, além de problemas de equilíbrio.

▶ **NUTRICIONISTA** Oferece orientação e informações sobre dietas e estilos de vida saudáveis. Também pode realizar pesquisas e fazer recomendações a empresas de alimentos e autoridades do setor da saúde.

▶ **TERAPEUTA RECREATIVO** Elabora programas de tratamento de saúde baseados em artes, música e esportes.

RESUMO

 INTERESSES Medicina • Biologia • Psicologia • Ciências • Saúde e serviços sociais • Ciências sociais • Idiomas

 QUALIFICAÇÕES NECESSÁRIAS É preciso ter formação superior e licença profissional para exercer a profissão de fonoaudiólogo.

 ESTILO DE VIDA O trabalho é realizado em horário convencional. Empregos de meio período ou como profissional autônomo estão disponíveis, oferecendo mais flexibilidade.

 LOCAL Os fonoaudiólogos trabalham em escolas, hospitais, postos de saúde ou unidades de avaliação. Podem viajar para trabalhar em diferentes locais.

 REALIDADE Embora as expectativas do paciente possam ser elevadas e o trabalho em si tenda a ser implacável e cansativo, também é extremamente gratificante.

TERAPEUTA OCUPACIONAL

DESCRIÇÃO DO TRABALHO

Os terapeutas ocupacionais fazem uso de programas individuais de tratamento, exercícios e terapia psicológica para ajudar pessoas a superar problemas causados por deficiências, doenças, lesões ou pelo envelhecimento. Treinam pacientes para realizar tarefas diárias, de forma que possam levar vidas plenas e independentes.

RENDA
Terapeuta ocupacional iniciante ★★★★★
Terapeuta ocupacional experiente ★★★★★

PERFIL DO SETOR
Demanda crescente por terapeutas ocupacionais • Vagas nos setores privado e público

RESUMO

INTERESSES Biologia • Saúde e serviço social • Psicologia • Ciências sociais • Apoio a pessoas com problemas de mobilidade

QUALIFICAÇÕES NECESSÁRIAS É preciso ter graduação em terapia ocupacional e estar devidamente registrado no Conselho Regional de Fisioterapia e Terapia Ocupacional (Crefito).

ESTILO DE VIDA A maioria trabalha em horário convencional, mas alguns trabalham em turnos. Opções de meio período ou de horários flexíveis também são possíveis.

LOCAL Os terapeutas trabalham em hospitais, estabelecimentos prisionais, escritórios de serviço social e consultórios particulares. Podem viajar para visitar pacientes.

REALIDADE Alguns pacientes podem ser desafiadores. O terapeuta ocupacional precisa ter força física e agilidade, bem como paciência e senso de humor.

▼ ATIVIDADES RELACIONADAS

▶ **PSICÓLOGO** ver pp. 254-255

▶ **ASSISTENTE SOCIAL** ver pp. 258-259

▶ **FISIOTERAPEUTA** ver pp. 288-289

▶ **FONOAUDIÓLOGO** ver pp. 290-291

▶ **MASSOTERAPEUTA** Realiza massagens para aliviar o desconforto físico, melhorar o bem-estar geral e tratar problemas musculares específicos, como espasmos e distensões.

▶ **ENFERMEIRO OCUPACIONAL** Promove a saúde e o bem-estar no local de trabalho, geralmente como parte de uma equipe de saúde e segurança.

PLANO DE CARREIRA

É preciso ter formação superior e licença profissional para trabalhar como terapeuta ocupacional. Você pode se especializar em diferentes áreas ou assumir um cargo de gestão, pesquisa ou ensino. Alguns terapeutas experientes escolhem cargos na indústria ou abrem consultórios particulares.

ASSISTENTE Depois de concluir o ensino médio, você pode ajudar um terapeuta qualificado enquanto estuda para se formar.

FORMAÇÃO É preciso ter formação em terapia ocupacional para exercer a profissão.

HABILIDADES REQUERIDAS

 Excelentes habilidades de comunicação para interagir com pacientes e outros profissionais de assistência médica.

 Disposição para trabalhar em equipe com outros profissionais da área médica e de serviço social.

 Capacidade de se sensibilizar e ser empático com pessoas que sofrem de problemas físicos e emocionais.

 Boas habilidades organizacionais e de tomada de decisão para priorizar e controlar os atendimentos.

 Paciência e perseverança ao atender pacientes que não querem aceitar ajuda.

Resistência e força física para levantar equipamentos pesados e ajudar a movimentar pacientes.

TERAPEUTA OCUPACIONAL Examina os pacientes e desenvolve planos de tratamento. Acompanha o desenvolvimento do tratamento, para que os pacientes atinjam seus objetivos.

TERAPEUTA OCUPACIONAL ORTOPEDISTA Trabalha em uma equipe de saúde, ajudando pacientes a se recuperarem depois de cirurgias ou ferimentos em ossos e músculos.

TERAPEUTA OCUPACIONAL INFANTIL Ajuda crianças com desafios de desenvolvimento. Visita escolas para avaliar os alunos e orienta professores.

TERAPEUTA OCUPACIONAL EM SAÚDE MENTAL Ajuda adultos e crianças a viver com problemas de saúde mental.

TERAPEUTA OCUPACIONAL GERIÁTRICO Auxilia pacientes idosos com doenças relacionadas à idade e outros problemas médicos, como demência, problemas de visão ou audição e mobilidade ruim.

OFTALMOLOGISTA

DESCRIÇÃO DO TRABALHO

Médico especialista que examina os olhos do paciente para avaliar sua visão e verificar se há lesões, doenças ou outros problemas. Usa equipamentos especializados para diagnosticar esses problemas e prescrever óculos ou lentes de contato para corrigir defeitos de visão. Também prescreve medicamentos para tratar e controlar doenças dos olhos.

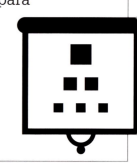

RENDA
Oftalmologista iniciante ★★★★★
Oftalmologista experiente ★★★★★

PERFIL DO SETOR
Alta competitividade • Setor em crescimento com boas possibilidades de carreira • Oportunidades de trabalho em consultórios de oftalmologia, lojas, hospitais e clínicas médicas

RESUMO

INTERESSES • Cuidados com a saúde • Biologia • Física • Química • Matemática • Ciências • Língua portuguesa • Tecnologia da informação

QUALIFICAÇÕES NECESSÁRIAS
É preciso ter formação em medicina e especialização em oftalmologia.

ESTILO DE VIDA Costuma-se trabalhar em horário convencional, mas podem ter de trabalhar à noite e aos finais de semana. Também podem trabalhar como consultores em meio período.

LOCAL Os oftalmologistas geralmente atuam em uma clínica ou um hospital.

REALIDADE Os oftalmologistas passam a maior parte do tempo realizando exames de olhos dentro de uma pequena sala sem luz natural, próximos dos pacientes.

PLANO DE CARREIRA

Depois da qualificação, muitos profissionais trabalham em clínicas ou em empresas que oferecem serviço de cuidado com os olhos. Alguns atuam em hospitais, ajudando outros médicos e cirurgiões a lidarem com problemas oculares complexos. Também podem trabalhar para fabricantes de óculos e lentes de contato, desenvolvendo novos produtos.

TÉCNICO EM ÓPTICA Uma forma de ingressar na área é atuar como técnico em óptica, trabalhando com interpretação da prescrição feita pelo oftalmologista e comercialização de lentes, e então realizar a graduação.

FORMAÇÃO É preciso ter formação em medicina e especializar-se em oftalmologia para poder exercer a profissão.

▼ ATIVIDADES RELACIONADAS

▶ **MÉDICO** *ver pp. 276-277*

▶ **DENTISTA** *ver pp. 282-283*

▶ **ORTOPTISTA** Investiga, diagnostica e trata defeitos de visão, como glaucoma e catarata, e quaisquer anormalidades no movimento ocular.

▶ **ÓPTICO** Popularmente conhecido como "oculista", óptico é quem fabrica, projeta e/ou ajusta as lentes para a correção de problemas de visão em pessoas de todas as idades.

HABILIDADES REQUERIDAS

Excelentes habilidades de comunicação, para explicar tratamentos a pacientes e responder suas perguntas.

Flexibilidade para se adaptar aos avanços tecnológicos e científicos da profissão.

Fortes habilidades interpessoais, para lidar com pacientes e fazer com que se sintam à vontade, além de interagir com colegas.

Capacidade de analisar dados científicos e matemáticos, para diagnosticar pacientes com precisão.

Boa habilidade manual para utilizar corretamente equipamentos ópticos sofisticados.

Concentração, precisão e atenção a detalhes para examinar a visão dos pacientes com precisão.

DONO DE CLÍNICA PARTICULAR Supervisiona o funcionamento de uma clínica, gerenciando o negócio, recrutando funcionários e solicitando suprimentos, além de atender pacientes.

OFTALMOLOGISTA EM HOSPITAL Examina, trata e monitora pacientes que sofrem de perda de visão ou doenças oculares complexas ou graves. Também ajuda pacientes em processos de reabilitação após cirurgias ou doenças.

OFTALMOLOGISTA Identifica, trata e previne doenças oculares. Realiza cirurgias oculares em hospitais, bem como em ambulatórios e clínicas particulares de cirurgia a laser. Após a formação, você pode se especializar em uma área específica (como crianças ou pacientes com visão parcial).

CONSULTOR DE DESIGN DE ÓCULOS Trabalha com tecnólogos na indústria de produtos ópticos, ajudando a definir o design de óculos, lentes de contato e produtos ópticos para outros fins, como telescópios ou sistemas de escaneamento.

ESPORTES, LAZER E TURISMO

Com a expansão da economia global, a demanda por atividades recreativas aumenta a cada ano. Para trabalhar neste setor em crescimento, é preciso ter entusiasmo e se comunicar bem, ajudando pessoas a aproveitarem seu tempo livre.

ATLETA PROFISSIONAL
Página 298

Com capacidade física excepcional, o atleta é pago para competir com os melhores do mundo, enquanto tenta chegar ao topo da modalidade que escolheu praticar.

PERSONAL TRAINER
Página 300

O setor de saúde e bem-estar está em franca expansão, com enorme demanda por especialistas que desenvolvam planos de treinamento, para que seus clientes alcancem condicionamento físico adequado.

ESTETICISTA
Página 302

De massagens e pintura de unhas até tratamentos faciais e spray de bronzeamento, o esteticista utiliza as mais recentes técnicas e produtos para que o cliente se sinta bonito e bem consigo mesmo.

GERENTE DE HOTEL
Página 304

Neste setor competitivo, em que hotéis disputam entre si por clientes, os gerentes se esforçam para que a estadia de seus hóspedes seja a mais relaxante e agradável possível.

AGENTE DE VIAGENS
Página 306

Lida com empresas de viagens, companhias aéreas e resorts e tem o objetivo de transformar os sonhos de viagem de seus clientes em realidade, dentro de um orçamento específico.

COMISSÁRIO DE BORDO
Página 308

Trabalhando em aeronaves, o comissário de bordo atende às necessidades dos passageiros para garantir que eles tenham um voo seguro, confortável e agradável.

CHEF DE COZINHA
Página 310

Usa a criatividade para lidar com ingredientes e técnicas culinárias, combinando arte, sabores e texturas para criar pratos.

CURADOR DE MUSEU
Página 312

Usando conhecimento de história, arqueologia ou artes, o curador de museu cria exposições e exibe artefatos para envolver e inspirar visitantes.

ATLETA PROFISSIONAL

DESCRIÇÃO DO TRABALHO

Os atletas profissionais competem para alcançar o sucesso individual e em equipe, bem como para entreter fãs. Treinam com dedicação para ter bom condicionamento físico e aperfeiçoar suas habilidades. Além das tarefas desportivas, muitos profissionais realizam trabalho educacional e de caridade.

RENDA
Atleta iniciante ★★★★★
Atleta de alto nível ★★★★★

PERFIL DO SETOR
Alta competitividade • Oportunidades limitadas para chegar ao topo • Requer esforço e dedicação, pois há poucas bolsas e patrocínios • Profissão lucrativa para atletas bem-sucedidos

RESUMO

INTERESSES Esportes competitivos • Educação física • Fitness • Saúde e nutrição • Negócios e marketing • Anatomia • Biologia

QUALIFICAÇÕES NECESSÁRIAS Não há requisitos mínimos para ser um atleta, além de talento e dedicação a um esporte.

ESTILO DE VIDA As jornadas de trabalho podem ser longas e irregulares e é preciso treinar praticamente todos os dias. As competições podem ocorrer aos finais de semana e à noite.

LOCAL Os atletas treinam e competem em ambientes fechados e ao ar livre. Pode ser preciso viajar para participar de eventos nacionais e internacionais.

REALIDADE O sucesso pode fazer a carreira ser altamente gratificante e satisfatória, mas muitos atletas profissionais precisam complementar sua renda com outros empregos.

▼ ATIVIDADES RELACIONADAS

▶ **PERSONAL TRAINER** ver pp. 300-301

▶ **LÍDER COMUNITÁRIO DE ESPORTES** Incentiva as pessoas a participarem de atividades físicas e desportivas. Pode trabalhar com grupos específicos, como jovens, idosos ou pessoas com deficiência.

▶ **PROFISSIONAL DE E-SPORTS** Compete em torneios de gamers profissionais com prêmios em dinheiro.

▶ **PROFESSOR DE EDUCAÇÃO FÍSICA** Ensina diversas modalidades esportivas aos jovens de uma escola ou faculdade, promovendo os benefícios da atividade física e incentivando e desenvolvendo o potencial esportivo desses indivíduos.

▶ **FISIOTERAPEUTA ESPORTIVO** Auxilia no tratamento de lesões relacionadas à atividade física, melhorando a capacidade física do paciente e dando conselhos para evitar mais lesões. Diagnostica lesões e pode recomendar massagens e hidroterapia.

PLANO DE CARREIRA

Não há plano de carreira definido, mas a maioria dos atletas geralmente se destaca na infância, antes de trabalhar com treinadores durante a faculdade ou em nível amador. Os atletas se aposentam cedo, em razão das exigências físicas do esporte profissional, e muitos ex-atletas trabalham em veículos de comunicação ou com gestão.

HABILIDADES REQUERIDAS

 Dedicação absoluta para melhorar e manter a habilidade atlética e o condicionamento físico.

 Capacidade de empregar táticas e estratégias competitivas para ganhar vantagem sobre os concorrentes.

 Forte capacidade de trabalho em equipe para fazer parte de um grupo ou de treinamento, especialmente em esportes de equipe.

 Força física, resistência e condicionamento físico para manter o desempenho ao longo de um evento esportivo.

 Boa coordenação e reflexos rápidos para se destacar em esportes competitivos.

ATLETA AMADOR Você pode aprimorar o seu talento esportivo competindo em nível amador ou na faculdade. Há mais chances de ser descoberto por um caçador de talentos se participar de eventos nacionais e internacionais.

ATLETA PROFISSIONAL A carreira competitiva normalmente é de curta duração. Muitos profissionais diversificam sua atuação, gerindo seus próprios negócios ou trabalhando como comentaristas esportivos, ou então estudando para se tornarem treinadores.

JORNALISTA ESPORTIVO Pode se especializar em determinado esporte, usando contatos e conhecimento do setor para fazer entrevistas, participar de eventos esportivos e produzir reportagens para televisão, rádio, internet ou mídia impressa.

TREINADOR ESPORTIVO Treina atletas promissores ou equipes esportivas. Os esportistas podem estudar para se tornarem treinadores enquanto se desenvolvem na carreira de atleta.

GERENTE Trabalha em clubes e associações esportivas, gerenciando equipes, recursos e treinamento.

AGENTE ESPORTIVO Representa atletas profissionais, negociando contratos e patrocínios, e muitas vezes lida com relações públicas e finanças.

COMENTARISTA ESPORTIVO Comenta e analisa eventos esportivos transmitidos por televisão, rádio ou internet. Este trabalho é oferecido a personalidades do esporte com habilidade para lidar com a mídia.

PERSONAL TRAINER

DESCRIÇÃO DO TRABALHO

Personal trainers treinam pessoas para alcançar objetivos de saúde e condicionamento físico e ajudam a criar rotinas personalizadas de exercícios. Também podem orientar sobre saúde, dietas e mudanças no estilo de vida. Com excelente conhecimento do corpo humano, os personal trainers estabelecem metas realistas para seus clientes e ajudam na motivação para que atinjam seus objetivos.

RENDA
Instrutor de academia ★★★★★
Personal trainer ★★★★★

PERFIL DO SETOR
Oportunidades como autônomo • Maior procura pelo serviço, uma vez que as pessoas estão mais atentas à saúde • Número crescente de condomínios residenciais com academia própria

RESUMO

INTERESSES Esportes • Biologia e fisiologia humana • Alimentação e nutrição • Psicologia do esporte • Ensino • Primeiros socorros • Negócios e gestão

QUALIFICAÇÕES NECESSÁRIAS
É preciso ter graduação em educação física ou em área correlata.

ESTILO DE VIDA Os personal trainers podem trabalhar em horário convencional ou se adaptar à agenda do cliente. Profissionais autônomos costumam viajar a trabalho.

LOCAL Os personal trainers trabalham em uma academia ou instalação similar. Profissionais autônomos também podem trabalhar em resorts, clubes e outros locais internos e externos.

REALIDADE A concorrência é feroz. Profissionais autônomos muitas vezes têm de fazer longas jornadas e manter o foco, o que pode ser física e mentalmente cansativo.

PLANO DE CARREIRA

É possível trabalhar em clínicas de saúde, centros recreativos, hospitais, clubes desportivos ou para outros profissionais. Com experiência, você poderá oferecer treinamento personalizado para clientes individuais. Com visão de negócios, poderá gerenciar o trabalho de outros profissionais.

ESTAGIÁRIO Pode trabalhar em uma academia ou em um centro de fitness como estagiário, enquanto faz a faculdade.

FORMAÇÃO Além da graduação (em educação física ou área relacionada), podem ser úteis as especializações em marketing esportivo, primeiros socorros, atividades aquáticas, esportes coletivos e individuais, avaliação física e fisiologia do exercício. Conhecimento de idiomas possibilita o atendimento a estrangeiros que morem no país.

▼ ATIVIDADES RELACIONADAS

▶ **FISIOTERAPEUTA** ver pp. 288-289

▶ **TERAPEUTA OCUPACIONAL** ver pp. 292-293

▶ **TREINADOR ESPORTIVO** Trabalha com atletas para garantir que eles treinem de forma segura e inteligente, permitindo que atinjam seu potencial.

▶ **AGENTE COMUNITÁRIO DE SAÚDE** Ensina técnicas e comportamentos saudáveis a grupos e indivíduos.

▶ **NUTRICIONISTA** Orienta pacientes a respeito de hábitos alimentares saudáveis e prepara planos alimentares. O nutricionista usa conhecimentos científicos e pesquisas sobre nutrição para ajudar as pessoas com questões de saúde e problemas médicos relacionados à alimentação.

HABILIDADES REQUERIDAS

 Conhecimento para elaborar rotinas personalizadas de cuidados com a saúde, com base na capacidade física e nas necessidades do cliente.

 Boas habilidades de liderança para motivar clientes a fazer e manter mudanças positivas em seus estilos de vida.

 Sensibilidade para lidar com clientes que têm problemas de saúde.

 Bom senso empresarial e capacidade para comercializar serviços de forma eficaz para gerar lucro.

 Alto nível de condicionamento físico, a fim de demonstrar, orientar e supervisionar atividades físicas.

INSTRUTOR DE ACADEMIA Comanda atividades como spinning, pilates, barra e ioga, além de fornecer orientação sobre treinos e uso de equipamentos.

TREINADOR ESPORTIVO Ensina pessoas e equipes de todos os níveis, de iniciantes a profissionais. É preciso ter qualificação reconhecida por uma entidade profissional e experiência no esporte em questão.

GERENTE DE ACADEMIA Trabalha para que os usuários da academia tenham a melhor experiência possível. Gerencia instalações e funcionários, com o intuito de potencializar os níveis de satisfação do cliente.

PERSONAL TRAINER À medida que acumula experiência e reputação, você pode optar por trabalhar com clientes em um contrato particular.

INSTRUTOR DE ATIVIDADES AO AR LIVRE Ensina e coordena grupos em atividades ao ar livre, como esportes aquáticos, caminhadas e escaladas.

ESTETICISTA

DESCRIÇÃO DO TRABALHO

Esteticistas se especializam em fazer as pessoas se sentirem bem e bonitas. Oferecem uma variedade de tratamentos faciais e corporais, como manicure, pedicure, depilação, design de sobrancelha e terapias especializadas para melhorar a aparência e o bem-estar dos clientes. Também podem aconselhar sobre tratamentos, uso de cosméticos e produtos para a pele.

RENDA
Esteticista iniciante ★★★★★
Gerente de salão ★★★★★

PERFIL DO SETOR
Demanda crescente por tratamentos de beleza • Alta em produtos de cuidados pessoais masculinos • Ampla gama de especializações e locais de trabalho, de clínicas de saúde a visitas em domicílio

PLANO DE CARREIRA

Esteticistas iniciam sua carreira dominando aspectos básicos de procedimentos como depilação, massagem e cuidados com a pele. Você terá mais chances de trabalho se continuar aprendendo novas especialidades.

TERAPEUTA COMPLEMENTAR Oferece uma variedade de terapias especializadas, como massagem corporal, aromaterapia, reflexologia ou hidroterapia, que complementam os cuidados médicos tradicionais.

ESTAGIÁRIO Você pode conseguir um estágio remunerado e adquirir experiência em um salão de beleza ou spa, combinando trabalho e aprendizado.

FORMAÇÃO Você pode fazer um curso profissionalizante, combinando experiência prática com aprendizado. Há cursos de meio período.

ESTETICISTA É preciso continuar estudando novas técnicas e aprender a utilizar novos produtos durante toda a sua carreira. Você pode se especializar em um tipo de tratamento, assumir a gerência de um salão de beleza ou vender cosméticos.

HABILIDADES REQUERIDAS

 Boa capacidade de comunicação para ouvir as necessidades do cliente e explicar tratamentos com clareza.

 Criatividade e habilidade artística para estar em dia com novas técnicas e estilos.

 Facilidade no atendimento ao cliente, interagindo com pessoas e fazendo com que elas se sintam confortáveis.

 Excelente destreza manual para realizar tratamentos de beleza, como aplicação de produtos para a pele e maquiagem.

 Resistência física para ficar bastante tempo em pé, enquanto realiza tratamentos em clientes.

 Precisão e atenção a detalhes para aplicar maquiagem e realizar outros procedimentos com cuidado.

 **MANICURE/PEDICURE** Trabalha aplicando loções, esmaltes e unhas artificiais. Também pode realizar outros tratamentos, como massagem nos pés.

 DEPILADORA Usa técnicas diversas, como depilação com cera e a laser, para remover pelos indesejados.

 CONSULTOR DE COSMÉTICOS Visita salões de beleza, esteticistas e lojas para demonstrar e vender novos produtos de beleza e tratamentos.

▼ ATIVIDADES RELACIONADAS

▶ **MAQUIADOR** ver pp. 32-33

▶ **INFLUENCIADOR DE BELEZA** Cria conteúdo em mídias sociais usando produtos de beleza e maquiagem, gerando receita por meio de assinantes ou anúncios.

▶ **JORNALISTA DE BELEZA** Avalia produtos de beleza nas mídias sociais, em revistas e na televisão.

▶ **CABELEIREIRO** Corta, colore e modela o cabelo, além de dar conselhos de estilo personalizados para cada cliente.

▶ **CONSULTOR DE IMAGEM** Aconselha clientes em questões de imagem, como estilos de maquiagem, vestuário e apresentação pessoal. Também aconselha empresas em assuntos diversos.

RESUMO

 INTERESSES Tratamentos e técnicas de beleza • Saúde e fitness • Atendimento ao cliente • Artes • Design • Moda

 QUALIFICAÇÕES NECESSÁRIAS Os esteticistas podem treinar enquanto trabalham, mas muitos empregadores exigem qualificação profissional.

 ESTILO DE VIDA A maioria do trabalho é realizada em horário convencional, mas pode ser preciso estar disponível aos finais de semana ou à noite.

 LOCAL Os esteticistas podem trabalhar em salões de beleza, hotéis, spas ou cruzeiros. Alguns podem oferecer serviços em domicílio.

 REALIDADE O trabalho envolve contato físico com clientes, o que pode ser desconfortável. Há bastante concorrência, por isso os salários podem ser baixos.

304　ESPORTES, LAZER E TURISMO

GERENTE DE HOTEL

DESCRIÇÃO DO TRABALHO

Este profissional garante que um hotel ofereça segurança e conforto aos clientes e gere lucro. Seleciona e gerencia funcionários, garante que os clientes recebam serviço de alto nível e aproveitem a estadia e supervisiona o serviço de limpeza e as amenidades. Também cuida do desenvolvimento do negócio e mantém o orçamento em dia.

RENDA
Gerente de hotel ★★☆☆☆
Gerente regional ★★★★☆

PERFIL DO SETOR
Boas perspectivas de carreira, com alta rotatividade de profissionais • Setor em crescimento • Muitas vagas no mundo todo, com oportunidades para trabalhar em grandes redes hoteleiras

▼ ATIVIDADES RELACIONADAS

▶ **GESTOR DE EVENTOS** ver pp. 88-89

▶ **AGENTE DE VIAGENS** ver pp. 306-307

▶ **GERENTE DE ALIMENTOS E BEBIDAS** Supervisiona a operação diária de restaurantes e outros estabelecimentos que servem refeições prontas.

▶ **GERENTE DE RESTAURANTE** Garante que o restaurante opere com eficiência e rentabilidade, mantendo a reputação da empresa e o perfil do público. Coordena atividades diversas – de manutenção a produção de eventos promocionais – e é responsável por manter padrões de serviço, comida, saúde e segurança.

O setor de viagem e turismo corresponde a cerca de 313 milhões de empregos no mundo todo, ou 9,9% do total.

RESUMO

INTERESSES Administração de hotéis • Viagens e turismo • Negócios • Economia • Matemática • Tecnologia da informação • Alimentação e nutrição

QUALIFICAÇÕES NECESSÁRIAS É necessário ter graduação. Empregadores também valorizam experiência prévia em funções de atendimento a cliente.

ESTILO DE VIDA As jornadas são muito longas e incluem noites, finais de semana e feriados. Alguns gerentes moram no hotel e trabalham em turnos.

LOCAL O trabalho é realizado principalmente dentro do hotel, embora seja necessário visitar fornecedores. Os gerentes podem ter um escritório para realizar tarefas administrativas.

REALIDADE Lidar com hóspedes pode ser estressante e cansativo, e morar no local de trabalho significa viver em constante pressão. A rotatividade de funcionários é alta.

PLANO DE CARREIRA

Normalmente é preciso ter formação em hotelaria para trabalhar em um grande hotel. O setor também oferece boas perspectivas para pessoas que, mesmo sem diploma, tenham atitude positiva, natureza sociável e aptidão para o trabalho duro.

ESTAGIÁRIO Você pode ingressar como estagiário, auxiliando nas tarefas no dia a dia, e ser promovido à medida que trabalha e ganha experiência.

FORMAÇÃO Graduação em hotelaria, turismo ou áreas correlatas, além de pós-graduação em temas como gestão e atendimento ao cliente.

GERENTE DE HOTEL Como gerente de hotel, você precisa combinar visão estratégica de negócios e atenção a detalhes, para manter o nível dos serviços oferecidos. Trabalhar para um hotel maior ou para uma cadeia de hotéis é uma forma de progredir na carreira.

HABILIDADES REQUERIDAS

 Bom relacionamento interpessoal e abordagem amigável, fazendo com que os hóspedes se sintam confortáveis.

 Capacidade de trabalhar com funcionários de vários países e culturas, bem como de se adaptar a locais desconhecidos.

 Excelente habilidade de comunicação, para interagir com gerentes e funcionários.

 Capacidade de liderança para motivar funcionários e garantir que eles mantenham o padrão de atendimento ao cliente.

 Capacidade de chegar a soluções eficazes para problemas cotidianos com rapidez.

 Forte tino comercial, para garantir que o hotel seja lucrativo.

GERENTE REGIONAL Desenvolve e supervisiona questões operacionais, estratégias de marketing e finanças de um grupo hoteleiro, garantindo que o negócio seja lucrativo.

GERENTE DE RESORT Administra as operações diárias de um resort. Supervisiona organizadores de eventos e gerentes de restaurantes e mantém a equipe alerta.

GESTOR DE CENTRO DE CONVENÇÕES Oferece espaço para a realização de feiras de negócios, assumindo a responsabilidade pela equipe, pelas finanças e pela publicidade.

GERENTE DE HOSPITALIDADE Trabalha para grandes instituições, como hospitais, garantindo que o serviço prestado esteja no padrão de qualidade exigido pelo cliente.

306 ESPORTES, LAZER E TURISMO

AGENTE DE VIAGENS

DESCRIÇÃO DO TRABALHO

Os agentes organizam viagens a lazer e a negócios para seus clientes. Eles podem oferecer conselhos sobre destinos nacionais e internacionais, planejar itinerários e lidar com questões relacionadas a passagens e passaportes. Também podem cuidar de outros preparativos, como acomodação, alimentação ou aluguel de carros, além de oferecerem orientação sobre seguros, segurança na viagem, vacinação e passeios.

RENDA
Agente de viagens iniciante ★★★★★
Agente de viagens experiente ★★★★★

PERFIL DO SETOR
Agências físicas enfrentam concorrência de sites de viagem • Demanda por profissionais que atendam a um mercado específico, como o de executivos ou casais em lua de mel

RESUMO

INTERESSES Viagens e turismo • Geografia • História • Negócios • Idiomas • Economia

QUALIFICAÇÕES NECESSÁRIAS Com curso de nível médio, já é possível obter trabalho, mas um diploma em turismo também oferece vantagens.

ESTILO DE VIDA Os agentes de viagens trabalham no horário de funcionamento das lojas, incluindo aos finais de semana. Podem ter de fazer horas extras durante a alta temporada.

LOCAL Os agentes de viagens geralmente trabalham em escritório ou no ponto de vendas. Às vezes, precisam viajar.

REALIDADE Lidar com clientes insatisfeitos pode ser um desafio. Muitas vezes, pode ser necessário explicar situações que estão fora de seu controle. A remuneração é baixa.

▼ ATIVIDADES RELACIONADAS

▶ **GERENTE DE EVENTOS** ver pp. 88-89

▶ **GERENTE DE HOTEL** ver pp. 304-305

▶ **COMISSÁRIO DE BORDO** ver pp. 308-309

▶ **AGENTE DE ATENDIMENTO AO CLIENTE**
Responde consultas e reclamações de clientes. Também recebe pedidos e pagamentos, organiza reembolsos e mantém registros de transações.

▶ **COORDENADOR DE CENTRO RECREATIVO**
Comanda centros de recreação e prática de esportes. Organiza agendas de atividades, supervisiona funcionários, controla orçamentos e cuida das ações de promoção e marketing do espaço.

▶ **ASSISTENTE DE INFORMAÇÕES TURÍSTICAS**
Fornece informações turísticas sobre diversos lugares aos visitantes. Muitas vezes trabalha em um aeroporto ou em uma estação ferroviária. Conhece os horários dos transportes disponíveis e aconselha turistas.

PLANO DE CARREIRA

Não existe um plano de carreira definido. Para avançar na profissão, a melhor forma é fazer e manter contatos no setor. Para se destacar, você pode se especializar em destinos ou públicos específicos.

ASSISTENTE Você pode começar a carreira como assistente em uma agência de viagens enquanto estuda, combinando aprendizado e experiência prática.

AGENTE DE VIAGENS Você vai se destacar entre os agentes de viagens se fizer cursos de gestão, vendas ou atendimento ao cliente.

HABILIDADES REQUERIDAS

 Boa capacidade de comunicação presencial e via telefone, bem como sensibilidade para diferenças culturais.

Capacidade de realizar os trâmites necessários de forma cuidadosa e bem organizada.

 Capacidade de manter a calma e a educação ao lidar com clientes difíceis.

Excelente atenção a detalhes para verificar, pedir e transmitir informações sobre viagens com precisão.

 Conhecimento de outros idiomas para se comunicar com pessoas de diferentes nacionalidades.

OPERADOR DE TURISMO Planeja e organiza viagens em grupo, em cruzeiros, trens, ônibus ou voos fretados.

AGENTE DE VIAGENS DE NEGÓCIOS Organiza viagens e hospedagens para clientes corporativos, negociando tarifas especiais.

AGENTE DE CALL CENTER Trabalha no atendimento ao cliente. O receptivo lida com reclamações, elogios e, às vezes, vendas. O ativo atua com vendas. Pode trabalhar em turnos, à noite e aos finais de semana.

REPRESENTANTE EM RESORT Representa uma empresa de viagens em um resort ou parque temático, cuidando das necessidades dos turistas e lidando com fornecedores de viagens e acomodações.

COMISSÁRIO DE BORDO

DESCRIÇÃO DO TRABALHO

Os comissários de bordo garantem que os passageiros tenham um voo seguro, confortável e agradável. Verificam a cabine da aeronave, recebem e saúdam os passageiros e os conduzem a seus assentos. Fazem demonstrações de segurança e vendem e servem bebidas. São treinados para responder a situações de emergência e administrar primeiros socorros. Lidam com uma ampla gama de clientes e situações.

RENDA
Comissário de bordo iniciante ★★★★★
Comissário de bordo experiente ★★★★★

PERFIL DO SETOR
Forte concorrência por empregos
• Horas extras e gratificações podem aumentar os ganhos

▼ ATIVIDADES RELACIONADAS

▶ **GERENTE DE HOTEL** ver pp. 304-305

▶ **AGENTE DE AEROPORTO** Realiza o check-in dos passageiros nos voos, pesa as bagagens e emite o cartão de embarque.

▶ **AGENTE DE ATENDIMENTO AO CLIENTE** Responde às dúvidas dos clientes, resolve reclamações e oferece informações sobre os serviços da empresa. Os agentes de atendimento ao cliente geralmente são o primeiro contato do cliente com a empresa.

▶ **REPRESENTANTE EM RESORT** Representa uma empresa de viagens em um resort, cuidando das necessidades dos turistas e lidando com fornecedores de viagens e acomodações.

A previsão é de que 839 mil novos comissários de bordo serão necessários até 2036 no setor da aviação comercial do mundo todo.

RESUMO

INTERESSES Aviação • Viagens e turismo • Hospitalidade • Trabalho com pessoas • Matemática • Idiomas • Geografia

QUALIFICAÇÕES NECESSÁRIAS Devem ter mais de 18 anos, ensino médio completo, altura mínima de 1,58 m para mulheres e de 1,65 m para homens, e treinamento especializado.

ESTILO DE VIDA Comissários de bordo trabalham em turnos que incluem noites, finais de semana e feriados.

LOCAL A maior parte do trabalho acontece dentro do avião e durante os voos. É preciso passar bastante tempo longe de casa.

REALIDADE O trabalho é fisicamente desgastante: é preciso ficar em pé por muito tempo e lidar com o jet lag. Passageiros cansados ou ansiosos podem ser um problema.

PLANO DE CARREIRA

Experiência em atendimento ao cliente e domínio de língua estrangeira não são exigências, mas diferenciais. Com o tempo, é possível subir na hierarquia na aeronave e trabalhar em voos internacionais.

ENSINO MÉDIO O ensino médio completo já habilita o interessado a realizar o treinamento oferecido pelas escolas homologadas pela Agência Nacional de Aviação Civil (Anac), o qual é obrigatório para exercer a profissão.

FORMAÇÃO O treinamento nas escolas credenciadas dura cerca de cinco meses. Ao final do curso, é necessário realizar o exame da Anac para obter a licença para trabalhar.

HABILIDADES REQUERIDAS

 Boa capacidade de comunicação, para entender e atender às necessidades dos passageiros.

 Capacidade de trabalho em equipe em um espaço apertado.

 Excelentes habilidades de atendimento ao cliente, para lidar com passageiros de maneira educada, profissional e sensível.

 Boa habilidade com números, para manusear e trocar moeda estrangeira ao realizar vendas durante o voo.

 Capacidade de pensar rapidamente, mantendo os passageiros calmos em situações difíceis, como aterragens de emergência.

 Resistência física e resiliência para lidar com o jet lag e manter a atenção durante longas jornadas.

COMISSÁRIO DE BORDO
A atuação do comissário vai além de oferecer alimento aos passageiros, e há uma hierarquia a bordo entre os profissionais. Há também oportunidades de trabalho em terra.

INSTRUTOR
O comissário pode também treinar os novatos, atuando como instrutor. É preciso ter autorização da Anac.

CHEFE DE CABINE O chefe de cabine faz a checagem da documentação dos comissários e passa a esses profissionais informações sobre o voo. Para exercer a função, o comissário recebe treinamento específico e bonificação no salário.

COMISSÁRIO DE VOO INTERNACIONAL É necessário ter experiência em voos nacionais e domínio de idiomas, especialmente o do país de origem da empresa.

BACK OFFICE Os cargos conhecidos como "back office" são os que envolvem atividades de gerenciamento das operações e de funcionários.

CHEF DE COZINHA

DESCRIÇÃO DO TRABALHO

É vital ter paixão por alimentos e pelo ato de cozinhar. A atividade envolve planejar e coordenar a produção de alimentos, gerenciar a cozinha e orientar garçons. Chefs podem preparar o alimento sozinhos ou supervisionar a preparação pelos funcionários. Muitos chefs são conhecidos por criar menus exclusivos e pratos assinados. Também fazem compras e cuidam do orçamento de serviços de bufê e restaurantes.

RENDA
Aprendiz de chef de cozinha ★★★★★
Chef de cozinha ★★★★★

PERFIL DO SETOR
Oportunidades de emprego no mundo todo • Forte concorrência em restaurantes de luxo, onde o salário pode ser melhor • Adaptação constante às tendências da gastronomia

PLANO DE CARREIRA

A maioria dos chefs treina enquanto trabalha, começando como aprendiz. A partir daí, estudam para se qualificar. Capacidade e compromisso são as chaves para conseguir uma promoção. Trabalhar sob orientação de um chef reconhecido pode dar um impulso extra à sua carreira.

APRENDIZ Aprende o ofício fazendo rodízio entre as várias áreas da cozinha, como legumes, peixes e açougue. O tipo e a duração da atividade dependem do empregador.

FORMAÇÃO Pode-se cursar o bacharelado em gastronomia ou se tornar tecnólogo. O bacharelado tem aulas teóricas e práticas, como história, microbiologia, panificação e cozinhas internacionais. No curso tecnológico, o foco é o aperfeiçoamento de habilidades, como técnicas de preparo.

CHEF DE PARTIE Atua em um setor específico da cozinha, como confeitaria.

CHEF Com experiência e talento, você pode assumir responsabilidades crescentes dentro da cozinha, como o cargo de *sous* chef (o segundo membro no comando), até chegar a chef.

HABILIDADES REQUERIDAS

 Excelente capacidade de trabalho em equipe, para gerenciar pessoas em um ambiente de alta pressão.

 Criatividade para elaborar pratos únicos e saborosos, bem como manter o menu atraente e atualizado com as tendências.

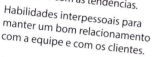 Habilidades interpessoais para manter um bom relacionamento com a equipe e com os clientes.

 Capacidade de calcular quantidades, diferenças em preços e custos, garantindo que a cozinha funcione de maneira rentável.

Habilidades práticas bem afiadas e capacidade de usar equipamentos de cozinha com facilidade e rapidez.

▼ ATIVIDADES RELACIONADAS

▶ **PADEIRO** Produz pães e confeitos em uma fábrica, padaria ou restaurante.

▶ **GERENTE DE ALIMENTOS E BEBIDAS** Supervisiona a operação diária de restaurantes e outros estabelecimentos que servem refeições prontas.

▶ **OPERADOR DE PROCESSAMENTO DE ALIMENTOS** Trabalha em uma linha de produção de fábrica, supervisionando a mistura, a preparação e o empacotamento de produtos alimentares.

▶ **AJUDANTE DE COZINHA** Realiza tarefas básicas, incluindo preparar ingredientes e checar entregas, além de limpar a cozinha e todo o equipamento utilizado.

▶ **PROPRIETÁRIO DE BAR** Comanda um pub ou bar que serve bebidas diversas.

GESTOR DE SERVIÇOS DE BUFÊ Oferece serviços de alimentação para eventos pessoais ou corporativos.

COZINHEIRO EM EMPRESA Trabalha na cozinha de uma grande organização, como estabelecimentos de saúde e fábricas.

A maioria dos postos de trabalho se localiza no Rio de Janeiro e em São Paulo, embora haja opções também em capitais turísticas no Nordeste.

RESUMO

INTERESSES Alimentos • Cozinha
• Administração de empresas
• Restaurantes, hotelaria e turismo
• Produção de alimentos e agricultura

QUALIFICAÇÕES NECESSÁRIAS Cursos de qualificação são úteis e podem ser um diferencial na carreira, além de experiência na área.

ESTILO DE VIDA Os chefs normalmente começam a trabalhar muito cedo e finalizam o expediente muito tarde. É normal trabalhar em turnos, à noite ou aos finais de semana.

LOCAL Os chefs trabalham principalmente em restaurantes ou em cozinhas de hotéis. Pode ser preciso viajar levando equipamentos de cozinha.

REALIDADE As cozinhas podem ser ambientes de alta pressão. Equipamentos como facas e panelas quentes são potencialmente perigosos.

ESPORTES, LAZER E TURISMO

CURADOR DE MUSEU

DESCRIÇÃO DO TRABALHO

Curadores de museu administram uma coleção de artefatos históricos ou obras de arte, supervisionando exposições e outras iniciativas. Podem adquirir, manter e promover exposições, além de escrever textos interpretativos sobre elas. Realizam atividades de marketing e captação de recursos. Gerenciam orçamentos e equipe, construindo relacionamentos com doadores, instituições parceiras, artistas e administradores de legados de artistas.

RENDA
Assistente ★☆☆☆☆
Curador-chefe ★★★★★

PERFIL DO SETOR
O financiamento a museus diminui em crises econômicas • Empregadores incluem museus, galerias e locais de patrimônio histórico • Trabalho autônomo em crescimento

RESUMO

INTERESSES Artes • História • Idiomas • Arqueologia • Ciências • Design • Educação • Arquitetura • Tecnologia da informação

QUALIFICAÇÕES NECESSÁRIAS É preciso ter formação superior, sendo desejável pós-graduação. Experiência na área pode ajudar, uma vez que há poucas vagas.

ESTILO DE VIDA Os curadores geralmente trabalham em horário convencional, mas podem precisar comparecer à noite e aos finais de semana durante a preparação de exposições.

LOCAL Os curadores normalmente trabalham em um museu, galeria ou local de patrimônio histórico. Podem ter de viajar para participar de conferências ou entregar artefatos.

REALIDADE Há muita competitividade. É preciso trabalhar em cargos menores até ganhar experiência e progredir na carreira.

PLANO DE CARREIRA

O curador geralmente tem formação superior ou pós-graduação e, muitas vezes, trabalha com pesquisa ou ensino em sua área de especialização. Depois de acumular reputação e experiência, é possível trabalhar com exposições de grande prestígio ou ser promovido a um cargo sênior na gestão do museu.

ASSISTENTE DE MUSEU Você pode ser assistente de visitação em um museu ou galeria após concluir o ensino médio. Você precisará de boas notas em história, língua portuguesa ou em alguma disciplina relacionada. Ter experiência de trabalho em museus é uma vantagem.

FORMAÇÃO É preciso ter formação em estudos museológicos ou em patrimônios históricos. Para se candidatar a cargos juniores de assistente curatorial, você precisará de formação superior ou de pós-graduação em um assunto relacionado a uma coleção.

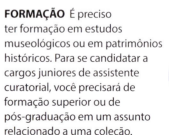

▼ ATIVIDADES RELACIONADAS

▶ **PROFESSOR UNIVERSITÁRIO** *ver pp. 270-271*

▶ **ANTIQUÁRIO** Usa conhecimento histórico e tino comercial para comprar e vender antiguidades. Pode trabalhar para casas de leilões ou de maneira independente.

▶ **ARQUEÓLOGO** Investiga atividades humanas passadas, por meio de escavação e análise de vestígios materiais, desde fragmentos de osso ou cerâmica até ruínas antigas ou estruturas enterradas. A função também envolve registrar, preservar e interpretar vestígios, além de publicar sobre descobertas.

▶ **ARQUIVISTA** Armazena, cataloga e cuida da preservação de uma série de documentos de importância histórica, entre outros materiais.

HABILIDADES REQUERIDAS

Excelente habilidade de comunicação verbal e escrita, para dar palestras e escrever artigos e relatórios.

Facilidade para lidar com sistemas computadorizados, criando diversos materiais, *on-line* ou impressos.

Criatividade para apresentar exposições e mostras de maneira atraente e informativa.

Boa habilidade organizacional para realizar diversas exposições, efetuando aquisições e empréstimos.

Capacidade de gerenciar equipes e lidar com governantes, grupos de financiamento e outros interessados no museu.

CURADOR-CHEFE
Gerencia as atividades de uma equipe de curadores e supervisiona as operações de seus departamentos individuais, geralmente em um museu ou galeria de grande porte.

DIRETOR DE MUSEU
Supervisiona a coleção de um museu, gerencia a equipe e garante que os objetivos estabelecidos pelo conselho da instituição sejam atingidos.

CHEFE DE EXPOSIÇÕES
Planeja, organiza e vende exposições permanentes ou temporárias em um museu.

CURADOR DE MUSEU A maioria dos curadores trabalha pelo menos dois anos como assistente antes de assumir o cargo. Você pode se especializar em uma área de pesquisa acadêmica ou assumir cargos seniores e de gestão.

CONSERVADOR Preserva artefatos ou obras de arte, controlando o ambiente no qual os objetos são armazenados. Também pode restaurar objetos danificados, utilizando métodos especializados.

GLOSSÁRIO

Acionista
Pessoa ou grupo de pessoas que possui ações de uma empresa.

Algoritmo
Método ou fórmula para solucionar um problema.

Alta-costura
Tipo de roupa para mulheres, em geral confeccionada com tecido caro e de alta qualidade, feita sob medida e de forma exclusiva.

Amador
Pessoa que se envolve em um estudo, em um esporte ou em outra atividade por prazer, e não por benefício financeiro ou motivos profissionais.

Aprendiz
Pessoa que trabalha para alguém a fim de aprender uma profissão.

Aproveitamento de disciplina
Útil para quem realiza mudanças durante a graduação, este aproveitamento consiste no reconhecimento dos créditos cumpridos pelo aluno em disciplina cursada em outra instituição.

Assistência social
Ajuda financeira ou outro tipo de apoio fornecido, principalmente pelo governo, para pessoas carentes.

Autônomo
Pessoa que ganha seu sustento diretamente de seu próprio negócio ou sua empresa, e não como funcionário de alguém.

Avaliador
Pessoa que avalia os méritos, a importância ou o valor de alguma coisa.

Biodiversidade
Quantidade e variedade de organismos encontrados dentro de uma região geográfica específica.

Biomedicina
Ramo da medicina que lida com a capacidade humana de tolerar pressões e variações ambientais, por exemplo, no espaço.

Credenciamento
Reconhecimento formal feito por terceiros da competência de executar tarefas específicas. Em geral, o motivo para ter algo avaliado de modo independente é confirmar que isso atende a requisitos específicos, a fim de reduzir riscos.

Comercial
Algo que está ligado ou relacionado a negócios.

Comissionamento
Contratação de pessoa ou grupo para executar uma função ou tarefa específica.

Consenso
Acordo geral ou comum; isto é, consenso de opinião.

Conservação
Ato de preservar ou reformar que sofreu perda, dano ou negligência.

Consultor
Pessoa que fornece conselho profissional ou especializado.

Ciberataque
Tentativa ilegal de danificar o sistema informático de alguma pessoa ou a informação armazenada nele, por meio da internet.

Cibercrime
Crime cometido contra grupos ou indivíduos por meio de modernas redes de telecomunicações, como a internet.

Comércio eletrônico
Tipo de setor em que a compra e a venda de produtos são realizadas em sistemas eletrônicos, como a internet.

Currículo
Documento usado pelos candidatos para apresentar suas habilidades, seu histórico e suas qualificações para possíveis empregadores.

Derivativo
Tipo especial de contrato do mundo financeiro, que deriva seu valor do desempenho de um ativo, como ações ou taxas de juros.

Ecologicamente correto
Termo usado para descrever um produto projetado para causar o menor dano possível ao ambiente.

Ecossistema
Comunidade de plantas, animais e organismos que vivem, se alimentam e se reproduzem, interagindo na mesma área ou ambiente.

Equipe
Funcionários que trabalham para uma empresa ou organização específica.

Estagiário
Pessoa que passa por treinamento para um trabalho específico ou profissão.

Estudante de pós-graduação
Pessoa que já possui curso superior e que está estudando em uma instituição habilitada (por exemplo, uma universidade) para obter qualificação mais avançada.

Etnográfico
Próprio da etnografia, ou seja, o estudo sistemático das pessoas e das culturas do mundo.

Executivo
Gestor sênior de uma organização, empresa ou corporação.

Freelancer
Pessoa que trabalha por conta própria e que não está comprometida com um empregador específico em longo prazo.

Hacker
Alguém que força a entrada no sistema informático de outra pessoa, em geral ilegalmente.

Hardware de computador
Conjunto de elementos físicos, como monitor, mouse, teclado e disco rígido, que constituem um computador.

Fundo de cobertura
Fundo de investimentos, geralmente formado por vários investidores, que utiliza grande variedade de técnicas para tentar gerar o maior retorno financeiro possível.

Infraestrutura
Estrutura física ou organizacional básica, necessária para operar uma empresa, uma sociedade ou um empreendimento.

Habilidade de desenvolver uma rede de contatos
A capacidade de desenvolver e manter contatos e relacionamentos com pessoas do mundo empresarial. Possivelmente, uma das habilidades mais importantes para aspirantes a empreendedor.

Habilidades interpessoais
Termo frequentemente utilizado em empresas, descrevendo a capacidade de uma pessoa se relacionar e se comunicar com outras.

Hora extra
A quantidade de tempo que alguém trabalha além das horas de expediente normal.

Interface com o usuário
A parte visual de um programa ou sistema operacional informático por meio da qual o usuário interage com um computador, frequentemente escolhendo um comando de uma lista exibida na tela.

Legislação
Ato ou processo de criação de leis.

Módulo
Parte padronizada ou unidade independente, que pode ser usada em combinação com outras partes ou unidades para formar uma estrutura mais complexa, como um programa de computador ou um edifício.

Patente
Direito legal e oficial de produzir ou vender uma invenção singular.

Periódico
Publicação, como revista ou jornal especializado, produzida com regularidade. O periódico pode ser editado semanal, quinzenal, mensal, trimestral ou anualmente.

Período sabático
Período de licença do trabalho de uma pessoa.

Pesquisador acadêmico
Docente de pós-graduação de uma universidade ou instituição similar que desenvolve atividade científica, muitas vezes obtendo bolsa para realizar suas pesquisas.

Planta
Representação gráfica técnica de um espaço, como um projeto arquitetônico.

Portfólio
Acervo de trabalhos destinado a demonstrar a capacidade de uma pessoa para um possível empregador.

Procedimento
Conjunto de métodos estabelecidos para condução de negócios de um grupo organizado, como um governo, um clube ou uma empresa.

Protocolo
Código de conduta correta, muitas vezes se referindo aos assuntos do país ou à conduta diplomática.

Protótipo
O primeiro modelo de alguma coisa, como uma máquina ou outro produto industrial, a partir do qual formas posteriores são desenvolvidas.

Receita
A renda que o governo ou uma empresa recebem de uma fonte específica, como tributos ou o lucro auferido com uma propriedade ou um investimento.

Setor privado
Empresas que pertencem a indivíduos ou grupos, em geral com fins lucrativos.

Setor público
A parte da economia composta pelo governo e pelas empresas de propriedade governamental.

Simulador
Máquina utilizada para fins de treinamento, projetada para fornecer imitação realista dos controles e da operação de um veículo, avião ou outro sistema complexo.

Software de computador
Programas que são usados para fazer um computador executar diferentes tarefas.

Tecnologia da informação
Estudo ou uso de sistemas (sobretudo informáticos e de telecomunicações) para armazenamento, recuperação e envio de informações.

Terceiro setor
Parte da economia ou da sociedade que consiste em organizações e associações não governamentais e sem fins lucrativos, incluindo instituições beneficentes, grupos comunitários ou de voluntários e cooperativas.

Tino para os negócios
Perspicácia a respeito do funcionamento do mundo empresarial.

Trabalho híbrido
Modelo de trabalho flexível que permite que se trabalhe em sua casa ou na empresa.

Vocação profissional
Uma ocupação, sobretudo para a qual a pessoa é especialmente adequada ou qualificada.

ÍNDICE

A

adestrador de animais 163
adestrador de cães policiais 248
administrador de banco de dados 119, 120, 122-123, 125, 127
administrador de fazenda 166-167
administrador de pensões 107
administrador de redes 125
advogado 110-111, 113, 115, 245
advogado ambiental 111
advogado corporativo 110
advogado criminalista 111
advogado de direito de família 111
advogado de propriedade intelectual 111
advogado especializado em cibercrimes 132
advogado imobiliário 67
aerodinamicista 191
agente [da Polícia Federal] 241
agente [de viagens] de call center 307
agente ambiental 173
agente comunitário de saúde 301
agente de aeroporto 308
agente de atendimento ao cliente [em aviação] 308
agente de atendimento ao cliente 306
agente de viagens 304, 306-307
agente de viagens de negócios 306
agente esportivo 299
agrimensor 171, 199, 203
agrônomo 167
ajudante de cozinha 311
analista [de sistemas] sênior 121
analista certificado 100
analista de cibersegurança 125, 132-133, 147, 245, 246
analista de conservação rural 173
analista de custos 65
analista de dados 70
analista de investimentos 71, 96, 99, 100-101, 104, 108
analista de seguros 107
analista de sistemas 119, 120-121, 122, 125, 127, 187, 189
analista de software 121
analista de suporte técnico 126-127
analista pedagógico [em ensino médio] 269
analista de transportes 219
analista quantitativo 99

animador 24, 26, 131
animador de eventos 41
antiquário 313
arboricultor 168
arqueólogo 149, 313
arquiteto 35, 171, 194-195, 201
arquiteto de banco de dados 123
arquiteto de imóveis comerciais 195
arquiteto de redes 124
arquiteto de residências 195
arquiteto de TI 121
arquiteto paisagista 170-171, 195, 201
arquivista 273, 313
arrecadador de fundos 74, 89, 90-91, 115
artista de storyboard 27, 131
assessor [em arrecadação de fundos] 91
assessor de atendimento ao cliente 79
assessor financeiro 96, 106-107, 108
assessor financeiro especializado 107
assistente de dependentes químicos 261
assistente de biblioteca 273
assistente de direção 44
assistente de informações turísticas 306
assistente de pet shop 165
assistente de produção [de TV/cinema] 46
assistente de produção 44
assistente de vendas 61, 62
assistente educacional em museu 269
assistente jurídico 87, 111, 113
assistente pessoal 86-87
assistente pessoal de médico 87
assistente pessoal de executivo 87
assistente pessoal virtual 87
assistente social 255, 257, 258-259, 262, 267, 292
assistente social auxiliar 259
assistente social de crianças 259
assistente social de saúde mental 259
assistente social em escola 259
assistente social no sistema de saúde 259
assistente social para famílias 258, 261
assistente social para jovens 258, 260-261
astrobiólogo 157

astrofísico 157
astronauta 156-157
astrônomo 154-155
astrônomo de observação 155
astrônomo teórico 155
atendente de pet shop 163
atleta profissional 298-299
ator 41, 42-43
ator de cinema 43
ator de teatro 43
ator de TV 43
atuário 103, 104-105
atuário consultor 105
atuário de banco de investimentos 99, 105
atuário de seguro de vida 105
auditor 103, 104
auditor de insolvência empresarial 103
auxiliar de classe [em ensino fundamental] 266
auxiliar de creche 264
auxiliar de enfermagem 278, 279
auxiliar de fisioterapia veterinária 163
auxiliar pedagógico [em ensino médio] 268
avaliador de danos em veículos 185

B

bailarino 40-41, 42
banqueiro de investimentos 96, 109
bibliotecário 270, 272-273
bibliotecário acadêmico 273
bibliotecário de biblioteca pública 272
bibliotecário de fonoteca 273
bibliotecário de informações médicas 273
biólogo marinho 144-145
bioquímico 136, 143, 144, 147, 285
bioquímico clínico 139
biotecnólogo de combustíveis e produtos químicos 137
biotecnólogo de produção de cerveja 137
bioterista 162
blogueiro 52
bombeiro militar 248-249, 251
botânico 169

C

cabeleireiro 32, 303

capitão [da Polícia Militar] 243
carpinteiro 203, 205, 206-207
carpinteiro de construção 207
cartunista 27
cenógrafo 35
cenógrafo teatral 207
ceramista 29
chef de cozinha 310-311
chefe de cabine 309
chefe de comunicação 75
chefe de exposições 313
chefe dos cuidadores 165
cientista ambiental 151
cientista clínico 137
cientista da informação 122, 273
cientista de alimentos 136, 142-143
cientista de dados 71, 85, 120
cientista de pesca e aquicultura 145
cientista de pesquisa biomédica 136, 141, 285
cientista do consumo 71, 143
cientista de materiais 150-151
cientista esportivo 289
cientista político 115
cirurgião 277
cirurgião bucomaxilofacial 283
coach 255, 256-257, 258, 261
comandante [de avião] 215
comandante de barco pesqueiro 221
comandante de navio 220-221, 235, 236
comandante de navio cargueiro 221
comandante de navio de cruzeiro 221
comandante de navio tanque ou de graneleiro 221
comandante de veículo de apoio 221
comandante ou piloto [de espaçonave] 157
comentarista esportivo 299
comissário de bordo 215, 217, 306, 308-309
compositor 39
comprador 62, 64-65
comprador de espaço publicitário 69, 73
comprador de moda 31
conciliador 111, 113
condutor de trem turístico 223
condutor de veículos leves sobre trilhos 223
conselheiro de dependentes químicos 258
conselheiro de estudantes 261

conservacionista ambiental 144
conservacionista marinho 145
conservador 313
conservador de artigos têxteis 21
construtor de barcos 207
consultor 171, 187
consultor agrícola 167
consultor autônomo 69
consultor de cosméticos 303
consultor de design de óculos 295
consultor de estratégia 85
consultor de imagem 303
consultor de logística 227
consultor de marketing 23
consultor de moda 31
consultor de operações 85
consultor de planejamento [em urbanismo] 200
consultor de planejamento de transportes 219
consultor de RH 81
consultor de TI 121, 122, 125, 132, 187
consultor em engenharia civil 177
consultor financeiro 85
consultor gerencial 80, 82, 84-85, 103, 107
consultor político 109
consultor/vendedor de autopeças 185
consultora [em obstetrícia] 281
contador 85, 96 102-103, 104
contador de finanças corporativas 103
contador tributário 103
controlador de tráfego aéreo 215, 216-217
coordenador de academia 301
coordenador de centro recreativo 306
coordenador de relações trabalhistas e sindicais 80, 81
coordenador pedagógico [em ensino médio] 268
coordenador pedagógico 268
copiloto 215
coreógrafo 41
corretor de commodities 99
corretor de imóveis 65, 66-67, 73
corretor de locação 66
corretor de seguros 107
corretor de valores 99, 101
corretor de vendas 66
costureira/alfaiate 31
cozinheiro em empresa 311
criptógrafo 246
crítico 53
cuidador assistente 262
cuidador de animais 161, 162-163
cuidador de creche 264-265, 267

cuidador de creche em hospital 264
cuidador de estábulos 163
cuidador de zoológico 161,162, 164-165
cuidador especializado [de zoológico] 165
cuidador infantil 265
curador-chefe 313
curador de animais 165
curador de museu 312-313

D

delegado 245
dentista 282-283, 295
depiladora 303
desenvolvedor [de jogos] sênior 131
desenvolvedor de cosméticos 33
desenvolvedor de jogos eletrônicos 27, 119, 129, 130-131
desenvolvedor web 23, 122, 128-129
designer arquitetônico 35
designer automotivo 19
designer de estampas 21
designer de exposições 23, 35
designer de iluminação 35
designer de interiores 18, 21, 23, 34-35
designer de jogos eletrônicos 131
designer de joias 18, 20, 28-29
designer de mobiliário 20, 35
designer de moda 31
designer de produto 18-19, 29, 183, 195, 207
designer de produtos de consumo 19
designer de realidade virtual 129
designer de som 51
designer especializado [moda] 30
designer gráfico 22-23, 24, 27, 129
designer hospitalar 35
designer têxtil 20-21, 31
diplomata 114
diretor [em ensino fundamental] 267
diretor [em ensino médio] 269
diretor clínico 277
diretor de arte 23, 27
diretor de arte de publicidade 23, 73
diretor de contas 71, 72, 75
diretor de criação 129
diretor de custos [em engenharia de custos] 199
diretor de fotografia 49
diretor de grupo de contas 73
diretor de imobiliária 67

diretor de museu 313
diretor de planetário 155
diretor de RH 81
diretor de teatro 45
diretor de TV 49
diretor de TV/cinema 44-45, 46
diretor de vendas 69
diretor financeiro 109
diretor técnico 277
dublê 43

E

ecologista marinho 172
economista 85, 99, 108-109
editor 53, 55, 56-57
editor de filme/vídeo 45, 56
editor de livros de ficção 57
editor de livros de não ficção 57
editor de obras de referência 57
editor de publicação acadêmica 57
editor digital 57
eletricista 203, 208-209
eletricista automotivo 209
eletricista de manutenção 209
eletricista de obras 209
eletricista industrial 209
eletricista instalador 209
empreiteiro 203
encanador 203, 210-211
encanador doméstico 211
encanador industrial 211
enfermeiro 161, 235, 251, 262, 277, 278-279, 280, 283
enfermeiro do trabalho 279
enfermeiro domiciliar 262, 278
enfermeiro geral 279
enfermeiro geriátrico 279
enfermeiro infantil 265
enfermeiro intervencionista 251
enfermeiro neonatal 280
enfermeiro ocupacional 292
enfermeiro pediátrico 279
enfermeiro psiquiátrico 279
engenheiro [químico] pesquisador 181
engenheiro aeroespacial 151, 183, 190-191, 215
engenheiro aeronáutico 190
engenheiro astronáutico 191
engenheiro automotivo 183
engenheiro civil 176-177, 195, 196, 199, 201, 205, 210, 218
engenheiro clínico 19
engenheiro de ajuda humanitária 197
engenheiro de aviônica 191
engenheiro de custos 67, 171, 177, 195, 198-199, 201
engenheiro de custos de infraestrutura 198
engenheiro de eficiência energética 67

engenheiro de energia 152, 178, 181, 208, 210
engenheiro de energias renováveis 211
engenheiro de helicópteros 191
engenheiro de iluminação 49, 51
engenheiro de integração/testes 189
engenheiro de materiais 151
engenheiro de minas 178, 181
engenheiro de mixagem 50
engenheiro de perfuração 178, 179
engenheiro de perfuração de alta pressão/alta temperatura 179
engenheiro de perfuração direcional 179
engenheiro de perfuração em águas profundas 179
engenheiro de prevenção 186
engenheiro de processos 181, 199
engenheiro de radiodifusão 187, 189
engenheiro de redes 120, 122, 124-125, 127, 132, 187
engenheiro de refrigeração 210
engenheiro de robótica 187
engenheiro de satélite 157
engenheiro de serviços 210
engenheiro de software 118-119, 120, 122, 125, 129, 131, 132, 155
engenheiro de som 46, 49, 50-51
engenheiro de suporte técnico 127
engenheiro de telecomunicações 188-189
engenheiro de teste de poços 179
engenheiro de tráfego 219
engenheiro de transmissão 51
engenheiro de voo [espacial] 157
engenheiro eletricista 157, 186-187, 189, 190, 208
engenheiro eletrônico 155
engenheiro estrutural 177, 195, 196-197, 201, 203
engenheiro geotécnico 177
engenheiro mecânico 157, 177, 178, 182-183, 185, 187, 190, 199
engenheiro mecatrônico 183
engenheiro militar 231
engenheiro naval 177, 178
engenheiro nuclear 181
engenheiro projetista 191
engenheiro químico 136, 151, 180-181
engenheiro-chefe de software 119
ergonomista 19
escritor 52-53, 55, 56
escriturário 87

ÍNDICE

escrivão 244
especialista clínico 277
especialista de produção 151
especialista em biotecnologia marinha 145
especialista em cosmetologia 285
especialista em doação planejada 91
especialista em engenharia forense 197
especialista em engenharia sísmica 197
especialista em experiência do usuário 129
especialista em gestão de dados 123
especialista em máquinas e equipamentos [em engenharia mecânica] 183
especialista em medicina fetal 280
especialista em modelagem da informação da construção (BIM) 195
especialista em odontogeriatria 283
especialista em odontologia do trabalho 283
especialista em pesquisa e desenvolvimento [em engenharia mecânica] 183
especialista em produtividade de vagões 223
especialista em projeto [em engenharia mecânica] 183
especialista em recuperação de ecossistemas 173
especialista em redes 189
especialista em restauração 195, 197
especialista em satélites 189
especialista em telecomunicações 187
especialista em terraplenagem 203
especialista em transportes 218-219, 227
especialista em transportes sustentáveis 219
especialista em vendas e divulgação 285
especialista em vigilância sanitária 285
estatístico 71, 109
esteticista 32, 302-303
estilista 21, 29, 30-31, 32
estruturador 99
examinador de patentes 139
executivo de contas de publicidade 23, 56, 69, 72-73, 74
executivo de marketing 61, 68-69, 71, 73, 74, 89, 91

executivo de promoção de vendas 73
executivo de vendas 60-61, 62, 65
executivo de vendas agrícolas 167
executivo de vendas especializado 61

F

fabricante de móveis 206
fabricante/reparador de instrumento musical 39
farmacêutico 141, 283, 284-285
farmacêutico clínico 284
farmacologista 139, 140-141, 285
ferrador 162
figurinista 31, 32
fiscal de edifícios históricos 201
físico pesquisador 155
fisioterapeuta 288-289, 291, 292, 301
fisioterapeuta esportivo 289, 298
fisioterapeuta geriatra 289
fisioterapeuta neurológico 289
fisioterapeuta ortopédico 289
fisioterapeuta pediatra 289
fisioterapeuta veterinário 161
florista 168
fonoaudiólogo 255, 290-291, 292
fotógrafo 24-25
fotógrafo corporativo 25
fotógrafo de estilo de vida 25
fotógrafo de moda 25
fotógrafo médico 25
funileiro 185

G

gemologista 29
generalista de RH 81
geocientista 148-149, 151, 178
geocientista ambiental 149
geocientista de mineração 149
geocientista de petróleo 149
geofísico 155
gerente administrativo 79, 87
gerente de abrigo 261
gerente de academia 301
gerente de atendimento ao cliente 78-79
gerente de banco 96-97, 101, 107
gerente de call center 79, 127
gerente de call center de banco 97
gerente de compras 65, 227
gerente de comunicação 75
gerente de comunicação digital 75
gerente de conformidade 107
gerente de contas 61, 75
gerente de contratos 65, 199
gerente de desenvolvimento de negócios [em logística] 226

gerente de desenvolvimento de produto 97
gerente de escritório de tradução 93
gerente de frota de carros 218, 225
gerente de habitação 201
gerente de hospitalidade 305
gerente de hotel 79, 89, 304-305, 306, 308
gerente de instalações 205
gerente de logística 65, 218, 226-227
gerente de loja 62-63, 65
gerente de marca 60
gerente de marina 221
gerente de marketing 65
gerente de marketing de alimentos 143
gerente de marketing de eventos 69
gerente de marketing digital 69
gerente de marketing direto 69
gerente de marketing para internet 60, 62
gerente de mercadorias 62
gerente de negócios [em engenharia mecânica] 182
gerente de negócios 79
gerente de operações 63
gerente de paisagismo 171
gerente de parque de animais 165
gerente de pesquisa 71
gerente de produção de alimentos 143
gerente de projetos 82-83, 123, 127, 131, 151, 177, 197
gerente de projetos culturais 83
gerente de projetos de conservação 83
gerente de projetos de engenharia 83
gerente de projetos de obras 83
gerente de projetos de sistemas de TI 121
gerente de projetos de TI 83
gerente de propriedade rural 167
gerente de qualidade [em logística] 227
gerente de recursos humanos 63, 79, 80-81, 82, 85
gerente de redes 123
gerente de resort 305
gerente de restaurante 304
gerente de risco 97, 133
gerente de risco de TI 120
gerente de risco empresarial 105
gerente de service desk 127
gerente de serviços de alimentação 89
gerente de serviços de lazer 89
gerente de TI em varejo 63
gerente de tráfego 223
gerente de treinamento e desenvolvimento 81

gerente de varejo 60, 79
gerente de vendas 61
gerente de voluntários 90
gerente financeiro 101
gerente geral 107
gerente regional [de banco] 97
gerente regional [de hotel] 305
gerente regional [de vendas] 63
gerente sênior de atendimento ao cliente 78
gestor cultural 39, 41
gestor de abrigo para crianças 263
gestor de casa de saúde 263
gestor de centro de convenções 305
gestor de creche 265
gestor de eventos 74, 82, 88-89, 91, 304
gestor de fortunas 101, 107
gestor de fundos 101
gestor de home care 263
gestor de lar para idosos 262-263
gestor de serviços de bufê 311
gestor de transportes 225
gestor de unidade de cuidados paliativos 263
governador 115
guarda-costas 230, 240
guarda florestal 167
guia de safári 165

H

head hunter 81
hidrologista 149, 152
horticultor 168-169, 171
horticultor sênior 169

I

ilustrador 23, 26-27
ilustrador de livro ou revista 27
ilustrador técnico ou médico 27
imediato 239
imunologista 139
incorporador de imóveis 67
instrutor [de astronauta] 156
instrutor [de comissário de bordo] 309
instrutor [de maquinista de trem] 223
instrutor de academia 301
instrutor de atividades ao ar livre 301
instrutor de voo 215
intérprete 93
investigador 245
investigador digital 133

J

jornalista 24, 53, 54-55, 56
jornalista de jornal 55

jornalista de rádio ou TV 54
jornalista de revista 55
jornalista esportivo 299
jornalista digital 55
juiz 111, 112-113
juiz de direito 113
juiz de primeira e de segunda instâncias 113
juiz substituto 113

L

líder comunitário de esportes 298
líder de centro comunitário para jovens 261
livreiro 273

M

maestro 39
manicure/pedicure 303
maquiador 32-33, 303
maquiador de efeitos especiais 33
maquiador para casamentos 33
maquinista 49
maquinista de trem 222-223, 225
marinheiro 221, 230, 234-235, 238
massoterapeuta 289, 292
matemático 108
mecânico de automóveis 184-185
mecânico móvel 185
mediador 113
médico 141, 161, 251, 276-277, 278, 280, 283, 287, 295
médico homeopata 285
médico militar 231
médico pesquisador 277
médico radiologista 287
médico regulador 251
mestre de obras 82, 195, 204-205
metalurgista 151
meteorologista 149, 152-153
meteorologista ambiental 153
meteorologista de rádio ou TV 153
meteorologista forense 153
microbiologista 136, 138-139, 141, 143, 144
microbiologista clínico 139
microbiologista pesquisador 139
militar da Força Aérea 157, 232-233, 236
militar do Exército 230-231, 236, 242, 248
ministro de tribunais superiores 113
ministro do STF 113
modelo 31
monitor de colônia de férias 265
montador 185

montador de andaimes 203
montador de móveis 207
motorista de caminhão 222, 224-225
motorista de cargas perigosas 225
motorista de ônibus 222
motorista de ônibus fretado 222
motorista entregador 225
músico 38-39, 41, 42
músico erudito 39
músico popular 39
musicoterapeuta 39

N

neurofarmacologista 141
notador 40
nutricionista 277, 291, 301

O

obstetriz 251, 278, 280-281
oceanógrafo 144, 152, 173
oficial da Marinha 235, 236-237
oficial da Marinha Mercante 221, 235, 236, 238-239
oftalmologista 283, 294-295
operador de câmera de TV 24
operador de câmera 44, 46, 48-49
operador de empilhadeira 225
operador de guindaste 227
operador de máquinas de construção civil e mineração 225
operador de processamento de alimentos 311
operador de turismo 307
ortoptista 295
organizador de casamentos 89
organizador de eventos técnicos e científicos 89
organizador de exposições 89
orientador vocacional 255, 257, 269
ortodontista 283

P

padeiro 311
paisagista 169, 171
papiloscopista [da Polícia Federal] 241
parteira comunitária 281
parteira de hospital 281
perito contábil 103
perito criminal [da Polícia Federal] 241
perito criminal 111, 141, 146-147, 246
perito de campo 147
perito de laboratório de DNA 146
perito em balística 147
perito forense computacional 131, 133, 245

personal trainer 289, 298, 300-301
peruqueiro 32
pesquisador [em arquitetura e paisagismo] 171
pesquisador [em ciência dos materiais] 150
pesquisador [em engenharia elétrica] 187
pesquisador acadêmico de alimentos 143
pesquisador de mercado 69, 70-71
pesquisador de programas 46
pesquisador de software 119
pesquisador de telecomunicações 189
pesquisador e professor [de biologia marinha] 145
pesquisador universitário 141
piloto de aviação executiva 215
piloto de avião 214-215, 217, 232
piloto de avião a jato 156
piloto de caça 233
piloto de companhia aérea 215
piloto de drone 24
piloto de helicóptero [da Força Aérea] 233
piloto de helicóptero 215, 232, 236
piloto de táxi aéreo 215
piloto de transportes [da Força Aérea] 233
pintor e decorador 35, 207
piscicultor 167
planejador-chefe [em urbanismo] 201
planejador de paisagismo 171
planejador sênior [em urbanismo] 200
poeta 53
policial civil 240, 242, 244-245
policial federal 132, 230, 240-241, 242, 245
policial militar 242-243, 248
político 108, 114-115
prateiro 29
prefeito 115
presidente 115
primeiro oficial de máquinas 239
primeiro oficial de náutica 239
produtor [de TV/cinema] 45, 46-47
produtor de comerciais 47
produtor de jogos eletrônicos 47
produtor de shows musicais 89
produtor de vídeos corporativos 47
produtor executivo [de TV/cinema] 47
produtor musical 51
professor adjunto 271
professor assistente 271
professor associado 271

professor de alunos com deficiência [em ensino fundamental] 267
professor de astronomia 155
professor de dança 41
professor de educação física 298
professor de ensino à distância 270
professor de ensino fundamental 266-267, 269
professor de ensino médio 267, 268-269
professor de idiomas [em ensino fundamental] 267
professor de jovens e adultos 269
professor de música 39
professor de pré-escola 265
professor particular [em ensino fundamental] 267
professor particular [em ensino médio] 269
professor universitário 269, 270-271, 313
profissional de banho e tosa 163
profissional de biofarmacêutica 137
profissional de biotecnologia 136-137, 139, 143
profissional de desenvolvimento e design organizacional 80
profissional de ecologia 144, 165, 172-173
profissional de help desk 125
profissional de horticultura terapêutica 169
profissional de inteligência 147, 245, 246-247
profissional de make e hair 33
profissional de operação portuária 239
profissional de recrutamento e seleção 80
profissional de saúde ocupacional 80
profissional de voz 43
programador de multimídia 129
programador financeiro 122
programador web 128
projetista 18
proprietário de bar 311
psicodramatista 42
psicólogo 254-255, 257, 258, 277, 291, 292
psicólogo clínico 255
psicólogo escolar 255
psicólogo especializado em perdas e luto 255
psicólogo esportivo 255
psicólogo forense 245, 255
psicólogo militar 231
psicólogo organizacional 255
psiquiatra 277

R

radiologista 286-287
radioterapeuta 287
reabilitador de animais selvagens 165
recepcionista 86
redator de publicidade 55, 74
redator técnico 93
reitor 271
relações-públicas 53, 55, 73, 74-75, 89
relojoeiro 29
repórter fotográfico 25
representante em resort 307, 308
representante turístico 93
revisor 53
romancista 53
roteirista 42, 45, 53

S

sargento [da Polícia Militar] 242
sargento da FAB 233
sargento de aviação 231
secretário bilíngue 93
secretário de empresa 103
socorrista 248, 250-251
subscritor de seguros 104
superintendente de risco 105
supervisor de obras 203
suporte de hospedagem de sites 127

T

técnico contábil 103
técnico de ar-condicionado/refrigeração 185
técnico de climatização 211
técnico de engenharia ferroviária 222
técnico de ferrovia 208
técnico de gás 211
técnico de laboratório 138, 142
técnico de manutenção de aeronaves 217
técnico em alimentos 142
técnico em desenho assistido por computador (CAD) 196
técnico em edificações 177
técnico em eletrodomésticos 208, 210
técnico em horticultura 169
técnico em joalheria 29
técnico em óptica 294
técnico em patologia 147
técnico em prótese dentária 283
técnico em radiologia 286
tecnólogo em construção civil 202-203, 205
tecnólogo em produção têxtil 20
telhador 207
tenente [da Polícia Militar] 243
terapeuta ocupacional 258, 289, 291, 292-293, 301
terapeuta ocupacional em saúde mental 293
terapeuta ocupacional geriátrico 293
terapeuta ocupacional infantil 293
terapeuta ocupacional ortopedista 293
testador de intrusão 133
testador de jogos 130
testador de software 119
toxicologista 139, 140, 147, 285
trabalhador de ajuda humanitária 91, 227
trader 98-99, 101
trader de vendas 99
trader proprietário 99
tradutor 92-93
tradutor freelancer 93
tradutor juramentado 93
treinador de segurança 133
treinador esportivo 289, 299, 301

U

ultrassonografista 280
urbanista 171, 195, 200-201, 218

V

vendedor de produtos farmacêuticos 139
veterinário 160-161, 162
veterinário de animais domésticos 160
veterinário de equinos 161
veterinário de fazenda 161
veterinário de zoológico 161

W

web designer 23, 128-129

SOBRE OS AUTORES

Consultora e autora principal: Sarah Pawlewski
Sarah é orientadora vocacional com mais de vinte anos de experiência. Dirige sua própria consultoria (career-directions.co.uk) e trabalha com clientes de todas as idades, atendendo escolas, universidades e empresas. Tem formação superior em psicologia e orientação vocacional e é membro do Career Development Institute.

Colaboradoras: Christine Rowley, Imogen Gray, Heather Towers e Claire Sutcliffe.

AGRADECIMENTOS

A autora agradece a:
Lizzie Wren, por revisar a segunda edição.
Jacqui Phipps e Victoria Addis, pela consultoria especializada em orientação vocacional.
Os funcionários e os alunos da Holbrook Academy (holbrookacademy.org) pelas percepções e visões progressistas a respeito das carreiras.
Ann Starkie, AS Careers, pela ajuda com a introdução.
Marek Pawlewski, meu marido, pela consultoria especializada sobre carreiras técnicas.
Robert Woodcock, pela contribuição nos perfis de jornalista e editor.
Marek Walisiewicz, Cobalt ID, pela ajuda, apoio, orientação, incrível trabalho editorial, e por entender as complexidades da orientação vocacional.
Paul Reid, Cobalt ID, por dar vida às palavras por meio do design gráfico.
Ashwin Khurana, e a equipe do editorial da DK por organizar todo o material.
E, por fim, Christine Rowley, Imogen Gray, Heather Towers e Claire Sutcliffe, pela contribuição profissional nas informações sobre carreiras.

A editora gostaria de agradecer às seguintes pessoas pela ajuda com este livro:
Ainsley Maloney, pela revisão da segunda edição; Priyanka Sharma-Saddi e Saloni Singh, pela sobrecapa; Priyaneet Singh, Hina Jain e Sarah Edwards, pela assistência editorial; Ankita Mukherjee, Heena Sharma, Priyanka Singh, Vidit Vashisht e Vikas Chauhan, pela assistência em design; Vishal Bhatia e Pawan Kumar, pela editoração eletrônica; Elizabeth Wise, pelo índice; Ann Baggaley, pela revisão.